体系解释方法运用研究

The Application of Systematic Interpretation Method

杨铜铜 著

中国社会科学出版社

图书在版编目(CIP)数据

体系解释方法运用研究 / 杨铜铜著 .—北京：中国社会科学出版社，2021.8
ISBN 978-7-5203-8885-6

Ⅰ.①体… Ⅱ.①杨… Ⅲ.①法律体系—研究—中国 Ⅳ.①D909.2

中国版本图书馆 CIP 数据核字(2021)第 162801 号

出 版 人	赵剑英
责任编辑	梁剑琴
责任校对	郝阳洋
责任印制	郝美娜

出　　版	中国社会科学出版社
社　　址	北京鼓楼西大街甲 158 号
邮　　编	100720
网　　址	http://www.csspw.cn
发 行 部	010-84083685
门 市 部	010-84029450
经　　销	新华书店及其他书店
印　　刷	北京君升印刷有限公司
装　　订	廊坊市广阳区广增装订厂
版　　次	2021 年 8 月第 1 版
印　　次	2021 年 8 月第 1 次印刷
开　　本	710×1000　1/16
印　　张	21.75
字　　数	302 千字
定　　价	128.00 元

凡购买中国社会科学出版社图书，如有质量问题请与本社营销中心联系调换
电话：010-84083683
版权所有　侵权必究

出 版 说 明

为进一步加大对哲学社会科学领域青年人才扶持力度，促进优秀青年学者更快更好成长，国家社科基金 2019 年起设立博士论文出版项目，重点资助学术基础扎实、具有创新意识和发展潜力的青年学者。每年评选一次。2020 年经组织申报、专家评审、社会公示，评选出第二批博士论文项目。按照"统一标识、统一封面、统一版式、统一标准"的总体要求，现予出版，以飨读者。

全国哲学社会科学工作办公室

2021 年

序

  司法裁判是讲法说理的艺术。体系解释方法的恰当应用无疑会提升"讲法说理"的质量和效果。在理论研究中，体系解释具有众多的称谓，如逻辑解释、系统解释、语境解释、上下文解释、组织解释、结构解释、整体解释等。这意味着体系解释的多重含义以及多元认知视角。在辩证思维、实质思维盛行的背景下，对法律思维方式的塑造，需要重视体系逻辑及体系解释方法。整体思维支配下的法律解释，需要审视法律内涵的诸多要素，改变传统的模糊思维，这就需要对体系以及体系解释方法有所界定。从哲学的角度观察，传统的整体、辩证和实质思维，在思维方向上并没有错误，其不足也许在于缺乏对构成体系之要素的确定。没有对法律体系要素的确定，体系思维无法展开，法律方法的自主性也难以形塑。事实上，无逻辑规则的运用，法律无法自主，更无从成就法治。体系即逻辑，是在构成体系的要素间探寻逻辑一致性。忽视法律解释的逻辑维度，不仅会酿成死抠字眼的机械执法司法，还极易在法律与其他社会因素的关系思辨中丢失法律的确定性和权威性。

  自改革开放恢复法学研究以来，我国法学界虽然很重视法律体系的概念及其原理，但主要还是围绕着创立完备的法律规范体系而展开，缺乏从法律实施立场的探究。法律规范体系形成以后的实施，不仅是贯彻法律条文，还包括对所选定的具体法律规定重新进行再体系化思考。对体系思维和体系解释方法运用的集体忽视，究其根源，在于我国传统思维对形式逻辑思维规则的轻视。中国的"法律思维"模式，基本是建立在辩证基础上的宏观、整体思考，是缺乏要素和逻辑结构的模糊认识。对体系思维以及体系解释方法的研究，蕴含着以"逻辑"改造中国传统整体思维的学术抱负，是想彻底纠正法律人不重视逻辑的偏差。体系思维的"封闭"或"开放"姿态，对法治实现的程度有很大影响；要想搞好法治建设，就必须处理好"封闭"与"开放"之间的关系。体系思维所倡导的多元法源论，能避免法律规范与其他社会规范之间的关系割裂，为法律思维提供较为宽泛的思维要素。正是由于对多元规范的接受，改变了对教义学法学或规范法学的认识，拓展法律的法源理论也开始为更多的法律人所接受。

秉承体系思维，体系解释方法可以在探寻一致性、尊重差异性的基础上获得恰当的解释结果。体系解释方法不仅可以解决法律规范之间的逻辑矛盾，还可以避免法律与社会、价值等因素的脱节，满足法律与其他社会规范之间的耦合要求。体系解释方法是一种基于法律体系的论证，强调法律思维的逻辑一致性和价值融贯性。它是在文义解释的基础上，对合法性思考的继续，所要解决的问题是法律运用的系统性。事实上，对法律进行体系思考是法治走向细腻的要求。体系解释方法的具体运用，一方面应在维护法律体系相对稳定的基础上，借由更为具体的操作准则展开运用，避免法律解释的逻辑矛盾与价值冲突；另一方面亦需摒弃狭义的体系视角，在更为宽泛的语境中认识法律体系，借由体系解释实现法律规范与其他规范之间的融贯，进而避免机械执法司法等现象。

杨铜铜博士的《体系解释方法运用研究》一书，便是对上述问题展开的深入思考。该书从体系解释方法的基本原理出发，对现阶段体系解释方法的研究进行了深度梳理与辨析，指出体系解释方法是法律解释的黄金规则，是运用法律体系的综合性方法。该书的最大亮点即从体系解释方法的概念、体系解释方法的思维、体系解释方法的依据、体系解释方法的规则等角度系统全面剖析了体系解释方法，为我们展现了一个体系解释方法应用的立体化图景。准此而言，该书不仅在研究内容上为当下的法律方法论研究提供了相当的知识增量，而且在研究方法上避免了以往法律解释研究大而无当、过度抽象化的研究理路。作为他的硕士、博士阶段的导师，很高兴看到他的博士学位论文获得了国家社科基金资助。在他博士学位论文即将付梓之际，仅以短序表示祝贺。

是为序。

陈金钊

2021年5月3日

摘　　要

当下有关"体系"或"体系化"研究，对法学充满了"诱惑力"，法学研究时常冠以"体系"或"体系化"。这种由理性思潮所激发的体系概念，为法学繁荣与发展做出了不可磨灭的贡献。在法适用领域，自萨维尼以来，体系解释方法便被广泛地运用，成为继文义解释后最为常用的解释要素，亦被称为法律解释的"黄金规则"。作为法律解释的黄金规则，体系解释方法在助力文义解释，化解机械司法，探寻法律的规范意义，解决法律规范冲突，实现法律目的、价值、原则等"落地"，以及架构形式解释与实质解释桥梁关系等方面发挥着重要作用。实践中，体系解释方法亦发挥着规范解释思维，限制解释恣意的作用，有效维持了法律的稳定性与安定性，避免了解释思维流于任意。

法学作为一种体系化的研究由来已久，法律的体系化将杂论无序的法律素材整理、分类，进而建构了一个逻辑分明、等级有序，以及一个有意义的规则体系。体系解释方法便是以法律的体系化为基础对法律规范的体系化运用。依托法律体系，体系解释方法实现了法律的可预测性、稳定性、跨时间与层级间融贯，以及回应社会需要，响应社会价值变迁，塑造法秩序等效果。法律体系之"体系"并非静态的法律规范体系，而是动态的体系性构成，法律规范也非孤立的个体存在，不同法律规范之间、法律规范与其他社会规范之间亦存在冲突。特别是在多元法源视角下，法源适用突破了传统立法机关创制的制定法体系，使法律体系趋于开放性。实践中，体系解释方法多是依托形式化的法律体系进行结构解释，而忽视基于法律体系融贯性的意义关联解释、基于法律体系开放性的法源关系解释等维度，导致体系解释方法功能受限，局限于狭义的逻辑解释。以形式化的外在体系为依托的传统体系解释方法，忽略了对法律价值秩序一致性的维护，而随着对法律体系开放性的认知，体系解释方法亦需妥当地处理法源之间的冲突问题。在确保法律体系独立性的前提下，体系解释为非正式法源进入司法裁判提供了合理路径。

法律解释是证成司法裁判正当性的基本环节。体系解释方法采用从形式到实质渐进解释路径，有效实现了不同法律规范之间的相互支撑与证立，解决了法律规范的碎片化与冲突。公理演绎体系建构失败使法律体系具有开放性意蕴。在进行体系解释时需要考虑逻辑、语境及法意等要素。在法律存在漏洞、法律解释存在僵化时，基于法律体系的开放性可引入非正式法源，弥补正式法源缺陷，丰富法律论证理由，增强裁判说理论证，进而提升裁判的可接受性。为寻找解释的"最佳答案"，在犹如迷雾般不透彻的规范系统中做出选择，不仅需要逻辑分析，亦需实质性考量。开放的法律体系不仅为解释者提供了立法者创制的制定法，而且供给了弥补法律漏洞、充当论证资源的习惯、公共政策、法理与事物本质等。

当方法高度发达、相互交织时，需要一套简洁的方法论与较为清晰的思维规则指导解释活动。法律解释方法的核心是法律解释规则。体系解释规则是体系解释方法运用的逻辑规则，是引导体系解释的操作准则，具有思维引导属性。体系解释规则既能引导裁判者准确、恰当地解释法律，又能为法律判断提供根据、论据与理由，为法律解释结果提供正当化基础。依据法律体系中法律规范的构成逻辑、不同规范之间的关系，体系解释规则的应用场域可类型化为法律概念的体系解释规则、法律条文的体系解释规则、法律冲突的体系解释规则、法源适用的体系解释规则四类。法治建设不仅需要宏观的制度设计与体制架构，也需要微观的技术与方法的支撑。体系解释规则的提炼与总结，意在改变过往法律解释的复杂化、哲学化倾向，运用一些微观、具体、可操作的解释准则引导解释思维，限制解释恣意，减少论证负担，以此推进法治建设。

关键词：体系解释方法；法律体系；体系思维；体系解释规则；法律方法

Abstract

At present, the research on "system" or "systematization" is full of allure to law, which is often called "system" or "systematization". This system concept inspired by the rational trend of thought has made an indelible contribution to the prosperity and development of law. In the field of law application, systematic interpretation method has been widely used since Savigny and has become the most commonly used explanatory element after textual interpretation, which is also known as the "golden rule" of legal interpretation. As the golden rule of legal interpretation, the systematic interpretation method plays an important role in facilitating textual interpretation, resolving mechanical justice, exploring the normative meaning of law, resolving the conflict of legal norms, realizing the concrete application of legal purpose, value, principle, as well as bridging the relationship between structural form interpretation and substantive interpretation. In practice, the systematic interpretation method also plays a role in regulating interpretation thinking and restricting arbitrary interpretation, which effectively maintains the stability and stability of the law and avoids the arbitrary interpretation thinking.

The study of law as a system has a long history. The systematization of law arranges and classifies the disordered legal materials, and then constructs a logical, hierarchical and meaningful system of rules. The systematic interpretation method is the systematic application of legal norms based on the systematization of law. Relying on the legal system, the systematic interpretation method realizes the predictability, stability, inter-temporal and hierarchical integration of the law, as well as responding to social needs, responding to the changes of social value, shaping the law order and so on. The "system" of the legal system is not a static system of legal norms, but a dynamic systematic composition. The legal norms are not isolated individuals, and there are conflicts between different legal norms, between legal norms and other social norms. Especially from the perspective of multiple sources of law, the application of sources of law breaks through the traditional legislative system and makes the legal system more open. In practice, the systematic interpretation method mainly relies on the formal legal system for structural interpretation, but ignores the meaning correlation interpretation based on the consistency of the legal system and the interpretation of the legal source relationship based on the openness of the legal system, which results in the limited function of the systematic interpretation method and is limited to the narrow logical interpretation. The traditional systematic interpretation method based on formal external system neglects the maintenance of the consistency of legal value order, and with the recognition of the openness of the legal system, the systematic interpretation method also needs to deal with the conflict between the sources of law. On the premise of ensuring the independence of the legal system, the systematic interpretation method provides a reasonable path for the informal source of law to enter the judicial adjudication.

  Legal interpretation is the basic link to prove the legitimacy of a judicial decision. The systematic interpretation method adopts the gradual interpretation path from form to essence, which effectively realizes the mutual support and verification among different legal norms and solves the fragmentation and conflict of legal norms. The failure of axiomatic deduction system makes the legal system have open meaning. Logic, context, legal meaning and other factors should be considered in systematic interpretation. When there are loopholes in the law and rigid legal interpretation, informal sources of law can be introduced based on the openness of the legal system to make up for the defects of formal sources of law, enrich the reasons for legal argument, enhance the reasoning of the judgment, and then improve the acceptability of the judgment. In order to find the "best answer" of the explanation, we need not only logical analysis but also substantive consideration to make a choice in the foggy normative system. The open legal system not only provides the interpreters with the statutory law created by the legislators, but also provides the habit, public policy, legal principles and the nature of things to make up the loopholes of the law and serve as the resources of argument.

When the methods are highly developed and interwoven, a set of concise methodology and relatively clear thinking rules are needed to guide the interpretation activities. The core of the method of legal interpretation is the rule of legal interpretation. Systematic interpretation rules are the logical rules for the application of systematic interpretation methods, as well as the operating rules guiding system interpretation, and have the attributes of thinking guidance. The systematic interpretation rules can not only guide the judges to interpret the law accurately and properly, but also provide the basis, argument and reason for the legal judgment, and provide the basis for the legitimacy of the legal interpretation results. According to the constitution logic of legal norms in the legal system and the relationship between different norms, the application field of systematic interpretation rules can be classified into four types: systematic interpretation rules of legal concepts, systematic interpretation rules of legal provisions, systematic interpretation rules of legal conflicts, and systematic interpretation rules of the application of legal sources. The construction of the rule of law not only needs the macroscopic system design and institutional framework, but also needs the support of micro technology and methods. The refining and summarizing of the rules of systematic interpretation is intended to change the complicated and philosophical tendency of legal interpretation in the past, use some micro, specific and operable interpretation criteria to guide interpretation thinking, limit the arbitrary interpretation and reduce the burden of argumentation, so as to promote the construction of the rule of law.

Key words: Systematic Interpretation Method; Legal System; Systematic Thinking; Systematic Interpretation Rules; Legal Methods

目　　录

绪　论 ……………………………………………………（1）

第一章　体系解释方法的概述……………………………（26）
第一节　体系解释方法的界定………………………（26）
第二节　体系解释方法的功能定位…………………（47）
第三节　与其他解释方法的关系……………………（72）

第二章　体系解释方法的思维前提………………………（87）
第一节　体系思维的界定……………………………（88）
第二节　体系思维的传统 ……………………………（105）
第三节　体系思维的价值维度 ………………………（127）
第四节　体系思维对现有法律思维的贡献 …………（136）

第三章　体系解释方法的解释资源 ………………………（154）
第一节　体系解释方法的"体系范围"界定 ………（154）
第二节　法律体系的要素及表现形式 ………………（166）
第三节　法律体系的"体系"解释模式 ……………（184）
第四节　适度开放法律体系引入辅助性解释资源 ……（200）

第四章　体系解释方法的运用规则 ………………………（210）
第一节　法律解释规则的界定 ………………………（210）

第二节 法律解释规则的认识论 …………………………（224）
第三节 体系解释规则适用注意问题 ……………………（237）
第四节 体系解释规则运用的展开 ………………………（250）

第五章 体系解释方法的综合运用
——以不确定法律概念的解释为例 ………………（276）

结　语 …………………………………………………………（304）

参考文献 ………………………………………………………（306）

索　引 …………………………………………………………（322）

后　记 …………………………………………………………（327）

Contents

Introduction ·· (1)

Chapter 1 The overview of systematic interpretation methods ·· (26)

    Section 1   The definition of system interpretation method ······ (26)

    Section 2   Function orientation of systematic interpretation method ·· (47)

    Section 3   Relation to other methods of interpretation ············ (72)

Chapter 2 The thinking premise of systematic explanation method ·· (87)

    Section 1   The definition of systematic thinking ················ (88)

    Section 2   The tradition of systematic thinking ················ (105)

    Section 3   The value dimension of systematic thinking ········ (127)

    Section 4   The contribution of systematic thinking to existing legal thinking ·· (136)

Chapter 3 The interpretation resources of the systematic interpretative method ·· (154)

    Section 1   The definition of "system scope" of systematic interpretation method ·· (154)

Section 2　Elements and forms of expression of legal system ……………………………………………………（166）
Section 3　The system interpretation model of the legal system ……………………………………………………（184）
Section 4　Moderately open up the legal "system" to introduce auxiliary interpretation resources …………………（200）

Chapter 4　The application rules of the systematic interpretation method ………………………（210）
Section 1　Definition of legal interpretation rule ……………（210）
Section 2　The epistemology of the legal interpretation rule ……………………………………………………（224）
Section 3　The systematic interpretation rule applies the attention question ………………………………………（237）
Section 4　The development of the application of systematic interpretation rules …………………………………（250）

Chapter 5　Comprehensive application of systematic interpretation methods ……………………（276）

Conclusion ……………………………………………………（304）

References ……………………………………………………（306）

Index ……………………………………………………………（322）

Postscript ……………………………………………………（327）

绪　　论

一　问题意识

当下，有关"体系"或"体系化"研究无疑对法学充满了"诱惑力"，各法学领域都被冠以"体系"或"体系化"，比如法学体系、方法体系、制度体系、监管体系、规范体系、法治体系、治理体系，以及体系化保护、体系化建构、体系化研究、体系化组织、体系化评估等，这种由理性思潮所激发的体系思维，无疑为法学繁荣与发展做出了不可磨灭的贡献。而在法适用领域，自萨维尼以来，体系解释便被广泛地运用，成为继文义解释后最为常用的解释要素。

然而，当前学界对体系解释的认知存在一些问题。第一，对体系解释方法的法理基础的认知存在混沌状态，多从实用主义的视角、拿来主义的姿态展开体系解释，依据立法者建构的法律体系展开逻辑解释，而未充分认识体系解释背后的哲学基础与思维形式。事实上，这种逻辑解释形式排斥价值评判，规避多元法源，继而导致了法律体系的封闭性。"在内容上看，法律体系并非仅仅是国家机关颁布的制定法所构成的刚性规则体系，它也包括了由判例、教义甚至习惯法组成的制度化部分。"① 并且"借抽象概念建构一个封闭、无

---

① 雷磊：《融贯性与法律体系的建构——兼论当代中国法律体系的融贯化》，《法学家》2012年第2期。

漏洞体系的理想，即使在'概念法学'鼎盛时期也从未完全实现"①。显然，法律体系具有开放性特征，借由法律体系逻辑结构进行的体系解释不仅限缩了体系解释作用范围，而且容易简化解释语境、忽视其他需要考量的要素。与此同时，当前对体系解释方法的概念界定存在不足，多将体系解释方法视为一种狭义的解释方法，即结合上下文或整体进行解释，也有的将其视为"循环学解释"，即借助整体与部分之间的关系理解法律规范的含义。随着对体系解释方法研究的推进，学界逐渐揭示出体系解释方法的不同功能维度，而这绝非是狭义的概念所能涵盖的，因此，在体系解释方法概念不明、逻辑不清的情况下运用显然是不可靠的。

第二，体系解释方法具有不可靠性，需要引入更加具体的操作准则。尽管法律解释方法的正确性缘于其能迅速地发现可适用的规范，② 是发现规范真意的手段，恰当运用法律的前提，但它并不直接决定规范内容，而只是告知理解规范内容应该遵守的路径。法律解释方法、理论以及学说，是法律职业者基于经验创制的实践知识，因而不能无往不利，解决所有的问题。事实上，不同的解释方法趋向了不同的解释结果，"甚至可以夸张地说，有多少解释方法，就有多少法律制度"③。因而法律解释需要更为具体的应用准则予以引导。

虽然实践总结出文义解释、体系解释、历史解释、目的解释、社会学解释等方法，但与自然科学相比，法律解释方法并不具有自然科学方法的稳定性，以及借助准则与数据进行重复性验证的可能

---

① [德] 卡尔·拉伦茨：《法学方法论》，陈爱娥译，商务印书馆 2003 年版，第 330 页。
② Mark Greenberg, "What Makes a Method of Legal Interpretation Correct: Legal Standard vs. Fundamental Determinants", *Harv. L. Rev. F*, Vol. 130, No. 4, February 2017, pp. 110–111.
③ [奥] 恩斯特·A. 克莱默：《法律方法论》，周万里译，法律出版社 2019 年版，第 7 页。

性。"法学的研究方法虽有种种,但都是理智的内在运用,没有工具可供观测与实验,没有数据可以劝服他人,不能重复客观验证一个法学观点或理论的正确性。"① 因而每一种方法都并不准确而且往往引发争论。"关于这类问题的争议导致了众多的制定法解释方法,且各有既定的判决相支持,然而每一种解释方法也都是有其致命的弱点。"② 法律解释方法的选择受到解释主体、规范体系、解释语境、主观认识及价值判断等多重因素的影响,甚至解释方法选择乃是解释策略的目的,一种用于掩盖裁判意识形态、支撑解释结论的工具。③ 比如体系解释方法,有时它采用形式化的结构解释,趋向于语言学解释风格,有时又关涉规范的意义脉络,考量立法意图,趋向于实质性解释。显然,一个核心内涵不那么精确并且需要考量多种要素的解释方法是不可靠的。

可见,法律解释方法是一种引导解释的路径,它除了告诉我们解释时应该注重哪些要素外,其他的并未提供给我们。比如"不管是文义解释或逻辑解释,都要尊重生活经验,同时也要恰当的价值判断。生活经验当然不是司法者个人的,而是普遍的社会生活经验,所以法律才不至于失去客观性。价值判断也不是司法者个人的,而是要设身处地,觉知众人之心,所以不会流于主观,不会落入负面的情绪,而是'互为主观的'"④。与此同时,法律解释很难摆脱解释理论与政策偏好的影响,尤其当涉及主观解释时,方法的选择往

---

① 林东茂:《法学方法,即非方法,是名方法》,载林山田教授退休祝贺论文编辑委员会编《战斗的法律人:林山田教授退休祝贺论文集》,元照出版社2004年版,第60页。
② [美]凯斯·R.桑斯坦:《权利革命之后:重塑规制国》,钟瑞华译,中国人民大学出版社2008年版,第126页。
③ Sara C. Benesh, Jason J. Czarnezki, "The Ideology of Legal Interpretation", *Washington University Journal of Law & Policy*, Vol. 29, No. 1, 2009, pp. 113–132.
④ 林东茂:《法学方法,即非方法,是名方法》,载林山田教授退休祝贺论文编辑委员会编《战斗的法律人:林山田教授退休祝贺论文集》,元照出版社2004年版,第57页。

往是后果主义的背书,解释结论更容易滋生价值偏见。① 关于法律解释方法功能的追问,尤其体现在法律解释方法的适用位阶及优先顺位上,自萨维尼制定法解释经典四要素提出以来,时至今日,有关法律解释方法适用位序的探讨只是提供了一张方法论清单,至于案件中到底采用哪种解释方法仍然是混沌的、自说自话的。法律解释学表明,每一种解释方法都有其存在的哲学基础及其适用的依据,每一种解释方法某些情境下都有优于其他解释方法优先适用的理由,但是仍然无法在制定法解释中获得一个众口称是、客观统一的操作流程。② 因此,由于对法律解释方法内在组成规则研究的缺失,致使法律解释方法呈现粗疏性样态,即采用同样的解释方法也可能得出不同的含义。

第三,法律解释学的研究视域需要拓展,并需兼具本土关怀。一般而言,法律适用离不开法律解释,法律解释需要借助法律解释方法。翻阅法律解释方法研究历史,最早系统阐释法律解释方法的论文可以追溯到梁慧星教授1993年发表在《比较法研究》第1期上的《论法律解释方法》。在借鉴我国台湾学者研究的基础上,提出了文义解释、论理解释(包括:体系解释、法意解释、扩张解释、限缩解释、当然解释、目的解释、合宪性解释)、比较法解释、社会学解释等方法。③ 在随后1995年出版的《民法解释学》著作中,梁慧星教授对此展开了进一步介绍。④ 尔后我国学者关于法律解释方法的研究,大多借鉴其研究成果,对各种法律解释方法进行了系统全面的分析,厘清了各种法律解释方法的原理、形态、区别及其意义,

---

① Ward Farnsworth, Dustin Guzior, Anup Malani, "Policy Preferences and Legal Interpretation", *Journal of Law and Courts*, Vol.1, No.1, Spring 2013, p.137.

② 苏力:《解释的难题:对几种法律文本解释方法的追问》,《中国社会科学》1997年第4期。

③ 参见梁慧星《论法律解释方法》,《比较法研究》1993年第1期。

④ 梁慧星:《民法解释学》,中国政法大学出版社1995年版,第213—243页。

对各种法律解释方法适用情形也展开了详细的论述。①

但随着法律解释方法研究的进一步深入，会发现不同的法律解释方法包含了不同的要素、解释目标及适用要求，即便采用同一解释方法也会因解释主体、解释语境、解释场景的差异出现不同解释结果。以体系解释方法为例，体系解释主张，拘泥文字，转失真意，最佳解释，要前后对照。体系解释方法又包含了上位法优于下位法解释规则，特别法优于一般法（普通法）解释规则，后法优于前法（新法优于旧法）解释规则，除此之外亦有新普通法不优于旧特别法解释规则。② 可见，体系解释方法针对不同的解释语境都有与之相对应的解释规则。显然，现有法律解释方法的研究呈现出"粗疏"样态，以至于法律解释方法研究遭到学界的检讨。这促使我们进一步思考，学界所建构的法律解释方法是否有助于法律解释实践？是否满足法律解释学需要？

纵观我国法律解释方法或法律解释学研究，呈现出以下问题：一是工具主义盛行，仅把法律解释方法视为法律解释的工具，对于法律解释方法的实质属性缺乏研究，以至于提及法律解释就是要采用法律解释方法阐释法律文本的含义，对法律解释方法适用语境不加以分析，出现了僵化适用的现象。二是复杂化研究倾向，过多阐释法律解释方法背后的原理，侧重于法律解释方法的本体论研究，对法律解释过程及其方法论属性缺乏兼顾，以至于法律解释学研究越来越复杂，越来越偏重于哲学化。三是精细化研究不足，集中于揭示法律解释方

---

① 这一点可以通过《法理学》与《法律方法论》教材予以印证。比如张文显教授主编的《法理学》教材第四编第十九章第三节关于法律解释方法的论述，参见张文显主编《法理学》（第三版），高等教育出版社2007年版；李其瑞教授主编的《法理学》第四编第十六章第三节关于法律解释方法的论述，参见李其瑞主编《法理学》（第二版），中国政法大学出版社2011年版；陈金钊教授主编的《法律方法论》第四章关于法律解释方法的论述，参见陈金钊《法学方法论》，中国政法大学出版社2007年版；葛洪义教授主编的《法律方法论》第二编第五章第二节关于法律解释方法的论述，参见葛洪义《法律方法论》，中国政法大学出版社2013年版。

② 参见郑玉波《法谚》（一），法律出版社2007年版，第10—11页。

法的样态，对于法律解释方法本身所蕴含的各种更为具体的操作准则缺乏概括与提炼，以至于不同法律人即便采用同一解释方法也会出现不同的解释结果。四是本土化研究缺乏，过多引介国外制定法解释方法，缺乏我国法律解释学研究的现实关怀，以至于现有法律解释学学术增长点以翻译或介绍国外制定法解释方法为主。

"我们需要什么样的解释学？""我们需要什么样的法律解释方法？"诸如此类呐喊，已经为我们法律解释学研究带来了警示。因此，如何化解法律解释方法运用的工具主义倾向，将法律解释方法具体运用到实践当中；如何化解法律解释方法的复杂化倾向，摆脱哲学化研究瓶颈，着重法律解释过程论研究；如何推动法律解释方法精细化研究步伐，打磨更适于实践的解释技巧与准则；以及如何在法律解释方法研究的同时兼顾现实关怀，倡导本土化研究转向，成为当下法律解释学研究需要破解的难题。

以体系解释方法为例，我国体系解释方法研究存在两种进路：一是通过不断地介绍国外制定法体系解释方法，为我们客观展现域外制定法体系解释的过程，通过对比揭示我国体系解释方法研究的问题，并为体系解释方法的实践改进提供理论支持；二是在引进体系解释方法的基础上对其进行改造，寄希望通过体系解释方法的运用化解法律解释困境，为我国法律解释学研究提供独特素材。相比于前者，后者更具有问题导向与本土关怀，更符合社会需求。我国的法律体系与司法实践存在特殊性，纯粹意义上引介体系解释方法，突出其他国家制定法解释方法的优势，不仅会成为攻击我国法律解释实践的工具，更会成为消解法治的有力武器。因此，立足中国语境展开体系解释方法的研究，更具有理论与实践意义。①

---

① 比如陈金钊教授指出，在法治建设上，中国是一个后进的国家，法律、法治、法学紧跟西方，应该属于后发达国家的"优势"。很多人不假思索就把西方的药方用于诊治中国的病症。很多研究者的思想老是停留在是否能够正确地理解西方的思想，而没有放到如何解决中国的现实问题上，没有注意到中国法治需要什么样的理论。参见陈金钊《法学话语中的法律解释规则》，《北方法学》2014年第1期。

二 研究述评

体系解释方法及其应用在英美法系和大陆法系中呈现出两种完全不同的面貌。体系解释方法在英美法系中的运作主要通过三种方式来实现：一是通过黄金解释规则、上下文解释规则、同一概念规则、同类解释规则等来实现；[1] 二是通过语境解释来实现，将法令整体、之前的法令和司法裁判以及它们之外的材料作为"语境"来解释法律，注重法律解释的历史维度；[2] 三是提升体系解释理论，提出整全法理念，追求法律适用的融贯性。英美法系在制定法解释上亦存在一些区分。英国法官更加倾向形式主义解释路径，通常按照字面含义或通常含义解释，当字面含义不甚清晰时，会把解释的范围限定在制定法自身、同一制定法的其他部分、先前的普通法或制定法的言辞上。美国法官在遇到制定法文义不清时，更加倾向通过深入立法史来探究制定法文本的立法意图。[3] 因而前者倾向不同材料构造的形式体系，而后者则是侧重制定法内在体系所反映的立法意图。不难发现，限于没有生产和供给教义性知识的法教义学，英美法系的法官在个案裁判中只有积极、能动地建构出"体系"后才能实现体系解释的运作，而且其体系建构的素材也与大陆法系存在区别。

在大陆法系，体系解释不仅是一种独立的法律方法，而且也是一种法律思维范式。作为一种独立的法律方法，体系解释不仅可以借助内在体系和外在体系进行解释，而且还可以以"体系解释要素""体系解释方法""体系解释论点""体系解释准则"和"体系解释技术"等不同的形式来操作。在法律思维范式上，体系解释是一种

---

[1] Vepa P. Sarathl, *The Interpretation of Statutes*, Eastern Book Company, 1981, pp. 71—89.

[2] 参见［英］迈克尔·赞德《英国法：议会立法、法条解释、先例原则及法律改革》，江辉译，中国法制出版社 2014 年版，第 245—258 页。

[3] ［美］P. S. 阿蒂亚、R. S. 萨默斯：《英美法中的形式与实质》，金敏、陈林林等译，中国政法大学出版社 2005 年版，第 85—86 页。

与问题思维、论题学思维相对立的思维方式，即体系思维。体系思维不仅是法官裁判应遵循的主导性思维，而且还是法学研究、法学教育、法典制定等恪守的思维范式。作为德国法学研究范式的法教义学，其主要功能之一就是对实证法进行体系化整理。因此，在某种意义上看，体系思维就是一种法典化思维，一种理性建构思维，甚至是一种形式逻辑思维。

在实现法治的诸多方法中，体系解释方法也是最为重要的方法之一，体系解释方法对法律意义的安定性以及正确理解法律的含义发挥着重要的作用。然而，在受整体思维、辩证思维的影响下，国内关于体系解释的研究，被融进了整体、辩证思维之中，体系因素成了整体因素，大家更加重视体系解释的外在因素，侧重如何实现法律效果与社会效果的统一，由此导致对法律自身的内外体系关注不够。与此同时，受系统论思想影响，当下法治思维形式近乎系统思维，甚至有学者主张用系统论思维来修正体系解释或体系思维的不足，把系统作为升级版本的体系。法律系统不再关注法律规范或者法律体系，而是更加关注具体沟通中规范的适用情况，换言之，法律系统不是由规范构成的，而是由针对规范的"法律沟通"构成的。① 站在规范主义立场，系统思维容易放大法律体系的范围，进而导致法律在具体适用中失却规范性意义。特别是在法治中国建设起步，尤其需要塑造规则之治的背景下，需要防止法律体系的无限开放性，为法律体系框定范围，用来确保法律体系的稳定性，为司法实践提供相对确定的裁判依据。通过研究发现，我国学者大多是对体系解释进行整体性描述，没有对体系解释原理、方法与规则进行全面深入的剖析。

第一，学界多从狭义的角度界定体系解释方法。体系解释方法最早见于萨维尼法律解释四要素，即文义、逻辑、历史及体系要素。

---

① 顾祝轩：《体系概念史：欧陆民法典编纂何以可能》，法律出版社2019年版，第234—235页。

在制定法国家，尤其是德国，已经形成了包括文义解释方法、历史解释方法、体系解释方法、目的解释方法等在内的较为完善的法律解释方法论系统。在日本，有关法律方法论尤其是法律解释学的研究较为完善，总结出了包含文义解释方法、体系解释方法在内的数十种解释方法。我国关于法律解释学与法律解释方法的研究也得益于日本法律解释学理论的发展与传播。从1995年梁慧星教授《民法解释学》一书出版至今，我国法律解释学研究呈现快速发展之势。然而需要注意的是，我国法律解释学研究已经跨越了纯粹的理论引介阶段，我国法律解释学研究已经大致形成了自己的体系。① 现阶段，西方法律解释学理论在中国的传播，虽然会对我国法律解释学研究带来启发意义，但已不能引发彻底性的理论变革。

就著作或者教材来讲，绝大多数仍是把体系解释方法置于法律解释方法章节，将其视为一种与文义解释、历史解释、目的解释方法等相并列的解释方法。比如葛洪义教授主编的《法律方法讲义》（中国人民大学出版社2009年版），陈金钊教授主编的《法律方法教程》（华中科技大学出版社2013年版）、《法律方法论研究》（山东人民出版社2010年版），舒国滢教授主编的《法学方法论》（中国政法大学出版社2018年版）、《法学方法论：问题研究》（中国政法大学出版社2007年版），张斌峰教授主编的《法律方法论教程》（武汉大学出版社2013年版），赵玉增教授等主编的《法律方法：基础理论研究》（山东人民出版社2010年版），郑永流教授主编的《法律方法阶梯》（北京大学出版社2008年版），王利明教授所著的《法学方法论》（中国人民大学出版社2011年版），张志铭教授所著的《法律解释学》（中国人民大学出版社2015年版）等编著或者教

---

① 目前我国学界对于法律解释学的基本原理、发展脉络、目标、方法等都有了很好的论述，出版了许多关于法律解释学的专著，比如王利明：《法律解释学导论——以民法为视角》（第2版），法律出版社2017年版；孔祥俊：《法律解释与适用方法》，中国法制出版社2017年版；张志铭：《法律解释学》，中国人民大学出版社2015年版；陈金钊：《法律解释学》，中国人民大学出版社2011年版。

程，都是把体系解释方法作为法律解释的一种方法进行描述。

有关体系解释方法的研究，通常与它所能发挥的功能联系在一起，通过功能界定阐释体系解释方法的含义。一是阐释法律概念的含义并使法律概念从整体上实现意义一致，二是借助其他条文含义来辅助获得所要解释法律条文（规则）的含义，三是化解法律规范之间矛盾与冲突，实现法律秩序的统一性。比如王利明教授认为，体系解释方法不仅用于阐释法律文本的含义、找寻裁判依据，还可以维护法律概念内涵的统一性、明确法律概念和法律规则的适用范围、消除法律条文之间的矛盾和冲突。① 我国大多数学者基本上沿着这几条思路展开体系解释方法的研究。比如在刑法解释领域，有学者指出，体系解释方法可以通过解释学循环理论理解法条含义，体系解释方法可以使各种犯罪的构成要件之间避免交叉与重叠，维持罪与罪之间的协调关系等，利用体系解释方法可以得到其他条文印证的作用。② 也有学者认为，体系解释方法可以避免望文生义、断章取义，保持刑法整体的协调性。③ 不难发现，在论述体系解释方法上，学者们更多的是将它视为一种狭义的法律解释方法，与其他解释方法一样，在阐释体系解释方法功能时，界定体系解释方法的含义。而对于体系解释的基本原理、体系思维形式、体系解释的依据资源等缺乏全面的阐释。

第二，体系解释方法与体系解释规则的关系没有厘清。研究发现，我们所倡导的法律解释方法只是一种"类概念"，它只是指引我们面对法律规范时该采用何种解释路径。比如文义解释方法主要用于阐释法律规范的文本含义，至于是采用通常含义、专业含义，还是字面含义，则要取决于裁判者与案件事实等多重因素。体系解释

---

① 参见王利明《法律解释学导论：以民法为视角》，法律出版社2009年版，第247—248页。
② 参见张明楷《注重体系解释实现刑法正义》，《法律适用》2005年第2期。
③ 参见万国海《论刑法的体系解释》，《南京社会科学》2009年第7期。

方法也一样，体系解释方法包含了多种解释路径，是依据上下文，还是法律文本的整体，应当采用同类解释规则，还是同一概念解释规则、语境解释规则等都需根据具体情况加以判断。由此带来的问题是体系解释方法与体系解释规则是不是同一个概念，以及法律解释方法与法律解释规则之间的关系是什么。

法律解释规则并不是一个陌生的概念。在英美法系，法律解释所依据的技巧通常称为解释规则，比如文义规则、黄金规则与除弊规则。① 我们通常把解释工具称为解释方法。麦考密克与萨默斯将法律解释方法称为法律解释的论点（argument），② 拉伦茨将其称为解释"标准"。③ 我国学者通常将其称为"解释方法"。如果不加以细致区分，仅从语词的称谓或者宏观意义上讲，这些称谓似乎没有实质性差别，都是法律解释时所需借助的技巧。但是在当我们涉足两个概念的内涵，以及判断不同的解释方法、规则具体适用形态时，就会发现两者存在区别。"法律解释方法"是司法实践中法官经常采用的解释程序，它为法律解释提供程序性指导，而"法律解释规则"是法官在司法实践中总结出来的经验法则，规则比方法更加简洁、微观与具体，它们是在众多判例中总结出的一个个鲜活的可重复性适用的解释准则，包含了规则、法谚及其相关推定，它们是更具体的思维引导规则。因此，在概念认识上，体系解释方法与体系解释规则存在区别，在概念属性上，体系解释方法涵盖体系解释规则。

学界关于法律解释规则或体系解释规则的研究已有卓有成就的著述。其中，一些著述是翻译或者介绍英美制定法解释规则，比如

---

① Alfred Phillips, *Lawyers' Language, How and Why Legal Language is Different*, Taylor & Francis e-Library Press, 2003, pp. 100-102.

② D. Neil MacCormick, Robert S. Summers, *Interpreting Statutes: A comparative Study*, Dartmouth Publishing Company Limited, 1991, pp. 515-516.

③ 参见［德］卡尔·拉伦茨《法学方法论》，陈爱娥译，商务印书馆2003年版，第200页。

刘翀的博士学位论文《美国现代制定法的解释方法研究》，便从文本论、意图论、目的论等角度展开美国制定法解释规则的介绍。[①] 吕玉赞博士翻译的《解释的普通法及其法典化》（上、中、下）等系列文章，也从不同的角度对制定法解释规则进行了介绍。在本土化研究上，陈金钊教授发表的《法学话语中的法律解释规则》《法律解释规则及其运用研究》（上、中、下）可谓法律解释规则本土化研究的发轫之作。该系列文章从法律解释规则的原理、原则、要求等角度展开了较为详细的论述。有的博士学位论文也对法律解释规则进行了系统的研究，比如李亚东的博士学位论文《法律解释规则分类研究》，便以萨维尼经典法律解释四要素为分类标准，把法律解释规则置于法律解释要素之下。[②] 然而研究发现，在一定程度上许多研究仍是在笼统意义上将法律解释方法称为法律解释规则，没有从概念、性质、功能等角度对两者加以区分，并没有真正厘清法律解释方法与法律解释规则之间的关系。因此，就体系解释方法与体系解释规则而言，虽然把体系解释规则视为更为具体微观的操作准则，但是在现实语境下，如何处理体系解释方法与体系解释规则的关系，以及如何展开体系解释规则的运用，都是需要探讨的问题。

　　第三，体系解释的思维形式关注不够。在哲学上，思维是相对于存在而言的，与意识、精神同义。体系解释方法的运用必然要依赖特定思维作为逻辑思考的前提。一般认为，体系思维是体系解释的思维形式，而在一定程度上，体系思维与系统思维存在某些相似之处。系统思维属于历史范畴，是主体把思维对象作为一个系统的整体，运用系统概念来认识对象的思维方式。[③] 系统思维并非新近思

---

　　① 刘翀：《美国现代制定法的解释方法研究》，博士学位论文，南京师范大学，2014年。
　　② 李亚东：《法律解释规则分类研究》，博士学位论文，山东大学，2016年。
　　③ 参见苗东升《论系统思维（一）：把对象作为系统来识物想事》，《系统辩证学学报》2004年第3期。

维方式，系统作为一种范式，代表了一种整理安排我们已经获得和可以预见的将来有希望获得的知识的新方式，是根据系统概念，以及根据系统的性质和关系，把现有的发现有机地组织起来的模型。① 但是要想把对象作为系统来识物想事就必须掌握和运用系统概念。系统是诸多事物相互联系而形成的一个统一体，其要素具有多样性、相关性和一体性，② 系统思维关系到包含在系统中的各个要素如何一起行动、如何服从运行规律。体系思维反映着系统思维形式，因此，体系解释方法有时候也被称为系统解释方法。但是，体系思维不同于系统思维，一方面体系思维不仅要关注与认识对象相关的各个要素在逻辑上的关系，另一方面体系思维更是深入由各个要素构造的内在体系当中，以符合体系整体意义的形式来判断认识对象所蕴含的深层次含义。

从方法论的角度观察，体系思维受到解释学循环理论的影响。德国哲学家德里希·阿斯特首次提出了"解释学循环"这一概念。阿斯特认为："一切理解和认识的基本原则就是在个别中发现整体精神，和通过整体领悟个别；前者是分析认识方法，后者是综合的认识方法。"③ 这种认知方法，事实上一直被人们所运用。由个别到整体，再由整体到个别。对于解释学循环这一概念，施莱尔马赫在其著作中进行了深入研究。在他那里，解释学并非一种语言的科目，而是一种一般性认识理论，"解释学循环"便居于认识理论的中心位置。他认为，理解过程是一种独特的重新认识文本作者所进行的精神过程的艺术，从文本结构开始，渐进的理解作品结构中的片段和部分。在理解的基础上才能展开解释，解释是由"语言的"和"心

---

① 参见［美］E. 拉兹洛《用系统论的观点看世界》，闵家胤译，中国社会科学出版社1985年版，第3页。

② 参见苗东升《论系统思维（二）：从整体上认识和解决问题》，《系统辩证学学报》2004年第4期。

③ ［德］德里希·阿斯特：《诠释学》，洪汉鼎译，载洪汉鼎主编《理解与解释》，东方出版社2001年版，第7页。

理的"等相互联系的过程构成。我们所理解的部分在逻辑上形成一个整体，而在整体中能够确定各个部分。比如文本是由不同的单词所构成的，理解句子需从理解单词为起点，取决于我们所熟知的单词的意义。① 而这一过程中，需要自觉与顿悟。在他看来，理解的发生不是机械的推理过程，它是比逻辑推理更为复杂的一个认识活动，局部到整体、整体到局部之间的理解会发生顿悟，而这一顿悟便是部分与整体同时理解之时。与此同时，部分与整体、整体与部分理解之间，还需要自觉，透过顿悟与自觉才能置身于作品之中，理解作者精神，认知作者心理过程，进而消除各种误解，实现真正理解。②

在解释学循环理论的影响下，体系解释方法也表现出由部分到整体，由整体到部分的解释路径，因此，体系解释方法有时也被认为是循环解释方法。实际上，尽管体系解释方法表现出解释学循环的典型特征，但体系解释方法绝非按照解释学循环来要求自己。体系思维的核心要义在于借由"法律的体系化"，实现法律规范的整体运用。自概念法学以来，人们就一直将法律体系视为一种体系化的存在，无论是概念法学试图建构的概念金字塔，还是利益法学主张的外在体系与内在体系之分，即便是评价法学主张的价值评判亦未放弃体系化努力。比如在德国，体系化是德国法教义学一直追求的方向。"德国法教义学的特点在于它发展出了一个精细体系，该体系构成了个案案例与基本规则、基本原则之间的中间层。其优点在于

---

① 参见［苏］E. H. 舒里加《什么是"解释学循环"》，曹介民、杨文极摘译，《哲学译丛》1988年第2期。

② 殷鼎：《理解的命运——解释学初论》，生活·读书·新知三联书店1988年版，第232页。在阐释"解释学循环"理论时，W. 狄尔泰对"解释学循环"进行了重新定义："整体在它那个部分的术语中应当是明白的，个别部分在整体的术语中也应当是明白的。为了理解一部作品，我们应当去求教于作者和与他相近的作品。这种比较程序可使我们对每个个别的句子的真正理解比过去深刻一些。因此对整体和它的个别部分的理解是相互依赖的。"［苏］E. H. 舒里加：《什么是"解释学循环"》，曹介民、杨文极摘译，《哲学译丛》1988年第2期。

其大幅、省时省力地简化了工作,也是充分实现法律对法官职业约束以及平等之法律适用的恰当工具。"① 显然,我国学者对体系解释方法的思维形式关注不够,把更多的目光放在了解释学循环、系统思维与整体思维之上。

实际上,体系思维才是体系解释方法的根本思维方式。关于体系思维的论述散见于零星作品中。杨代雄的《萨维尼法学方法论中的体系化方法》一文对历史法学派代表人物萨维尼的体系化方法进行了系统论述。② 梁迎修的《方法论视野中的法律体系与体系思维》一文对概念法学、利益法学中的体系思维进行了简单介绍。③ 吴从周的《概念法学、利益法学与价值法学》一书中除对上述法学流派进行了梳理外,对评价法学的体系化研究也做了阐述。④ 顾祝轩的《体系概念史:欧陆民法典编纂何以可能》对体系思维进行了说明,在狭义的范畴内将体系思维等同于形式逻辑思维,即以三段论为主的体系思维形式。⑤ 事实上当提及体系思维,很多人便会将它视为三段论思维,而这显然限缩了体系思维的形式。因而有学者主张用"体系思维"对现有的法律思维进行矫正。⑥ 体系思维的"开放"与"封闭"的姿态对于法治的实现具有很大的影响,要想搞好法治建设就需要处理好"封闭"与"开放"的关系,要运用体系思维把法律体系与法律渊源形式等连接起来,把各种法律渊源作为体系思维的

---

① [德]罗尔夫·施蒂尔纳:《民法学及其方法论》,于程远译,载李昊主编《北航法律评论》(2015年第1辑),法律出版社2016年版,第69页。
② 参见杨代雄《萨维尼法学方法论中的体系化方法》,《法制与社会发展》2006年第6期。
③ 梁迎修:《方法论视野中的法律体系与体系思维》,《政法论坛》2008年第1期。
④ 参见吴从周《概念法学、利益法学与价值法学》,中国法制出版社2011年版,第二、三、四章。
⑤ 顾祝轩:《体系概念史:欧陆民法典编纂何以可能》,法律出版社2019年版,第214页。
⑥ 参见陈金钊《现有"法律思维"的缺陷及矫正》,《求是学刊》2018年第1期。

要素，用以矫正与弥补法律体系的诸多不足。① 现在我们的法治思维中，更多的是强调整体思维，强调各种形式的结合论，这种整体论、统一论思维往往是不讲逻辑的，而体系思维的体系化代表了一种法律规范形式上的一致性、法律价值上的融贯性，对于矫正我国的整体思维、结合论思维具有重要意义。② 如果分析体系思维的具体样态，可以总结出体系思维的四重境界。第一层次是指法律规范选择的至上以及在此基础上的文义解释优先，其是维护法律体系稳定性与安全性的基础。第二层次是指建立在法律解释方法综合运用之上的整体意义探寻，其是确保法律体系整体运用的关键。第三层次是指反对机械的解释法律规范，其是借助法律体系尊重法律的目的、价值等，实现法律解释的融贯。第四层次是指借由法律体系实现对未知事项的调整，其是要做到持法达变。③ 由此可见，立足实践语境，需要重新审视体系思维，破解体系思维认识局限，使其更好地服务于法治中国建设。

第四，体系解释的资源需由封闭法律体系向开放法律体系拓展。采用狭义的体系解释方法概念，秉持以三段论为主的体系思维形式，会将体系解释资源限缩在制定法体系之内。因而体系解释也便呈现出上下文解释与整体解释的特征。这种解释特征在有关法律方法的教程中体现得最为明显。比如有的教程指出，体系解释方法将需要解释的法律条文置于整部法律体系之中，通过此法条与彼法条的关系来解释法律。④ 有的讲义指出体系解释将需要解释的条文与其他条

---

① 参见陈金钊《体系思维的姿态及体系解释方法的运用》，《山东大学学报》（哲学社会科学版）2018年第2期；陈金钊《忘却体系的悲剧及其矫正》，《上海政法学院学报》（法治论丛）2019年第5期。

② 参见陈金钊《用体系思维改进结合论、统一论——完善法治思维的战略措施》，《东方法学》2018年第1期。

③ 参见陈金钊《体系思维及体系解释的四重境界》，《国家检察官学院学报》2020年第4期。

④ 参见张斌峰主编《法学方法论教程》，武汉大学出版社2013年版，第271页。

文结合起来，按照逻辑规则，从该法条与其他法条的关系、该法条所处的位置，以及与法律制度的关系入手，全面分析条文的含义。①

学者们逐渐注意到，制定法体系不仅包括可观察的、依形式逻辑建构的外在体系，它还包括内在的、价值一致的内在体系。依靠形式化外在体系不仅能够通过其他法条辅助获得解释对象含义，亦能通过对法律体系的整体思考，实现解释对象与法律体系整体意义上的协调，而依靠实质性的内在体系不仅可以通过其他规范探知解释对象的规范意旨，亦能解决冲突性法律规范，弥补立法缺陷，实现法秩序的统一无矛盾性。比如杨仁寿认为："以法律条文在法律体系上之地位，即依其编章节条项款之前后关联位置，或相关法条之法意，阐明规范意旨之解释方法，称为体系解释。"② 意在指明体系解释之"解释模式"存在形式上条文关联解释与实质上相关规范法意阐释两种类型。魏德士直接指明有关体系解释方法存在不同认识或划分，体系解释自身就指向不同的体系。③ 拉伦茨认为，法律的上下文脉络可以确定某段文字应作何解，同样地，法律的意义脉络也有助于个别字句的理解。恩吉施认为，外在体系必须具备完整性。一个完整的法律规范体系不仅可以将复杂的社会关系抽象简单化，还可以为裁判者解决具体纠纷提供具体翔实的规范依据。在理论研究上，致力于法律体系的完整性是法教义学一直努力的方向。"解决法律秩序内表面矛盾的不同法律规定的'竞争'（Konkurrenz）学说，构成了法律教义学不可缺少的组成部分。"④ 法教义学试图建构一个完备的、自洽的、形式上无矛盾的"公理式"规范体系来指引人们行动，通过缜密的形式逻辑，达至法律规范目的。完整的法律

---

① 参见葛洪义《法律方法论讲义》，中国人民大学出版社2009年版，第182页。
② 杨仁寿：《法学方法论》，中国政法大学出版社2012年版，第143页。
③ 参见［德］伯恩·魏德士《法理学》，丁晓春等译，法律出版社2013年版，第318页。
④ ［德］卡尔·恩吉施：《法律思维导论》，郑永流译，法律出版社2004年版，第201页。

体系对阐释相关概念、条款，寻找具体裁判依据及维护法秩序的统一性具有重要意义，亦能够促使法律解释结果在逻辑及目的上与整个法秩序保持和谐统一，至少能够做到与同位阶或者更高位阶法律规范之间不相冲突。

我国台湾学者王泽鉴也指出，法律的内在体系是指法律秩序内在构造、原则及价值判断。在解释方法上应该注意两点：一是为维护法律用语的同一性，同一概念应该作相同解释，二是需使下位阶的法不与上位阶的法发生矛盾。[①] 德国法学家普珀也指出，体系解释应该遵守四个要求：无矛盾要求主张法律不存在自相矛盾，不赘言要求主张法律不说多余的话，完整性要求主张法律不允许规定漏洞，体系秩序要求主张法律规定的编排都应是有意义的。[②] 不赘言及完整性要求构成了外在体系要求，而无矛盾及体系秩序要求则属内在体系要求。可见，体系思维不允许出现明显的规范冲突与评价矛盾。其中，内在体系的价值取向性引导外在体系，外在体系的各个要素则构成内在体系的主要载体。[③]

外在体系与内在体系是客观法律体系的组成部分，它们虽然在形式上构造了一个相对"封闭"的法律体系，但是从未阻塞法外因素进入法律体系的渠道，事实上，法律体系存在着"开放性"。自概念法学以来，人们逐渐认识到完全割裂法律与社会之间的关系，排除道德、价值等进入法律体系是不可能实现的。法律不可能脱离道德，法律也不可能独立于社会而存在，法律体系存在"开放性"。利益法学、评价法学已然证实，法律体系存在着开放性，法律体系并不排斥其他法源形式。法律渊源与法律方法之间有着紧密的联系，

---

① 王泽鉴：《民法思维：请求权基础理论体系》，北京大学出版社2009年版，第177页。

② 参见［德］英格博格·普珀《法学思维小学堂——法律人的6堂思维训练课》，蔡圣伟译，北京大学出版社2011年版，第56页。

③ 参见朱岩《社会基础变迁与民法双重体系建构》，《中国社会科学》2010年第6期。

法律适用者既受到现行有效的法律规范的限制，同时也受到诸如习惯、道德、正义理念等影响。事实上，法律无非是解决社会纠纷的一种工具，在制定法功能失范，法律适用者需要建构与法律规范类似的裁判规范，需要一种想象性重构，寻求最佳的解释结果。而这就需要扩大法律体系的范围，适度地吸收其他法源形式。从内在视角看，法律体系的"内在体系"本身就具有"开放"特征。以法律原则为主要构成要素的内在体系是对价值等实质性要素开放的，而且法律原则自身需要汲取社会共识性价值。从外在视角看，法律只是特定时空下社会治理的工具，在存在法律漏洞等情况下，为了解决案件，法官必须重构裁判规范，而这需要向社会汲取解释资源，习惯、经验法则、社会共识、事物本质、法理、正义理念等将成为裁判依据的重要来源。

因此，法律体系之"体系"并非静态的法律规范体系，而是动态的体系性构成，法律规范也非孤立的个体存在，不同法律规范之间、法律规范与其他社会规范之间亦存在冲突。特别是在多元法源视角下，存在作为形成法规范的法源、作为约束权力的法源、作为论证法规范适用正确性的法源、作为补充法规范漏洞的法源等不同维度。法源适用突破了传统立法机关创制的制定法体系，因此如何在确保法律体系的稳定性的前提下，协调法源适用，解决法源冲突，亦是体系解释方法的任务之一。虽然法律体系必须要保持开放性，但是这种开放性并不能否定法律体系建构的意义，因为无论如何，确保法律体系的稳定性以及法律意义的安定性是法治实现的前提。法律体系需要保持相对的开放性，这一开放的法律体系是由多元法源体系、法律价值体系、法治理论体系等构成。①

---

① 陈金钊：《开放"法律体系"的方法论意义》，《国家检察官学院学报》2018年第3期。

三　研究价值与创新

(一) 研究价值

第一，致力于法律体系融贯，维护法秩序统一。作为法律解释的黄金规则，体系解释方法在助力文义解释，化解机械司法，探寻法律的规范意义，解决法律规范冲突，实现法律目的、价值、原则等"落地"，以及架构形式解释与实质解释桥梁关系等方面发挥着重要作用。特别是其维护外在体系规定一致、内在体系价值融贯等方面意义重大，实现了法律体系内容的融贯、层级的融贯与理念的融贯。

第二，规范法律解释实践，制约过度解释与任意解释。体系解释方法及其规则发挥着规范解释思维，限制解释恣意的作用，有效维持了法律的稳定性与安定性，避免了解释思维流于任意。同时作为经验性法则，体系解释规则亦起到监督解释过程的功能，通过回溯解释过程，判断法律解释是否合理、合法，乃至恰当。

第三，拓展法律解释规则的供给路径，构建法律解释规则体系。法律解释规则供给路径多元且分散，立法文本中的解释性条款、司法经验、最高人民法院制定的司法解释或解释性文件、颁布的司法政策、实施的指导性案例制度等都蕴含了大量的解释规则。通过对法律解释规则的提炼及类型化，构建法律解释规则体系，既能与法律解释方法体系相兼容，又能为解释者提供一套简洁、具体的操作准则，丰富了法律方法论体系。

第四，证成司法裁判的正当性，提升司法裁判的可接受性。法律解释是证成司法裁判正当性的基本环节，体系解释方法采用从形式到实质渐进解释路径，有效实现了不同法律规范之间的相互支撑与证立，解决了法律规范的碎片化与冲突。在法律存在漏洞、法律解释存在僵化时，基于法律体系的开放性可引入非正式法源，弥补正式法源缺陷，丰富法律论证理由，增强裁判说理论证，以及提升裁判的可接受性。

(二) 主要创新

第一，重构体系解释方法的理论框架。当前学界多将体系解释方法视为"解释学循环"，该种认识突出了体系解释方法的外在特征，但未能辨清体系解释方法背后的基本原理与哲学基础。体系解释方法是围绕着法律的体系化展开的，法律的体系化所建构的法律体系为其提供了载体与依托。而随着对法律体系认知的革新，体系解释方法运行的维度已经拓展到解决法律体系融贯、协调法源关系等领域。

第二，构造法律解释规则体系。当下我国法律解释学话语中，既存在法律解释方法，又存在法律解释规则，理顺两者关系尤为重要。法律解释方法包含各种法律解释规则，法律解释规则是法律解释方法的基本构成要素，是法律解释方法运用的一般性要求，也是引导法律解释方法运用的思维路径，两者存在种属关系。法律解释规则体系构造应当以法律解释方法为基础，通过类型化整理消除不同类别解释规则的思维抵消效应。其中体系解释规则包括法律概念、法律条文、法律冲突、法源关系等解释规则类型。

第三，致力于精细化的思维规则整理与提炼。法律解释方法的核心是各种引导法官思维的解释规则，法律解释规则是思维性规则，具有思维引导性。法律解释方法遭遇抵牾的原因之一在于相同案件中采用相同方法也难以实现同案同判，由此需要探寻相同解释路径的思维规则。当下任务乃是在众多的立法文本、司法解释、司法案例、法谚、格言、推定中概括各种趋于共识的经验法则，凝练出法律解释规则。

第四，秉持实践转向的视角开展研究。立足于我国一元两级多层次的立法体制，扎根于我国特色社会主义法律体系，以体系解释方法研究为切入点，致力于法律规范之间的协调与融贯。从本土资源中寻找法律解释规则的理论根基，剖析法律解释规则的制度投射，以指导性案例、典型案例等分析法律解释规则的运用效果，促使法律解释规则研究实践化，为法治建设提供微观方法论支撑，助推法治中国建设。

四 研究方法

1. 案例分析方法：案例分析是对实践经验进行观察最好与最直接的窗口。以案例分析为切入点，通过个案解剖与类案分析的方法客观展现体系解释方法的运用状况，找到当下司法实践中体系解释方法运用的困境，为提升体系解释方法运用效果提供事实基础。

2. 比较分析方法：一切认识、知识均可溯源于比较。通过比较研究方法可全面展现域外体系解释方法及其规则的运用现状，反思我国法律解释方法研究及运用水平，为本土视域的法律解释规则体系建构提供域外经验。

3. 价值分析方法：在全面推进依法治国的背景下，对法秩序稳定性维护尤为重要。理清法律解释方法背后的法哲学基础，以及代表的法价值、法伦理倾向，对化解法律冲突，实现法律体系内容的融贯、层级的融贯与理念的融贯具有重要意义。

4. 交叉分析方法：体系解释方法的运用涉及法治建设、解释权配置以及司法权运行等问题，涵盖政治学、法学理论、社会学等学科领域，需要采用交叉研究的方法进行全面的研究。

五 研究思路与结构安排

作为解决法规范碎片化，以及维护法秩序统一的重要解释方法，本书聚焦体系解释方法运用这一核心问题，通过以下章节设计展开研究。

引言部分交代本文的问题意识，即认识混沌与缺乏可操作性下的体系解释方法。其一指出理论困境，比如体系解释方法研究存在故步自封与哲学化倾向，体系解释方法概念亟待革新；体系解释方法研究存在复杂化、抽象化倾向，有关体系解释方法的研究多侧重本体论，对体系解释过程及其方法论属性缺乏兼顾，致使体系解释方法研究的复杂化、哲学化倾向严重。其二交代实践问题，比如体系解释方法运用存在逻辑混乱与规则缺失等问题。实践中，体系解释方法多是依托形式化的法律体系进行结构解释，而忽视基于法律体系融贯性的意义关联解释、基于法律体系开放性的法源关系解释等维度，导致体系解释方法功能受限，局限于狭义的逻辑解释。与此同时，由于体系解释方法的操作规则缺失，特别是当方法高度发达、相互交织时，需要一套简洁的方法论与较为清晰的思维规则指导解释活动，体系解释规则的缺失导致体系解释方法运用的粗疏性，致使其难以发挥维护法秩序统一的功能。

第一章对体系解释方法的概念进行了重新界定。有关体系解释方法的界定可类型化为狭义说、逻辑说与内容说三种，它们多将体系解释方法限定为狭义的法律解释方法，从而限制了体系解释方法的作用空间。体系解释方法是法律解释的黄金规则，具有化解文义解释的弊端、探寻法律解释合理性、维护法秩序统一性以及兼顾主客观解释的功能。基于体系解释的实践功能，对体系解释方法在法律解释中的地位进行了定位，即体系解释方法处在文义解释与目的解释之间。

第二、三、四章具体阐释体系解释方法的理论框架，即思维形式、解释资源与操作准则，具体而言：

第二章主要交代体系解释方法的哲学基础，即建立在法律的体系化之上的体系思维。法学作为一种体系化的研究由来已久，法律的体系化将杂论无序的法律素材整理、分类，进而建构了一个逻辑分明、等级有序，以及一个有意义的规则体系。体系解释方法便是以法律的体系化为基础对法律规范的体系化运用。法律的体系化生成了体系思维，体系思维又反作用于法律的体系化。体系思维的教义学属性追求的法秩序完备性、统一性、自洽性，致力构筑的体系完备、层次分明、逻辑自足的法律统一体，以及在法秩序而非个别法规范中寻找答案的适用路径，是体系解释方法的思维形式。

第三章主要涉及体系解释方法的解释资源，即建立在法律体系之上的运用。依托法律体系，体系解释实现了法律的可预测性、稳定性、跨时间与层级间融贯，以及回应社会需要，响应社会价值变迁，塑造法秩序等效果。就体系解释的运行维度，可以概括出基于法律体系逻辑关系的结构解释、基于法律体系融贯性的意义关联解释与基于法律体系开放性的法源关系解释等几种。其中，基于法律体系逻辑关系的结构解释是指法律体系所搭建的规范之间的逻辑关系，为法律解释提供理解语境，包括同一法律的不同规范之间、同一法律部门的不同规范之间、不同法律部门的不同规范之间等，其主要以外在体系为载体，通过整体与部分之间的视线往返进行结构性解释。基于法律体系融贯性的意义关联解释是指以外在体系的逻辑关系为基础的结构解释，追求法秩序形式规定意义上的统一性，因而将价值判断问题排除在外。内在体系所承载的意义脉络，为解决规范之间的评价矛盾提供了载体。基于法律体系开放性的法源关系解释是指立足司法立场，为寻找解释的"最佳答案"，在犹如迷雾般不透彻的规范系统中作出选择，不仅需要逻辑分析，亦需实质性考量。开放的法律体系不仅为解释者提供了立法者创制的制定法，也供给了弥补法律漏洞、充当论证资源的习惯、公共政策、法理与事物本质等。

第四章主要论述体系解释的操作准则，即以体系解释规则为核心的具体运用。体系解释规则是体系解释方法运用的逻辑规则，是引导体系解释的操作准则，具有思维引导属性。其既能引导法律人准确、恰当地解释法律，又能为法律判断提供根据、论据与理由，为法律解释结果提供正当化基础。法律解释方法的核心是法律解释规则，在概念上，其是法律解释的具体适用规则；在性质上，其是法律解释方法的构成要素；在功能上，其提供思维引导及操作要求。依据法律体系中法律规范的构成逻辑、不同规范之间的关系，体系解释规则的应用场域可类型化为：一是法律概念的体系解释规则，主要包括同一解释规则、概念语境解释规则与单独概念不能生成裁判规则等。二是法律条文的体系解释规则。在规范结构上，法律条文的解释，可归类为法律条文内与法律条文间两种类型。法律条文内的解释规则包括同类解释规则、例示规定解释规则、但书解释规则及明示其一排斥其他规则等。法律条文间的解释规则包括上下文解释规则、整体解释规则、指示参照规则、相同事项解释规则、标题解释规则等。三是法律冲突的体系解释规则。清除法规范之间的冲突矛盾是体系解释的任务之一，即解决异位法抵触、同位法不一致问题。实践中上位法优于下位法规则、特别法优于一般法规则、新法优于旧法规则等都是化解法律规范冲突的常用解释规则。四是法源适用的体系解释规则。在确保法律体系独立性的前提下，体系解释为非正式法源进入司法裁判提供了合理路径。根据法源适用位序理论，应遵守制定法优先规则、遵守法律规定的指引适用规则、遵守法源适用的选择论证规则等。

第五章为体系解释方法的综合运用，是以最高人民法院指导案例89号"北雁云依案"为素材展开的运用，主要借由不确定法律概念的解释来分析体系解释方法该如何具体应用。不确定法律概念是法律概念的一种特殊类型，其内涵和外延具有不确定性，语义具有模糊性。不确定法律概念的解释需遵守法律解释基本要求，必须参照其他规范获取恰当的含义。在体系解释看来，法教义学提供的法律规范体系为解释不确定法律概念框定了解释资源，提供直接规则指引，但法教义学所提供的解释资源体系是封闭的，由封闭体系提供的解释资源不足以应对包含价值判断的概念解释问题，需要求助开放的社会规范体系提供辅助性资源。为保证法律意义的安定性，维护法律的稳定性，捍卫法律的权威性，确保法治是规则治理的事业，不确定法律概念体系解释路径不能失却规范性意义。

第一章

体系解释方法的概述

有法律适用，就有法律解释活动，法律解释与法律适用相伴而生。这种与法律适用相伴而生的解释活动并非毫无章法的任意解释，而是受到各种法律解释方法的限制。自萨维尼以来，法律解释依托传统的语法、逻辑、历史及体系四要素，而随着法律解释理论与实践发展，又先后提炼与总结出目的解释、社会学解释、合宪性解释等方法。这些解释要素或方法单独或者共同致力于法律解释活动，用于探寻恰当的规范含义。其中，体系解释方法至关重要，是法律解释的"黄金规则"，具有"桥梁"功能：一方面体系解释方法与文义解释方法相关联，用于阐释法律规范的含义，致力于法律文本含义解释；另一方面体系解释方法又与目的解释方法相关联，通过考察法律规范的语境含义，致力于法律规范的目的获取。

第一节 体系解释方法的界定

通常认为，体系解释方法是指结合上下文、同一法律部门、不同的法律部门，或整个法律秩序解释相关条文的含义，主要是以法律的外在体系为基础进行的解释。① 然而，自黑克（Heck）以来，法律体系便被区隔为外在体系与内在体系，后又经拉伦茨和卡纳里斯引入方法论中，使其具有了形式体系与实质体系之别，因而不能再从形式角度来思考体系解释。体系解释不仅涉及形式上"外在体系"中的法律规范之间的逻辑关系，有时也需考虑作为"内在体系"的法律规范之间的意旨或目的。因此，面对一个法律规范，有时单纯依靠法律规范间的逻辑关联，并不能获得解释对象的确切含义。

一　体系解释方法是法律解释的"黄金规则"

一般认为，体系解释方法是依据法律规范所处文本位置、法律规范之间关系，以及根据规范间意义脉络阐释法律规范的一种法律解释方法，故又被称为逻辑解释、结构解释、系统解释、上下文解释、整体解释以及语境解释等方法。通过梳理，学界对体系解释方法的界定可划分为狭义说、逻辑说与内容说三种类型。

其一，狭义说。狭义说强调体系解释方法的功能属性，即当"法律规定并不明确时，以文义、体系、法意、比较、目的或合宪等解释方法，探究法律之规范意旨而言"②。其中，体系解释方法与文义、法意、历史、比较、目的、合宪性、社会学等解释方法具有不同功能属性，它们一起构成法律解释通常运用的方法。狭义说把体系解释方法与其他解释方法断然隔开，典型的用法是"在字义解释不能解疑时，便寻求体系解释，即在其他规范或其他法律中找答案"③，而事实上法律解释方法或要素之间彼此关联，共同致力于规范含义获取，并且不同解释方法之间并不具有完全的区分界限。萨维尼指出制定法解释包含了文法要素、逻辑要素、历史要素和体系

---

① 王利明：《法学方法论》，中国人民大学出版社2011年版，第340—341页。
② 杨仁寿：《法学方法论》，中国政法大学出版社2012年版，第135—136页。
③ 郑永流：《法律方法论阶梯》，北京大学出版社2012年版，第137页。

要素,"这四个要素并非是人们可以根据其趣味和偏好而任意选择的四种解释方式,毋宁说,如果解释能够成功达成,这四个要素必须是协调作用的不同活动"①。

其二,逻辑说。逻辑说主张体系解释方法的运用方式,即以形式逻辑的方法分析法律规范的结构、内容、适用范围和所有概念之间的关系,②比如利用逻辑中的矛盾律来支持或反对某个法的渊源文本的解释结果的理由。③学界基于逻辑说的界定,意在把解释的对象置于上下文、法律部门或整个法律秩序当中阐释解释对象的含义,避免断章取义、片段化地解释。也有学者将体系解释方法界分为逻辑解释和系统解释两种。其中,逻辑解释是指运用形式逻辑的方法分析法律规范的结构、内容、适用范围和所用概念之间的联系;系统解释则是指将需要解释的法律条文与其他法律条文联系起来,从该法律条文与其他法律条文的关系、所处法律文件中的位置,与法律制度的联系等方面,系统全面分析该条文的含义和内容。④这种借助语言与语境所框定的范围来探讨法律规范的含义,⑤仅强调了体系解释的形式维度,即借助规范逻辑结构所构成的语境揭示法律规范的文本含义,而体系解释方法事实上又借助于规范之间的意义脉络加以理解,即运用体系思维考量规范意图,显然逻辑说刻意地规避了对规范意图的探究。

其三,内容说。内容说关注体系解释方法的依托载体,即体系解释方法依托外在体系,⑥而不顾及外在体系之外的因素。比如王利

---

① [德]萨维尼:《当代罗马法体系Ⅰ:法律渊源·制定法解释·法律关系》,朱虎译,中国法制出版社2010年版,第167页。

② 参见葛洪义《法律方法讲义》,中国人民大学出版社2009年版,第182页。

③ 舒国滢等:《法学方法论》,中国政法大学出版社2018年版,第355—356页。

④ 张斌峰主编:《法学方法论教程》,武汉大学出版社2013年版,第272页。

⑤ Ward Farnsworth, Dustin Guzior, Anup Malani, "Policy Preferences and Legal Interpretation", *Journal of Law and Courts*, Vol. 1, No. 1, Spring 2013, p. 117.

⑥ 参见黄茂荣《法学方法与现代民法》,中国政法大学出版社2001年版,第279页。

明教授指出："体系解释的依据只是法律的外在体系，不能考虑其他因素，这是界分体系解释与其他解释方法的关键。如果法律解释中考虑了其他法律外在体系以外的因素，就转化为其他的解释方法。"① 换言之，其不关注实质问题，主要借助法律体系的规范结构，根据法律本身的章节安排及法律规范排列来确定解释对象的含义。但是，内容说显然割裂了外在体系与内在体系的关联，法律体系既是一个逻辑体系，又是一个目的体系，二者结合才构成一个完整的法律体系。体系解释方法也绝非价值无涉的，因为法律体系自始至终都不是封闭的、自洽的、完备的、无矛盾的逻辑体系，法律体系保持着开放性，因而体系解释涉及处理价值评价问题，如考夫曼所言"它涉及重要的内在关联，这种关联将一切法律制度和法律规则连成一个大的整体"②。同时，体系解释方法的载体不仅包括制定法体系，在一定程度上，体系解释方法还担当着协调、处理多元法律渊源关系与冲突的任务。③

事实上，如果对体系解释方法加以枝分，那么可以发现其是一个复合概念，即运用"体系"的"解释方法"。首先何为"体系"？前文论及，通常意义上的体系是指制定法体系，即立法者所创制的法规范体系。但是，一方面制定法体系存在缺陷，不仅形式上表现为法律冲突与法律漏洞，而且价值评价上也存在不一致性，时常表现为原则抵触与价值冲突；另一方面基于形式理性建构的法律体系故步自封，即便内在体系涉及价值评价问题，但是一些法律原则、不确定法律概念、一般性条款的解释仍需借助体系外的资源，具体化它们的意义。"无论如何，体系化的工作是一种持续性的工作，因此必须意识到：体系无法以演绎的方式支配诸多问题，其始终必须

---

① 王利明：《法学方法论》，中国人民大学出版社 2011 年版，第 341 页。
② ［德］阿图尔·考夫曼、温弗里德·哈斯默尔主编：《当代法哲学和法律理论导论》，郑永流译，法律出版社 2002 年版，第 266 页。
③ 参见陈金钊《开放"法律体系"的方法论意义》，《国家检察官学院学报》2018 年第 3 期。

维持开放状态，始终仅能是暂时性的综整而已，质言之，法体系本难期完足。"① 因此，法律体系秉持一种开放性姿态，允许其他社会规范以恰当形式融入法律体系，比如社会主义核心价值观，用以修正、补充制定法体系。其次何为"解释方法"？在解释学领域，解释方法是解释主体在阐释解释对象时所借助的工具、手段或者准则。体系解释方法与文义解释方法等一样，都是法律解释时所运用的解释工具，只是侧重点存在不同，比如文义解释方法侧重解释对象的文本含义，而体系解释方法侧重在法律体系中阐释解释对象的含义，其含义范围既可能是文本含义，也可能是超越文本的含义。

随着法律体系认知的更新与体系思维保持的开放姿态，体系解释方法越来越趋向于"黄金规则"，即文义解释得出的通常含义存在荒谬或者与其他规范不一致时，允许解释者参考其他规范，乃至借助规范意图来加以纠正，甚至背离通常含义。② 黄金规则（The Golden Rule）源于1857年英国的Grey v. Pearson案，原意是指当平义解释的结果与其他制定法部分规定产生矛盾或者解释结论荒谬时，出于避免矛盾与荒谬结果的考虑，允许对平义解释结果做出修正。③ 其核心内涵是指法律语词、概念乃至规范的含义并不具有独立于规范体系的含义，规范文本所承载的含义很大程度上是立法、法院乃至其他主体共同决定的。解释的首要任务也并不是确定语词的抽象意义，或者通常含义，而是借助规范体系所构建的语境，确定立法机关使用这些语词所要传递的意图。④ 随着法律解释学理论研究的深

---

① 陈爱娥：《法体系的意义与功能——借镜德国法学理论而为说明》，《法治研究》2019年第5期。

② John M. Kernochan, "Statutory Interpretation: An Outline of Method", *Dalhousie Law Journal*, Vol. 3, No. 2, October 1976, pp. 338-339.

③ Grey v. Pearson, 6 ER 60 (1857). 参见陈金钊、吴冬兴《体系解释的逻辑展开及其方法论意义》，《扬州大学学报》（人文社会科学版）2020年第1期。

④ John M. Kernochan, "Statutory Interpretation: An Outline of Method", *Dalhousie Law Journal*, Vol. 3, No. 2, October 1976, p. 341.

入，学界关于法律体系的认识也呈现出一种开放性姿态，认为法律体系绝非是封闭的体系，即便认识到法律体系的内在体系能够处理价值评价问题，但是法律体系仍需与其他社会规范建立起关联，用来更新内在体系的价值共识，解决规范冲突与法律漏洞等问题。所以在司法语境中，需要重新界定体系解释方法。体系解释方法兼具了文义的发现功能与立法评价的发现功能，是避免解释结果荒谬与规范冲突的有效规则，无论是从减轻裁判负担，还是强化方法监督的角度，都比单一的文义解释或目的解释更为可靠，在当下的法律解释实践中，应该成为法律人所必须遵守的解释方法。①

二 体系解释方法是运用法律体系的综合性方法

实践中，法律文本的含义需要立足于解释语境获取。"解释学上所说的语境，就是要从文本的内在结构和上下文的体例安排，以及法律的语法、词汇等来理解法律的文义。任何法律文本的概念、术语的使用都是在特定的语境之下，离开了该语境，就无法对其进行理解。"② 对于体系解释方法来讲，一方面虽然它以文义解释为基础，但绝非文义解释的附庸，因为法律文本有时并不能搭载立法者的真正意图，因而需要解释者将目光流连于法律文本整体与部分之间，根据解释对象在上下文、法律部门或法律体系中的位置来探寻解释对象的规范含义。

另一方面基于法律是体系性存在，法律的意义需要在法律体系中寻找的朴素认知，法律体系为司法者框定了一个可探讨的范围。只不过由于立法者的不完满理性，法律体系存在一些天然的局限。"任何法律秩序都有漏洞。出于种种原因，没有漏洞的法律秩序是不

---

① 参见陈金钊、吴冬兴《体系解释的逻辑展开及其方法论意义》，《扬州大学学报》（人文社会科学版）2020年第1期。

② 王利明：《法律解释学导论——以民法为视角》（第2版），法律出版社2017年版，第292页。

存在的。"① 与此同时，诸如一些不完整法条及不确定法律概念的使用，都需要在个案中进行意义的重新塑造。所以立法者在供给法律体系的同时，也为司法者留下了许多棘手的问题，这便需要司法者在实践中予以补充、修正与完善，甚至在一定场景下予以背离，在时代语境中重新塑造。也不难发现，立法者所客观展现的法律文本，其进化过程及背后所蕴含的价值考量难以显现，法律文本所搭载的目的体系隐藏不明，也需要解释者逐一探明。"经常只有追溯到法律的目的，以及（由准则性的价值决定及原则所构成之）法律基本的'内在体系'，才能真正理解法律的意义脉络。"② 因此，法律解释也需要揭示法律文本所体现的价值权衡，展现逻辑视角下的目的体系，以此探寻法律的规范意旨。

除此之外，法律规范之间的不融贯，也需要借助体系解释方法进行意义勾连。"由于立法者理性的有限、法出多门背后的利益冲突、立法技术的缺陷等原因，立法者所颁布不融贯的法律的情形总是难以避免。"③ 因此，解决法律规范间的不融贯现象也便成为法律适用的任务之一。在规范意义上，司法裁判所运用的法律规范，它们在法律目的、法律精神及法治理念间具有内在意义上的关联，在内在逻辑上具有融贯性。法律融贯性一方面体现在法律规定之间不应存在冲突与矛盾，不同位阶的法律规范应该按照位阶关系进行有序的排列，上位阶的法律规范是下位阶法律规范制定的依据；另一方面法律规则与法律原则之间，法律原则与法律目的之间，法律规范与法治精神之间应该存在价值上的一致。一个不融贯的法律体系容易导致法律解释结果与既有法律规范产生冲突与矛盾，乃至发生

---

① ［德］伯恩·魏德士:《法理学》，丁晓春等译，法律出版社 2013 年版，第 343 页。

② ［德］卡尔·拉伦茨:《法学方法论》，陈爱娥译，商务印书馆 2003 年版，第 207 页。

③ 雷磊:《融贯性与法律体系的建构——兼论当代中国法律体系的融贯化》，《法学家》2012 年第 2 期。

效力间的抵触而导致解释无效。

至此我们可以认为，体系解释方法不能在狭义概念上使用，体系解释方法并非文义解释的附庸，更不是纯粹的逻辑解释。"法解释旨在用以认识现行法律并直观到所应有的理想法律，因此，法律解释的运行是一带有规范性，而非纯粹描述属性的活动。"[①] 并且"法律阐释体系是就现行制定法规定予以探讨其意涵俾用以处理系争个案，可说是一个寻法过程。其不仅应探求立法原意，更应探究立法者处于今日所应有的认知等因素，凡此均系诠释活动"[②]。以往的理论研究，侧重将体系解释方法作为文义解释方法的辅助性方法，即在文义解释难以获得规范含义时，才借助体系解释方法，这种非此即彼的适用逻辑难以满足实践要求，也不符合体系解释方法的规范适用路径。法谚有云："文章不可断章取义，法律亦然。"只有将法律规范置于法律体系之中，才能完整地判断其规范含义，而不至于片面、碎片化地解释。由此可见，体系解释方法乃是一种综合性的解释方法，它至少具有以下内涵维度：

第一，体系思维乃是体系解释方法的逻辑起点。一方面体系思维推定法律乃是体系性存在，法律规范被安排在不同的位置以及分门别类的置于不同的法部门之中，法律规范之间存在形式上的关联与意义上的连贯；另一方面体系思维遵循法律体系的逻辑结构，在上下文、整体文本中探究规范意图，排除不受限制的任意解释。[③]

第二，法律体系是体系解释方法的载体。法律体系既包括通常意义的形式化的外在体系，也包含评价意义上的内在体系。因为"一个只依据形式逻辑的标准所构成的体系，其将切断规范背后的评价关联，因此也必然会错失法秩序固有的意义脉络，因后者具有目

[①] 黄建辉：《法律阐释论》，新学林出版股份有限公司2000年版，第20页。
[②] 黄建辉：《法律阐释论》，新学林出版股份有限公司2000年版，第25页。
[③] David Lyons, "Original Intent and Legal Interpretation", *Australian Journal of Legal Philosophy*, Vol. 24, 1999, pp. 1-2.

的性，非形式逻辑能概括。"① 体系完备的外在体系为法律解释提供了文本性依据，而意义一致性的内在体系为法律解释提供了价值性依据。与此同时，这里的法律体系并非静态的法律规范体系，而是动态的体系性构成，包括法律规范体系、法律渊源体系，法律价值体系等。在一些特殊语境中，比如不确定法律概念、一般条款与法律原则的解释中，需要裁判者借助经验性事实或法则加以解释，即裁判者需要在更宽泛的法律体系中，借助一些非正式法源对它们进行具体化、价值补充及利益衡量等。

第三，体系解释方法具有双重功能属性。一是与文义解释结合阐释法律规范的文本含义，辅助文义解释在法律体系中寻找恰当含义，防止断章取义，避免碎片化的含义。二是依托法律体系促进不同规范之间的内容连贯与价值一致，确保解释的民主合法性以及作为整体的法律制度价值的实现。② 拉伦茨指出："法律的意义脉络对解释而言还有另一种功能：促成个别法律规定间事理上的一致性。在多种字义上可能的解释之中，应优先考量有助于维持该规定与其他规定——事理上的一致性。"③

第四，体系解释方法在外观上表现为逻辑解释。在萨维尼那里，逻辑要素与体系要素是相并列的法律解释方法。逻辑要素主要指思维的划分，即思维的各个部分相互依赖的逻辑关系；体系要素是指一切法律制度和法律规则构成的庞大统一体的内在关系，即后来学者所称的"法律制度的统一体"。④ 后来，学者们注意到逻辑要素与

---

① ［德］卡尔·拉伦茨：《法学方法论》，陈爱娥译，商务印书馆2003年版，第49页。

② Karen M. Gebbia-Pinetti, "Statutory Interpretation, Democratic Legitimacy and Legal-System Values", *Seton Hall Legislative Journal*, Vol. 21, No. 2, 1997, pp. 239-341.

③ ［德］卡尔·拉伦茨：《法学方法论》，陈爱娥译，商务印书馆2003年版，第204—205页。

④ ［德］伯恩·魏德士：《法理学》，丁晓春等译，法律出版社2013年版，第302页。

体系要素之间的内在关联，两者很难在实践中予以划分，将两者合并称为"逻辑—体系解释"。① 这表明，体系解释展现了逻辑解释的过程，同时逻辑解释又涉及法律体系的解释。从大陆法系的立法技术看，法律结构的安排是体系解释的逻辑基础。以民法典编纂为例，民法典通常以"提取公因式"的方式进行，采用从一般到个别的方式，民法典制度安排也常以制度群的形式出现，类似的制度按照一定的逻辑关系被编排在一起。体系解释就是推定法律制度被体系化地安排在一起，这一制度按照一定的逻辑关系进行编排进而呈现出一种无矛盾的外在形式。② 而当涉足法律体系的内在体系解释时，不难发现，基于法律规范的目的传递性，实践中所考量的规范价值通常以价值体系或目的体系的形式出现，借其来探究或者调整法律规范的价值或目的，同样体现了逻辑解释的样态。

第五，体系解释方法的目标乃是保障法律体系的融贯性。体系解释方法致力于协调法律规则之间、法律原则之间、法律规则与法律原则之间，以及不同法律渊源之间的融贯。其一实现规范之间形式上的连贯性，即解决规范之间的逻辑冲突问题，化解规范之间的抵触与不一致；其二实现不同规范类型之间协调，既包括不同原则之间的分量维度的衡量，也包括不同法律渊源形式之间的协同与互补。

第六，体系解释方法适用需要具体解释规则。虽然法律解释实践中总结出了许多解释方法，但是这些解释方法仍是一种"类概念"，在解释实践中，需要更为微观的解释规则。法律解释规则是法律解释方法的基本构成单元，是指引法律解释的基本准则。法律解释方法只是提供一种解释的方向概况，而具体解释问题则应交由法

---

① 参见［德］卡尔·恩吉施《法律思维导论》，郑永流译，法律出版社2004年版，第88—91页。

② 参见王利明《法律解释学导论——以民法为视角》（第2版），法律出版社2017年版，第284页。

律解释规则。大陆法国家习惯将法律解释工具定义为法律解释方法、技巧或工具，在这些方法、技术与工具之下又蕴含了各种各样的解释准则，英美法国家习惯将法律解释工具定义为法律解释规则，是直接针对制定法解释的准则。虽然称谓上存在差异，但实质上都属于法律解释应当遵守的思维规则。比如在概念解释上，有"同一概念解释规则"，是指法律体系中的相同概念应该做相同解释，有"同类解释规则"，是指法条所列举的事项应该与法条未完全列举之事项具有相类似的性质。这些解释规则体现着体系解释方法的特征，是体系解释方法的具体适用规则。司法实践中，一些法律规范冲突解释规则，比如上位法优于下位法解释规则、特别法优于一般法解释规则等也体现了体系解释方法的特征，因此这些解释规则也被认为是体系解释方法的具体适用规则。

概念是认识事物的起点，而定义概念则是限制概念用语的不明确性，通过定义实现对概念的遵守。"在学界，为了清楚、明了并且尽可能精准地确定概念的意涵，就要对概念下定义。"[①] 基于对体系解释方法内涵维度的阐释，我们可以用整体乃至动态地观察体系解释方法。这种观察并非拆解体系解释方法的概念，而是通过对体系解释方法内涵维度的阐释，重新定义体系解释方法的概念。综上所述，体系解释方法是指根据体系思维的要求，依托法律体系，借助体系解释规则进行法律解释的方法，它在形式上表现出逻辑解释特征，具有维护法律规范内容连贯与价值一致的双重功能。

三 体系解释方法是运用多种解释要素的方法

恩吉施认为，体系解释可称为逻辑—体系解释。恩吉施举例指出，窝赃只有将之与一般的参与规定（《刑法典》第 25 条及以下），与包庇（第 257 条），与针对财产的犯罪（诈骗、敲诈等），与不容

---

① ［德］英格伯格·普珀：《法学思维小学堂——法律人的 6 堂思维训练课》，蔡圣伟译，北京大学出版社 2011 年版，第 29 页。

争辩地获得财产的私法规定等联系起来时,才能被"理解"。"因为每一个法律规范,当它们大部分承担着与其他规范一道实现的具体的目的,最终补充其他规范这一任务时,在意义上关系到整个法律程序,它们主要是目的性的,所以体系解释很少可以与目的的解释分开。它作为体系解释在很大程度上同时又是目的解释。"①

此外,如果我们从整体意义上阐释规范的意义,其影响因素不仅包括直接关联的法律规范与判例,而且一些社会共享的习惯、知识、价值观等也间接地发挥着辐射效应,而这些正式与非正式的规范都是裁判愿意关注的要素,即一些与事实有关,另一些与法律和伦理规范有关。因此,如果我们要想解释某一字词、短语、法条,乃至规范的含义,必须检索规范上下文以及规范所处的语境等更多要素。②"从(待解释之语词所处的)法律体系当中尤其可以获得关于法律之正确含义的语言标准、逻辑标准和目的标准。"③ 显然,体系解释是一个多维度的方法,而绝非仅涉及法律体系的逻辑要素。从体系解释方法实践中,我们至少可以总结出以下要素:

(一)逻辑要素是解释的起点

逻辑要素是将法律视为一个整体,把法律规范的上下文、法律体系等作为一个解释的整体来确定规范的含义。它以法律概念的同一性为起点,强调法律文本的概念、语言表达等必须保持同一律,即做到相同的概念相同的解释。比如法律概念应按其通常(字典)含义进行解释,如果该概念存在两种不同的意思(主要意思与次要意思),也应该以主要意思为基础,除非上下文中有明确相反意图;而专业概念应按专业含义进行解释,除非从上下文中能判断出

---

① [德]卡尔·恩吉施:《法律思维导论》,郑永流译,法律出版社2004年版,第92页。

② Reed Dickerson, "Statutory Interpretation: The Uses and Anatomy of Context", *Case Westen Reserve Law Review*, Vol. 23, No. 2, 1972, pp. 359-360.

③ [德]齐佩利乌斯:《法学方法论》,金振豹译,法律出版社2009年版,第75页。

相反意图。① 此时体系思维被赋予两层含义：一是借助法律概念的解释规则，参照其他条款中相同概念解释、先例等实现概念同一解释，借由法律概念的解释达至对文本的诠释；二是当不能从文义中获知解释对象含义时，可以检索上下文或其他条款，借助同类解释规则、例示规定解释规则、上下文解释规则、整体解释规则等法条解释规则，确定对象含义。

因此，体系解释有时也被称为逻辑解释。在萨维尼的法学方法论讲义中可以得知："每一个解释都必须包含：（1）逻辑要素，它存在于从法律形成的视角对其内容进行阐释的过程中，并且表明法律各部分之间的关系。因此，它是包含于法律之中的思想的发生学阐释。（2）语法要素，它是逻辑的必要条件。（3）同样，历史要素也是逻辑要素的必要条件。法律是在特定时代赋予特定民族的，为了揭示法律所蕴含的思想，必须了解这些历史规定性。"② 逻辑要素是每个法律解释所必须遵守的准则，而体系解释更是以逻辑要素构建的解释方法。郑永流教授曾举例指出逻辑的重要性。比如《刑法》第328条盗掘古文化遗址、古墓葬罪的规定：盗掘确定为全国重点文物保护单位和省级文物保护单位的古文化遗址、古墓葬的处十年以上有期徒刑或者无期徒刑，并处罚金或者没收财产。其中的"盗掘"从文义上看，是指以出卖或者非法占有为目的，私自发掘古文化遗址和古墓葬的行为。有人认为，此处的盗掘更应该侧重"秘密方式"，其实不然，在光天化日之下私自挖掘，同样是一种"盗掘"行为，其比采用秘密的方式更不被人们所接受。就该条文所表述的情况看，"盗掘确定为全国重点文物保护单位和省级文物保护单位的古文化遗址、古墓葬的"，其中的"和"字该如何理解。按照汉语

---

① E. Russell Hopkins, "Statutory Interpretation of Legal Terms", *Saskatchewan Bar Review & Law Society's Gazette*, Vol.2, 1937, p.56.

② ［德］冯·萨维尼、雅各布·格林：《萨维尼法学方法论讲义与格林笔记》，杨代雄译，法律出版社2008年版，第78页。

词典解释,"和"字是连词,表示联合、跟及与的意思,按照文义解释,此处的盗掘应该指的是既被确定为全国重点文物保护单位,又被确定为省级重点文物保护单位,而对于盗掘的只是全国重点文物保护单位,或者省级文物保护单位的则不属于盗掘的类型,不予处罚,显然这与条文的目的相悖。文义解释不足以解释清楚,此时需要体系解释。当我们把该规定放置到整个刑法规定中便会发现,根据《刑法》第 324 条第 1 款之规定,破坏国家保护的珍贵文物,或者全国重点文物保护单位,或者省级重点文物保护单位都应该予以处罚,显然刑法对这三项都予以保护。按照该条理解,第 328 条则应把"和"字理解为"或"字:既是国家级的又是省级的,或者是国家级的,或者是省级的。

在法律解释时,逻辑规则同样发挥着思维引导功能。比如在解释法律规范时,也应该遵守逻辑的"排中律",即一种"非此即彼"的逻辑思考方式。我们通常将其称为"反面解释",是指在法律没有做出相反的表述时,可以根据法律的正面规定,推导解释出反面含义的解释方法。但需要注意的是,反面解释只能在以下条件中才能适用:(1) 在法条所确定的条件为法律效果的全部条件(全称判断)时才可以进行反证性解释;(2) 在法律规定所确定的条件为必要条件时可以进行反证性解释。[1] 在法律解释时,我们也应该遵守体系的无矛盾性要求,避免逻辑错误,即不能从规范的语句中推导出相互矛盾的语句,即不能在一个语句体系中"a"和它的否定(也就是"非a")都被承认为正确的。[2] 事实上,逻辑要素是将解释对象置于法律体系中进行解释,遵守解释学循环原理,一方面通过结构解释,确保法律规定形式统一性,另一方面通过体系化价值考量,

---

[1] 参见刘平《法律解释:良法善治的新机制》,上海人民出版社 2015 年版,第 39 页。

[2] [德] 英格伯格·普珀:《法学思维小学堂——法律人的 6 堂思维训练课》,蔡圣伟译,北京大学出版社 2011 年版,第 57 页。

实现解释结论与法律原则、法律目的的价值一致性。

（二）语境要素构造了解释的语言环境

语境要素是指解释对象在法律体系中所处的位置及与相关联的其他规范构成的语言环境。"解释学上所说的语境，就是要从文本的内在结构和上下文的体例安排，以及法律的语法、词汇等来理解法律的文义。任何法律文本的概念、术语的使用都是在特定的语境之下，离开了该语境，就无法对其进行理解。"① 体系思维趋向于语言学解释进路，即阐释规范文本语言的含义。而文本蕴含了立法者意图，即立法者不作无意义的体系安排。因此，欲阐释作为意图载体的文本语言，受到作者、文本、读者等多重因素影响。实践中，只有文本主义者才不予考量上下文等构成的语言环境，限制法官从其他规范中获取更多的信息，而这无疑会降低解释质量，② 甚至导致机械司法的出现。

"如果说，意义已经是一种解释，那么解释学要做的就是对解释的再解释，是探讨解释如何可能的问题。这种再解释的方法就是语境化：把语言还原到语言环境中去，而不是就语言解释语言。"③ 比如当我们面对文本时，需首先阅读文本，阅读终止于理解。文本的复杂性决定着理解的难度，并为解释的引入创造了契机。作为普通语言的一部分，法律语言带有隐喻性并且例证可能是生硬的、用词不当的。比如，如果我们说桌子的"腿"是用词不当的，是因为桌子不会行走。当我们关注的是专业术语或定义而非平常语言时，这种情形则与平常语言完全不同。"法律上的定义多半都是将各个要素串联起来，而这些要素，比起这个（被定义之）概念在日常生活用

---

① 王利明：《法律解释学导论——以民法为视角》（第 2 版），法律出版社 2017 年版，第 292 页。

② Ronald J. Gilson, Charles F. Sabel & Robert E. Scott, "Text and Context: Contract Interpretation as Contract Design", *Cornell L. Rev*, Vol. 100, No. 23, November 2014, p. 23.

③ 孔祥俊：《法律解释与适用方法》，中国法制出版社 2017 年版，第 309 页。

语中的意义还要来得更不清楚、更不明确且更不精确。"①

法律语言不仅带有隐喻性，有时因为专业术语或者法律拟制的存在不得不去探讨文本的含义或意图。艾柯指出了三种探明文本含义或意图的方法，即作者意图、文本意图及读者意图。作者意图是作者心中所想的一种回应；文本意图表明文本所要表达的含义；读者意图是指文本给读者的含义，读者所赋予的含义。我们一般假设，阅读文本时并没有呈现出太多困难，作者意图、文本意图、读者的掌握与理解能力这三者大体上是一致的。对于一些复杂的文本来讲，这些假定仍然徘徊于文本与读者意图之间，因为一个称职的作者被认为他已经表明了他所要表达的所有意图（他已表明的及所想要表明的）。②

在解释学看来，最初的解释行为是由读者进行的，他们在各种交流中很明显会感觉到存在很多问题。文本的含糊性表明文本已经扭曲预期的意思，文本意图已经背离了作者意图。更宏观地讲，某些表达是本质意义的体现，因此在解释时应该遵循在不同的含义中将其解释为最初的、文义上的及最接近文本的意思。艾柯指出，从心理学上讲，解释过程开始于读者对文本意图的猜测。这也可以是一些不含糊且明确的（单一意义）的语句引起。"明天下午四点你是否会在那里？"文本是想表达一种单纯的信息，但是这种表达会被理解成一种严重威胁，或者可以解释为期望在一个愉快的氛围中再次相遇。③ 语言环境决定着读者对话语或者文本的解读，并足以影响接下来的行为模式。

事实上，体系解释就是为解释法律文本提供一种可认知的语言

---

① ［德］英格伯格·普珀：《法学思维小学堂——法律人的6堂思维训练课》，蔡圣伟译，北京大学出版社2011年版，第35页。

② See Alfred Phillips, *Lawyers' Language: How and Why Legal Language is Different*, Taylor & Francis e-Library Press, 2003, p.92.

③ See Alfred Phillips, *Lawyers' Language: How and Why Legal Language is Different*, Taylor & Francis e-Library Press, 2003, pp.92-93.

环境。首先，体系解释中的体系是不同法律之间及同一法律的编章节条款项之间的内在关系，指向法律之间的语境及同一法律内部语境，体现在解释规则上为整体解释规则与上下文解释规则等。其次，相关法律规范之间的内在价值的关联性，从价值判断的角度消除关联规范之间的矛盾，并得出确切含义。① 克莱默也认为："没有（法律）文本不需要语境，这主要是指：单个规范之间不是无组织、混乱地联系在一起，而是在理想情况下，法秩序被思考成一个整体、一个价值判断尽可能一致的体系和'意义构造'，法律适用者在解释其单个组成部分时，不能孤立、无视其规范性的语境。"② 而文本语境 "不仅可能有一个漫长的时间维度，而且可能有一个广泛的空间维度"③。一是法律概念组成的语境，既包括通常语境与专业语境之分，也包括描述性语境与规范性语境差别；二是法条之间形成的语境，比如法律条文内部款项间与不同条文间的逻辑关系；三是不同法律规范构成的语境，既涉及规则与原则间的关系，又包括规范之间的竞合关系；四是法律素材所组成的语境，不仅囊括制定法等权威性依据，而且牵涉判例、法理、习惯、经验法则等辅助性材料；五是由立法意图、法律目的、法治精神等材料形成的价值权衡语境。显然，当解释法律规范时，应将解释对象还原到语言环境中，不能脱离语境要素，断章取义。

（三）法意要素实现了最佳化的解释

法意要素是指凝结在法律规范中的立法意图。法律解释通常围绕两种立场的纠葛展开：文本论与意图论之争，前者认为法律文本含义应该指导法律的解释，即借助文本含义支撑解释的形式合法性，而后者坚持应该由立法者的意图（或者先例的意图）来指导，即寻

---

① 参见孔祥俊《法律解释与适用方法》，中国法制出版社 2017 年版，第 297 页。

② ［奥］恩斯特·A. 克莱默：《法律方法论》，周万里译，法律出版社 2019 年版，第 55—56 页。

③ 张志铭：《法律解释学》，中国人民大学出版社 2015 年版，第 63 页。

求立法意图证成解释的实质合理性。① 体系解释把法律体系视为一个有机体,其追求外在体系规定的统一性与内在体系价值的一致性的双重要求,需要文本要素与法意要素的有机统一。

其一,法律规范的文本含义乃是法律解释的起点,所有的解释必然首先立足于文本含义的解释。但是所解释出的法律文本含义是否具有效力,以及对案件事实是否具有正当性则必须综合考虑。法律解释学主张,维护法律文本含义是实现法律解释合法性的最为重要的特征,主要体现在法律解释权的合法性、法律解释对象的合法性、法律解释主体的合法性、法律解释方法的合法性等维度上。而问题在于,真正有效且具有规范效力的解释绝非局限于法律文本语言含义的获取。即便获得了规范性的语言含义,但是否适于案件解决,所建构的推理前提是否恰当、合理、正当,仍需根据案件进行个案权衡,乃至价值判断。

其二,法秩序乃是一种体系性存在,法律规范、法律制度、法律原则、法治精神等被视为法律体系的构成要素。部分与部分之间、部分与整体之间保有意义的关联。"连贯的理念暗含着内在可理解性的更深层面。连贯暗示着统一结构之内的完整性。在这个结构中,整体大于部分的总和,各个部分构成一个整体,且通过它们之间的相互联系而具有可理解性。如果私法具有连贯的可能性(像是在实践中那样),它们的各种特征通过彼此之间的关系而应该能够被理解,这样,通过各个角色在更大整体中的扮演而被理解。"② 事实上,当涉足规范间的意义脉络时,体系解释已经带有价值导向,其借助立法意图的稳定性、一致性与传递性,判断不同规范之间的关系,并解决不同规范之间潜在的冲突与矛盾。可见,体系解释并非

---

① Walter Sinnott‐Armstrong,"Word Meaning in Legal Interpretation",*San Diego L. Rev*,Vol. 42,No. 2,2005,pp. 465-467.

② [加]欧内斯特·J. 温里布:《私法的理念》,徐爱国译,北京大学出版社2007年版,第14页。

价值无涉的形式逻辑,它是在文本解释基础上兼顾了法意要素的一种最佳化的解释,只是情境的不同使两者具有不同分量维度,要么重视文本,要么突出意图。① 这种对意图的强调在构造体系之初已被立法者所采纳,成为隐含在法律体系中处理不同规范间关系的主要原则。一是从制定主体上看,如果一个制定主体比另一个制定主体更具有优位性,那么就应该优先适用于具有优位性的法律。二是从制定主体的等级上看,需要一个具有最高权力的立法机关对其他立法机关的立法活动进行指导,并且不同的立法机关应该具有位阶的高低,位阶高的立法机关制定的法律比位阶低的立法机关制定的法律具有更高的效力,高位阶法律是低位阶法律的制定依据,换言之,低位阶的法律来源于高位阶的法律,低位阶的法律是对高位阶的法律的具体化,两者存在效力等级关系。三是从规定事项上看,一个法律所规定的事项相比于另一个法律所规定的事项更具有特殊性、针对性,在适用的空间与时间上更具有明确性,那么就应该适用更具有针对性的法律,两者构成一般与特别的关系。

(四) 目的要素引入了多元权衡因素

法律规范的目的与"目的体系"是不能等量齐观的。前者专指法律规范自身蕴含的目的,后者则是概观说明法律制度或者法律体系的目的。"价值标准或目的,透过体系化已被纳入体系中,具有一定之逻辑构造。"② 这种目的体系的构造与传统的外在体系构造相同,具有不同的位阶结构。在实践中,法官经常援引一些位阶较高的法律原则来纠正那些不尽如人意的法律价值标准,"并限制特定具体规范的效力范围,或者使确认并紧接着补充法律漏洞成为可能。这其中所必需的权威性来自这些同样凌驾法律之上的法律原则与

---

① Walter Sinnott-Armstrong, "Word Meaning in Legal Interpretation", *San Diego L. Rev*, Vol. 42, No. 2, 2005, p. 466.

② 黄茂荣:《法学方法与现代民法》,法律出版社 2007 年版,第 343 页。

'法律思想'之间得到维持的'意义关联'"①。

在理论研究上,很多学者对体系解释方法的界定是与文义解释、目的解释等方法断然隔开的,体系解释方法只是一种法律解释的方法,它只涉及法律体系的逻辑结构,是一种依据上下文或整体进行解释的方法。因此他们看来,体系解释方法涉及的是法律的外在体系。该认识立足于体系解释方法的外显形态,但实际上,每个法律规范都有其自身承载的目的,而且这些目的本身也构成了一个相互关联的内在体系。在解释法律规范含义时,不仅要关注规范的字面含义,而且只有深入规范背后的目的才能真正地了解规范的含义。法律体系不仅是形式上的语言学表达,它还是承载了立法目的的价值判断体系,这在"内在体系外显"的立法体例中表现得更为明显。比如我国《民法典》第1条"立法目的条款"直接表达了民法典的规范目的,即保护民事主体合法权益,调整民事关系,维护社会和经济秩序等,在适用民法典各个规范时,必须要回溯到该立法目的条款,判断法律适用是否违背立法目的。除此之外,法律规范所载明的目的、法律规范的利益权衡,法律原则所载明的价值、精神,以及内含于法律体系需要在语境中具体化的目的都是法律体系不可或缺的一部分。与外在体系相比,内在体系是需要通过解释才可感观的体系。以法律原则为例,虽然法律原则承载了立法目的,但是这些目的是笼统与概观的,需要以个案具体化的方式来认识。比如平等原则,在合同法领域、物权法领域、行政法领域、刑法领域中平等原则具有不同的含义。拉伦茨认为,法律原则只有在相互的比较及具体的语境中,才能衡量出哪种原则更具有分量。② 尤其是法律适用,法律原则通常要与法律规则结合起来,以一种相互协作的方

---

① [德]伯恩·魏德士:《法理学》,丁晓春等译,法律出版社2013年版,第320页。

② [德]卡尔·拉伦茨:《法学方法论》,陈爱娥译,商务印书馆2003年版,第349—350页。

式致力于规范含义的获取，而体系解释方法则试图在法律原则与法律规则、法律原则之间建立起意义关联，以一种实在的、能够描述的语言将其目的、精神具体化。

通常意义上，语境解释已经涉及目的要素。语境解释强调法律规范应该放置到法律体系中进行解释，并且特定情况下应该结合法律规范的目的进行解释。有时，语境解释并不能揭示法律规范的含义，相反语境解释可能产生能动解释，瓦解法律意义的安定性。从宽泛的意义上看，语境解释并不限于法律规范逻辑结构所构造的文本语境，语境解释把法律外的因素也纳入法律解释当中，尤其是语境解释对法律与社会关系的认识，倡导考量法律规范的社会目的。从修辞的角度讲，法律适用的最终目的在于说服，而至于说服到底使用哪些规范并不重要。解释的过程，就是诸多因素角力的过程，哪种因素更具有效力，更具有说服力，取决于该规范的针对性、社会性与接受性。语境解释中的语境是一个复杂的系统，胡克指出语境解释涉及以下方面：（1）解释者必须将制定法置于尽可能广泛的语境中，既要考虑发出者的语境，也要考虑解释者的语境；（2）当接受者语境在任何方面都是相关的时候，制定法的意义必须根据发出者的意义与接受者的意义之间的互动来界定；（3）解释者必须考量制定法背后的社会目的。① 法律文本、解释者、立法意图、法律目的、社会因素等共同构成了这个语境。解释者的目光便需在这一语境中往返穿梭，直至找到最佳的解释结论。

考量目的要素的另一个重要原因是协调法律规范与其他社会规范之间的关系，倡导多元法源论。在规范法学看来，法律与社会存在分离，法律规范已是社会规范的法律化。法律规范具有较强的稳定性，法律规范可以确保司法裁判的可预测性及相似性。相反，社会规范具有较强的灵活性与不稳定性，不同语境下的社会规范具有

---

① ［比］马克·范·胡克：《法律的沟通之维》，孙国东译，法律出版社2008年版，第205页。

不同的含义，司法裁判中引入社会规范会消解法治的稳定性与平等性。然而在庞德看来，法律也只是特定时空下社会治理的一种工具，除此之外，尚有道德、宗教等社会治理工具。在西方宗教统治时代，宗教比法律具有更高的效力，在中国古代社会，道德治理更具有实效性。只是随着时空流转，在自由主义占据主流地位时，社会治理需要借助更加稳定的规则体系，但是这并不意味着道德与宗教就失去了地位。法治毕竟是地方性知识，在法治尚未普及的领域，其他规范同样发挥着治理的作用。以习惯为例，交易习惯、风俗习惯等在特定的领域发挥着不可替代的作用。虽然习惯相比法律欠缺明确性，但是习惯在特定的领域中具有延续、稳定的样态，甚至很多法律规范的制定都是以习惯为根据的。体系解释方法就是将这些散落在社会中的规范通过适当的论证引入司法裁判中，在与法律目的不相违背的情况下，提炼出它们的核心规则，一方面解决法律适用的僵化性问题，另一方面解决法律漏洞问题。

第二节　体系解释方法的功能定位

"法律的文字是表达法律观念之一种符号，其本身并非法律，易言之法律文字所代表的，并非文字表面的意义，而是法律范畴性思想与意念，故适用法律必须衡情度理，探讨其内涵，始能发挥法律之功能。若徒拘泥词句，难免有失法律之意旨，为法官者应以此法谚铭诸左右。"[1] 是故"拘泥辞句者，不适于为法官"。体系解释方法的运用，就是要勾连起法条与法条之间、法条内各项、款之间，以及法条前后段之间的相互补充及其意义，以此构建一个完整的规定，进而确定意义。[2]

---

[1] 郑玉波：《法谚》（一），法律出版社2007年版，第21页。
[2] 参见杨仁寿《法学方法论》，中国政法大学出版社2012年版，第143页。

一　化解文义解释的弊端

"死啃条文之解释，其毒如蛇。"完全依赖文义解释方法获取规范含义，容易形成一种片段化的理解，进而遮蔽了法律规范的真正含义。司法实践中处处彰显着体系性思考，而体系解释则居于体系性思考的核心位置，因而法律的适用绝不是单独地适用某个法律规范，更不是简单地进行文义解释。事实上，无论是犯罪构成理论，还是请求权理论，都是一种体系思维的形式。体系思维在刑事领域尤为典型。当我们判断一个行为是否构成犯罪时，我们不仅要判断行为是否与法律规定相匹配，还需要判断行为人的责任年龄及行为能力等，识别出是否存在阻却事由。在拉伦茨看来，法律经常是由不完全法条所组成，其中包含了许多说明性的、参照性的及指示性的法条，只有将其与其他法条结合起来才构成一个完整的规则。以《民法总则》关于"法人"的规定为例，第3章对法人进行了一般性规定，这里的法人包括营利法人和非营利法人，除这两类法人外，还存在特别法人，而这些都是法人的范畴。其中关于法人的成立、合并、解散等存在一般性规定，对于营利法人、非营利法人成立、合并与解散等都适用一般规定。而有关非法人组织的成立、合并等可参照法人的成立、合并等一般性规定。为此，《民法总则》第108条特别规定，非法人组织除适用本章规定外，参照适用本法第3章第1节的有关规定。此外，一些指示性法条也经常被实践所反复使用。比如该法第180条规定，因不可抗力不能履行民事义务的，不承担民事责任。法律另有规定的，依照其规定。第198条关于时效规定，法律对仲裁时效有规定的，依照其规定；没有规定的，适用诉讼时效的规定。法律规定之间的关联关系为获得法律规范的完整含义提供了语境，并为克服文义解释的僵化性提供了方法论路径。这在"王力军案"中尤为明显。

2014年11月至2015年1月，被告人王力军在内蒙古巴彦淖尔市临河区白脑包镇附近的村组从事无证收购玉米活动，并将其所收购的玉米全都卖给了巴彦淖尔市粮油公司的抗棉后旗蛮会分库。因一农户质疑王力军收购玉米存在缺斤短两而举报至巴彦淖尔市临河区工商局。临河区工商局查证王力军在没有粮食收购许可和工商机关办理的营业执照的情况下，非法收购玉米金额达到21万元之巨，遂对其进行行政处罚并认为其涉嫌犯罪，将该案移交当地公安机关。2015年3月27日，被告人王力军主动到巴彦淖尔市临河区公安局经侦大队投案自首。内蒙古巴彦淖尔市临河区人民法院查明，被告人王力军收购玉米营业额共计218288.6元，非法营利额共计6000元。2016年4月15日，一审法院判处王力军犯非法经营罪，判处有期徒刑1年，并判处罚金20000元且追缴非法营利6000元。一审宣判后，被告人王力军未提出上诉，检察院也未提出抗诉。该案作为临河区人民法院的典型案例发布到网上。而巧合的是，《华西都市报》看到该案后发表了文章《探访贩卖玉米获罪农民：干这行的上千人都没有证啊》，随后引发了社会的关注。

同年12月，最高人民法院在审查生效判决文书时发现该案有误，遂依照《刑事诉讼法》第243条指令内蒙古巴彦淖尔市中级人民法院再审。再审法院认为，一审法院查明的事实清楚，王力军无证收购玉米的行为虽然违反了国家粮食流通管理的相关规定，具有行政违法性，但其行为尚未达到严重扰乱市场秩序的程度，并不具备《刑法》第225条所规定的相当的社会危害性及刑事处罚的必要性，不构成非法经营罪，适用法律错误，宣告王力军无罪。[①]

从表面上看，无论是工商局、公安机关、检察院以及一审法院都是按照法律规定进行的处理。工商局认为王力军收购玉米的行为属于无证上岗，违反了《粮食流通管理条例》（2013年）规定，对其进行行政处罚。公安机关及检察院基于上述认定的事实，并根据《刑法》第225条第4项兜底性条款规定"其他严重扰乱市场秩序的

[①] 参见王硕《从"玉米案"看非法经营罪兜底条款的适用》，《中国检察官》2017年第8期。

非法经营行为"，认为其触犯了刑法，应受到刑事处罚。法院同样基于上述理由，认定王力军行为违反了国家法律和行政法规规定，属于非法经营罪，并且认定情节严重，以非法经营罪判处有期徒刑。

但深究实质，仅从一审法院裁判理由上看，不难发现机械司法的影子。司法裁判中，作为法律适用的必要环节，确保法律解释的合法性是法律适用的应有品质。这种合法性首先来源于法律文本。《刑法》第225条非法经营罪规定了违反国家规定，扰乱市场秩序，情节严重的才处以刑罚。纵观王力军收购玉米的行为，第一很难界定其具有社会危害性，第二也难以断定其行为属于情节严重。就前者而言，王力军从农户手中收购的玉米属于半成品，通过他自己的玉米脱粒机设备进一步加工处理成为成品玉米，然后将其卖给国有粮站，其行为起到农户与粮站之间的交易桥梁作用，只是从中赚取一定的差价。在农村实际玉米交易中，农户并不直接将收获的玉米卖给粮站，而是通过一些中间小商贩卖出去。很多农户虽然知道粮站的存在，但仍然将玉米卖给小商贩，实际上是考虑到一些成本问题。从收获到晾干再到出卖，其中蕴含了许多时间与人力成本，农户宁愿少卖点钱也不愿意耗费这些成本。这些小商贩收购粮食行为，并没有阻断农户与粮站之间的交易通道，也没有扰乱国家粮食收购秩序。除了收购玉米的小商贩外，还有收购花生、小麦、棉花、地瓜等商贩，而他们中的很多人都没有收购粮食的许可证。就后者而言，王力军的行为也并未扰乱市场经济秩序，达到情节严重的程度。实际上，王力军收购玉米后再进行加工，只是赚取农户与粮站之间的差价，而这差价也非常小。就收购金额与实际经营所得而言，按每斤1块钱计算，21万斤收益为6000元，实际每斤差价才不到3分钱，其性质并不属于囤积居奇、哄抬物价以及牟取暴利之行为。如果农户自己亲自将玉米卖给粮站，去除车马等费用，以及按照玉米成色分出等级进行差价出售，其实卖出的价格并未合适。显然，一审法院基于查明的事实，仅以经营数额就断定王力军的行为属于非法经营，而未基于客观事实对法条所蕴含的一些不确定法律概念进行解释，属于机械适用法律。

　　片面理解与解释法律，缺乏对其他规定的参照是导致机械司法的原因之一。按照《刑法》第225条规定，构成非法经营罪的前提是违反国家规定，因而界定"违反国家规定"尤为重要。按照《刑法》第96条之规定，刑法所称的违反法律规定，只包括行政法规以上的规范性法律文件。该案判定王力军行为违反国家规定主要依据国务院2013年制定的《粮食流通管理条例》。该条例第52条规定：粮食收购，是指为了销售、加工或者作为饲料、工业原料等直接向种粮农民或者其他粮食生产者批量购买粮食的活动。王力军的行为是否违反该规定，其中"销售""加工"的解释尤为重要。[①] 首先从行为性质上看，虽然王力军从农民那里收购了玉米，并对玉米进行加工，随后销售到粮站，表面上符合"加工""销售"的定位，但实际上王力军只是从农民那里收购了玉米之后所进行的一种"初加工"，目的是通过加工分类后，卖给粮站，赚取一些差价，其结果是加快了粮食从农民到粮站的流通，并不具有诸如食品加工、工业化利用等粮食"深加工"的性质，也不符合投机倒卖、囤积居奇、牟取暴利行为。因此从行为性质上不符合该法规第52条的规定。退一步讲，如果认定王力军行为属于"加工""销售"，但其行为是否应该受到处罚？2013年《粮食流通管理条例》相关条款并未对合法行为与违法行为的边界加以明确说明，这就为自由裁量提供了空间。根据2013年《粮食管理流通条例》第41条所规定的3项处罚措施，[②] 最轻的为没收非法收购的粮食，其次是进行罚款，最后为交由

---

　　① 宁利昂等：《"无证收购玉米"案被改判无罪的系统解读》，《现代法学》2017年第4期。

　　② 《粮食管理流通条例》第41条规定：未经粮食行政管理部门许可或者未在工商行政管理部门登记擅自从事粮食收购活动的，由工商行政管理部门没收收购的粮食，情节严重的，并处以非法收购粮食价值1倍以上5倍以下的罚款；构成犯罪的，依法追究刑事责任。

司法机关处理。对于王力军来讲，对其进行罚款已经是很严厉的处罚形式。而根据《无照经营查处取缔办法》（2011 年）第 14 条规定的 4 种处罚情形，① 王力军收购粮食的行为既不具有较大规模，也没有带来社会危害性及危害人体健康、存在重大安全隐患，直接对其进行刑事处罚，过于严厉。一审法院未对上述规定予以考量，而直接依据刑法规定进行裁判，过于僵化，未在体系上把握法律规定的含义。

其次即便认定王力军的行为具有行政违法性，但是否具有刑事违法性，还需进一步解释。"行为所违反的前置法的罚则或责任条款中要明确规定应当追究刑事责任的情况。"② 2013 年的《粮食管理流通条例》第 41 条、2011 年的《无证经营查处取缔办法》第 14 条都是具有附随刑法性质的条款。虽然这两个条例都对违法情形进行了格次划分，但是每一个格次界定标准并不清晰。由一般违法到严重违法，由行政处罚到追究刑事责任并没有严格的界限。在界定标准不明，无法为法官提供明确的解释参照时，法官则须回归刑法规定本身，参照其他刑法规定，裁量王力军是否违反刑法规定。《刑法》第 225 条规定属于"口袋罪"，为了加强市场管理，维护市场经济秩序，在法律实践中，司法解释不断地扩充其内容，将它作为把守市场经济秩序的一道关口；法院也经常对它进行扩张解释，通过兜底条款的解释不断拓宽它的外延，致使它成为无所不包的万能条款。而这些都存在违反"罪刑法定原则"的嫌疑。该条第 4 项规定的"其他严重扰乱市场秩序的非法经营行为"这一兜底条款，要依照例

---

① 《无照经营查处取缔办法》（2011 年）第 14 条也规定 4 种处罚情形，其中，无照经营行为规模较大、社会危害严重的，并处 2 万元以上 20 万元以下的罚款，无照经营行为危害人体健康、存在重大安全隐患、威胁公共安全、破坏环境资源的，没收专门用于从事无照经营的工具、设备、原材料、产品（商品）等财物，并处 5 万元以上 50 万元以下的罚款。

② 宁利昂等：《"无证收购玉米"案被改判无罪的系统解读》，《现代法学》2017 年第 4 期。

示规定解释规则进行严格解释。经过上文的分析，即便认为王力军的行为具有行政违法性，要想判断其行为是否具有刑事违法性，需要结合该条前述3项进行严格解释，即只有与前3项具有相当的严重危害性才可认定其具有刑事可罚性。第一，王力军的行为很难界定具有社会危害性。与王力军形成联系的只是农户与粮站，他收购、加工再到卖给粮站只是为了赚钱微薄的差价，粮食的最终流向也是国家粮库，虽然违反了行政法规定，但情节显然轻微，其收购的粮食总量对于社会来讲微乎其微，并没有扰乱当地粮食收购价格，也没有对市场秩序造成严重危害，没有达到情节严重情形。第二，从违法所得数额上看，从事3个月收购，只是获得6000元的收益，平均一天只有67元的收益，与其他违法情形相比，王力军出力、出设备，是凭借自己的辛苦劳动换取的收入，是当下许多农民谋生的方式之一。第三，综合行为性质来看，像王力军这样从事粮食收购赚取差价的小商贩在我国农村地区并不少见，他们从农户手中收购粮食，然后进一步加工分类，赚取的也是"辛苦钱"，并不具有不劳而获、扰乱市场经济秩序的主观目的。现在农村地区，正是这些粮食收购居间人建立起了农民与国家之间的联系，他们长时间活跃在田间地头，在方便农户售粮、拓宽农产品购销渠道及其促进农村经济发展等方面做出了突出贡献。有媒体把他们生动的比作"蚂蚁雄兵"，如果缺少了他们，农户与国家之间就缺少了桥梁，农民把自己种出的粮食拉到粮站去兜售，这期间产生的成本又该由谁来买单？总之，王力军收购玉米的行为显然不具有社会危害性，没有达到扰乱市场经济秩序的"严重程度"，不符合《刑法》第225条第4项之规定。

尊重文本含义是确保法律解释合法性的保障，而极度地遵从文本含义很可能会导致机械司法的现象。过度遵守法律的文本含义，将文本含义"定于一尊"，也会张扬解释权。通过上述案例分析可以看出：(1)一审法院基于《刑法》第225条条文含义进行裁判，未对法条自身包含的不确定法律概念进行解释。(2)在解释该条文时，没有参照其他与之具有关联的条文，使解释结果具有片面性。（3）对该条解释时未采用恰当的解释方法，致使解释结果不具有合理性。严格解释、机械司法虽然以维护法律的稳定性与意义安定性为目标，但这种独断性的解释方法排斥了其他解释主体的参与，排除了其他解释结果的可能。文义解释方法虽以维护形式法治为核心，但是僵化适用法律的危害并不比实质法治少，不仅会消解人们对法治的信仰，更会导致"依法裁判下的错误"。

化解文义解释的僵化，避免基于文义解释的机械司法等现象，需要借助体系解释方法。与其他解释方法一样，体系解释方法也是解释法律文本含义的一种方法。作为文义解释方法的辅助性方法，一方面在采用文义解释方法做出解释后，可以通过体系解释方法的运用，兼顾文本含义与其他法律规范的关系，进而通过与其他法律规范的比较，获得一个恰当的含义；另一方面当文义解释方法失范时，体系解释方法可以径直作为一种运用方法，通过查找相关法律规定，联系法律规范的上下文，以及根据法律规范在规范群、部门法乃至整个法秩序中的位置，解释法律规范的含义。"在许多情况下，某个法律文本、法律概念或条文，从其自身来看，难以确定其含义，甚至是冲突的、矛盾的，但是将各种法条放在一起就形成了一个完整的体系，各个条款之间就相互印证补充，此时，从其相互之间的关系就能够阐释其含义。"[1]

二 探寻法律解释合理性

在很多学者看来，体系解释方法属于一种狭义的解释方法，只在法律文本的含义获取上发挥作用，故而认为它本身带有缺陷。然而，"运用体系解释方法，不可过分拘泥于形式而忽视法律之实质目的"[2]。在拉伦茨那里，体系解释方法被认为是"法律的意义脉络"，

---

[1] 孔祥俊：《法律解释与适用方法》，中国法制出版社 2017 年版，第 288 页。
[2] 梁慧星：《民法解释学》，法律出版社 2009 年版，第 221 页。

是在法律文本含义存在多种可能时，借助上下脉络确定某段文字应作何解。法律的意义脉络对法律解释而言还有另一种功能，即促进个别法律规定间事理上的一致性。① 因此，相比于狭义的法律解释方法定位，体系解释方法不仅侧重形式的外在体系，一些隐含在法律规定背后的原则、价值体系亦是体系解释方法所应关注的问题。"在内在体系的理论兴起之后，大陆法系国家的民法典开始出现对有限法律原则的列举。"② 比如在我国内在体系外显的民法典时代，《民法典》第3、4、5、6、7条分别规定了合法权益保护原则、平等原则、自愿原则、公平原则、诚信原则等，这些法律原则不仅发挥化解法律规则僵化、弥补法律漏洞等功能，而且它们能在很多情景下与法律规则共同构建法律推理前提，甚至取代法律规则作为裁判依据。因此，在法律适用中，需要关注法律原则的辐射效应。在价值法学看来，"要'理解'法规范必须发掘其中所包含的评价及该评价的作用范围"③，法律解释被认为带有价值导向性，即法律解释不可能脱离价值判断。现在学者们逐渐认为，虽然法律解释是在客观地展现法律规范的文本含义，但对法律规范文本含义的解释事实上也是对法律预设的制度性价值的一种揭示。④ 因此，为体系解释方法与其他解释方法划清界限，或者割裂外在体系与内在体系的关系是不可能实现的。

一般认为，合法性立基于法律的文本含义之上，而合理性则依托于法律的规范意旨。以文义解释为基础的法律适用虽然捍卫了法

---

① 参见［德］卡尔·拉伦茨《法学方法论》，陈爱娥译，商务印书馆2003年版，第204页。

② 方新军：《内在体系外显与民法典体系融贯性的实现——对〈民法总则〉基本原则规定的评论》，《中外法学》2017年第3期。

③ ［德］卡尔·拉伦茨：《法学方法论》，陈爱娥译，商务印书馆2003年版，第94页。

④ 杨铜铜：《法律解释的价值导向思维》，载陈金钊主编《法律方法》（第21卷），山东人民出版社2017年版，第177—179页。

律解释的合法性，但容易忽视法律规范的真正含义，即立法者所说与欲说在很多情景下很难画等号。这在"赵春华案"中表现得较为明显。

2016年10月12日22时许，在天津市河北区李公祠大街亲水平台附近，公安机关发现有人在摆设射击摊位从事营利活动，公安机关发现射击所用工具有些像"枪支"，遂将摊主赵春华查获。当场发现了涉案枪形物9支及相关枪支配件、塑料弹等。经天津市公安局物证鉴定中心鉴定，涉案9支枪形物中有6支为能正常发射以压缩气体为动力的枪支。① 一审法院认为，赵春华持有枪支的行为构成非法持有枪支罪，考虑其自愿认罪，可以酌情从轻处罚，判处有期徒刑3年6个月。赵春华不服一审判决，提出上诉。二审法院认为，赵春华构成非法持有枪支罪，按照相关司法解释，② 属于情节严重，但考虑其社会危害性相对较小，且认罪态度较好等情节，予以从宽处罚，改判有期徒刑3年，缓刑3年。③

谁曾想到，我们平时所见所玩的气球射击活动所用的"枪"居然是枪支。该案一经曝光，便争议不断。法院对文本含义的过度尊重，缺少对法律规范的实质价值判断，导致判决不具有可接受性，继而背离了公众认知，遭到抵牾与质疑。虽然法院在量刑阶段进行了价值判断，但这并不影响犯罪构成的认定，这与在法律适用过程中，基于法律规范的立法目的与朴素的正义感排除犯罪构成的可能，正确地理解立法者的规范意图，相差甚远。纵观本案，《刑法》第128条第1款规定："违反枪支管理规定，非法持有、私藏枪支、弹药的，处三年以下有期徒刑、拘役或者管制；情节严重的，处三年

---

① 参见陈兴良《赵春华非法持有枪支案的教义学分析》，《华东政法大学学报》2017年第6期。

② 2009年最高人民法院《关于审理非法制造、买卖、运输枪支、弹药、爆炸物等刑事案件具体应用法律若干问题的解释》第5条第2款之规定：非法持有、私藏以火药为动力发射枪弹的非军用枪支一支或者以压缩气体等为动力的其他非军用枪支二支以上的。

③ 参见天津市第一中级人民法院（2017）津01刑终41号刑事判决书。

以上七年以下有期徒刑。"从法律解释上看，构成非法持有枪支罪，核心要件为"违反枪支管理规定"与"非法持有"。显然，该条属于"空白罪状"，难以断定"罪与非罪"。刑法分则条文既规定了行为违反某个刑法前规范，又对构成要件进行了描述，但这种描述对出罪的贡献极其有限。①

首先需要解释赵春华持有的"枪形物"是否属于"枪支"。《刑法》诸多条文虽然提及"枪支"，但并未对枪支进行界定。尽管"枪支"在公众看来是一个常识物，但是为了增强解释的权威性，限制法律解释的能动性与任意性，需要参照其他法律规范进行解释，即借助该条款所指引的规则。《枪支管理法》第46条规定：本法所称枪支，是以火药或压缩气体等为动力，利用管状器具发射金属弹丸或者其他物质，足以致人伤亡或者丧失知觉的各种枪支。根据该条规定，要想具备枪支属性，应该具有以下特征：（1）动力特征：以火药或者压缩气体等为动力；（2）发生工具特征：利用管状器具为发生工具；（3）发射物特征：金属弹丸或其他物质；（4）性能特征：足以致人伤亡或者丧失知觉。②同时该法第47条规定：单位和个人为开展游艺活动，可以配置口径不超过4.5毫米的气步枪。具体管理办法由国务院公安部门制定。但到目前为止，公安部尚未制定相关管理规定。判断赵春华持有的"枪形物"是否属于"枪支"，需要符合上述四个特征。赵春华持有的"枪形物"前三种特征都具有，而第四种特征"足以致人伤亡或者失去知觉"需要具体化的判定标准。关于枪支认定标准，2001年公安部颁布的《公安机关涉案枪支弹药性能鉴定工作规定》第3条对枪支认定是采用射击"干燥的松木板"，对于不能发射制式枪支子弹的非制式枪支，将枪口置于

---

① 参见邹兵建《非法持有枪支罪的司法偏差与立法缺陷——以赵春华案及22个类似案件为样本的分析》，《政治与法律》2017年第8期。

② 参见陈兴良《赵春华非法持有枪支案的教义学分析》，《华东政法大学学报》2017年第6期。

据厚度25.4毫米的干燥松木板1米处射击,弹头穿过松木板时,即认为足以致人死亡;卡在松木板上,认定足以致人伤害。具备两者之一即认定为枪支。2008年公安部颁布的《枪支致伤力的法庭科学鉴定判据》放弃了上述判定标准,采用枪口比动能检测法。该标准第3条规定,未造成人员伤亡的非制式枪支致伤力判据为枪口比动能大于等于1.8焦耳/平方厘米。而按照2001年判定标准,致伤力大概为15焦耳/平方厘米,该认定标准比前述2001年判定标准低了近10倍。根据主要起草人说法,1.8焦耳/平方厘米的比动能是以人体最脆弱的眼睛作为判断依据,这一比动能可以对人的眼睛造成伤害。按照鉴定结果,赵春华持有的枪支枪口比动能刚好略大于1.8焦耳/平方厘米。问题在于,赵春华持有枪支的判定标准是否应该依据上述公安部的鉴定标准。考察《枪支管理法》第4条规定:国务院公安部门主管全国枪支管理工作。"管理工作"是一种"行政管理权",是对全国的枪支的制造、使用、运输等问题的管理,而枪支的认定标准属于"立法权"。第5条第3款规定:配备公务用枪的具体办法,由国务院公安部门会同其他有关国家机关按照严格控制的原则制定,报国务院批准后施行。第6条第3款也进行了类似的规定。可见,对于配备枪支问题的管理办法需要报请国务院批准才能实施,而根据举轻以明重的原则,公安部制定的枪支认定标准亦需要报请国务院批准后才能实施。根据《标准化法实施条例》第18条的规定,技术标准、检验方法标准,必须是强制性标准,而非推荐性标准。公安部发布的《枪支致伤力的法庭科学鉴定判据》是技术标准与检验方法标准的综合,并未通过国家规定的强制性标准制定程序的审查,而是以推荐性标准的身份由公安部发布,只能作为一种规范性文件存在,不具备法律效力。按照《枪支管理法》相关规定,公安部仅具有枪支的行政管理权,该法并没有明确授权公安部制定枪支的认定标准,并且枪支认定标准会影响到一些玩具枪、仿真枪等枪形物持有者的权利义务,仅以规范性文件的形式制定,违背了《枪支管理法》之立法目的。

退一步讲，即便认定公安机关制定的认定标准具有法律效力，但这也与《枪支管理法》第46条关于枪支的界定相冲突。该条规定足以致人伤亡或者丧失知觉，公安部鉴定标准仅以人体最脆弱的眼睛为判断标准，赵春华持有的枪形物不足以穿透人的皮肤，即便对眼睛造成伤害，也并不符合《枪支管理法》第46条所规定的伤害。根据立法原意不难判断，枪支对人体造成的伤害应该是普遍的，即无论打到人体的哪一个部位都可能造成伤害，而非以最脆弱的眼睛为判断标准。现实中，小孩们所玩的"弹弓"也足以造成人的眼睛伤害，更为严重的"弩""弓箭"的伤害性远比赵春华所持的"枪形物"严重得多。《枪支管理法》对枪支的界定已经采用了比较严格的认定方法，而公安部基于行政管理的需要，所制定的认定标准远远低于《枪支管理法》，导致公安机关的行政管理行为侵犯到公民权利，构成了对立法精神的抵触。因此，按照上位法优于下位法解释规则，公安部《枪支致伤力的法庭科学鉴定判据》在形式内容规定与实质立法精神上与《枪支管理法》相抵触，应该适用《枪支管理法》，赵春华所持有的"枪形物"并不具备"枪支"的性质，不符合"枪支"定义。

其次是对"非法持有"的解释。在实体法层面上，持有型犯罪的可罚性根据"与其说是来自法益的侵害，不如说是来自规范的违反，来自对国家命令的单纯不服从"[①]。对持有型犯罪的惩罚其实是对一种"状态"的惩罚，即只要处于"占有"状态，就可以进行处罚，而不论其所有权属于何者。因此，该罪所表现出的空白罪状，它先是违反刑法前规范，而刑法分则描述部分又不足以对前述违法进行限制，只要是非法持有就构成本罪。在程序法层面上，持有型犯罪降低了控方的证明标准，改变了证明内容，只要推定抽象危险的存在、证明持有事实的存在，以及推定行为人具有人身危险性即

---

① 劳东燕：《法条主义与刑法解释中的实质判断——以赵春华持枪案为例的分析》，《华东政法大学学报》2017年第6期。

可。所以最关键的因素在于证明持有状态，因此该案也需要从"持有"着手。从语义上看，持有是一种对某物的支配或控制性状态，而不论是否拥有所有权。持有成立需要满足三个要件：第一，所依附的先在行为或续接行为本身具备犯罪性。非法持有特定物品通常是更为严重的先行犯罪的结果状态、目的犯罪的预备状态或续接犯罪的过渡状态，只是因为无法证明危害更大的先行犯罪或续接犯罪，对较不严重的持有型犯罪进行处罚。出于形势政策考量，这种持有型也是刑法所不能容忍的，存在抽象的危险，规定这样行为为犯罪，是发挥刑法的预防、堵截功能，以防止更严重的犯罪。但是对这一抽象危险行为并不能只限于形式判断。作为一种危害公共安全的形态，非法持有枪支须具备侵犯公共安全这一潜在法益。而赵春华的持有枪支的行为只是为了谋生，在摆摊期间也做到相应的注意义务，不存在潜在危害公共安全的行为，并且所持有的枪支也并不足以造成他人伤害。在现实中，我们乃至一些小朋友都在玩这一游戏，并没有人把它与危害公共安全放在一起。如果仅对赵春华持有行为进行形式解释，而缺乏生活经验上的实质判断，容易缺少说服力。第二，对持有行为的规制属于立法者意图的范围。[1] 刑法领域中对持有型犯罪进行规制，主要基于立法者对与持有具有关联性犯罪的规制，比如持有毒品而贩卖毒品，而单纯地为吸食而持有并不认为是犯罪。在认定持有型犯罪时，应该考虑行为人持有特定物品的主观意图是什么，并且判断该意图是否属于立法者所要规制的行为。很明显，赵春华持有行为只是为了谋生，是以游戏的方式从事营利活动，而对于潜在的危害公共安全，则无从谈起。并且按照通常理解，赵春华持有的枪形物不属于枪支范畴，否则那些打气球的人也构成非法持有枪支。因此，在解释持有的目的时，应该考虑行为时的客观环境，进行语境解释。第三，对持有对象的认识问题。二审法院认为，

---

[1] 参见劳东燕《法条主义与刑法解释中的实质判断——以赵春华持枪案为例的分析》，《华东政法大学学报》2017年第6期。

涉案枪支外形与制式枪支高度相似,以压缩气体为动力,能正常发射,具有一定致伤力和危险性,且不能通过正常途径购买获得,上诉人赵春华对此明知,其在此情况下擅自持有,即具备犯罪故意。① 而实际上,一是正是该枪形物与制式枪支具有高度的相似性,恰恰说明了赵春华根本就无法从外观上对所持有的枪形物是否属于枪支进行正确的判断。如果属于枪支,那么有谁会敢真正地持有。二是二审认为赵春华明知道从正常渠道无法购买并不具有说服力。生活中很多物品都是无法通过正常渠道购买的。比如一些化学用品无法在超市等地方买到,一些喜欢化学实验的爱好者,从私人那里购买一些化学用品用作实验也属正常,这并不能说明他们有犯罪故意。在法理上,赵春华存在行为对象认识错误。"赵春华不知道自己所持有的枪形物属于枪支,当然也就不知道自己的行为属于非法持有枪支的行为,从而欠缺了对行为要素的认识,因为无法成立犯罪故意。"② 总之,赵春华只是把涉案枪支用于谋生,对枪形物认识存在错误,并且所持有的枪形物致伤力极其有限,不足以危害公共安全,不应对其持有枪形物行为认定为"非法持有枪支"。

赵春华案并非个案,现实中已有很多人因为持有"枪支"而被送进了牢狱。该案不仅反映了我国社会治理中对社会秩序的严格管控,而且体现了法律适用者们过度关注法条主义,侧重法条的形式解释,缺乏对法条的实质性判断,表现出法律的"压制型"特征。③ 法治的核心要义在于限制权力,保障权利。在一个压制型法的社会形态中,法律很容易成为社会管控的工具。作为法律的适用者,法官也就把严格遵守法律规定奉为"座右铭"。而事实上,法治要求法官一手拿着法条,另一手高举着自然法。当法条出现不正义、荒

---

① 参见天津市第一中级人民法院(2017)津01刑终41号刑事判决书。
② 邹兵建:《非法持有枪支罪的司法偏差与立法缺陷——以赵春华案及22个类似案件为样本的分析》,《政治与法律》2017年第8期。
③ [美] P. 诺内特、P. 塞尔兹尼克:《转变中的法律与社会》,张志铭译,中国政法大学出版社1994年版,第35页。

谬时，法官应该凭借生活经验、道德良知及自然法所体现的公平正义等理念用于裁判，而非是输入法条得出结论的自动售货机。经由概念法学、利益法学及评价法学发展，法律适用绝非仅是适用法条，法律解释也绝非限于形式解释。法律解释带有价值导向性，法律解释包含了实质判断，蕴含了利益衡量。"这些案件的判决几乎无一例外地受到法条主义或机械执法的指责，表明的是这样一个事实：相关法院及司法人员在理解与适用特定法条时，被认为未合理地处理形式判断与实质判断之间的关系。"① 该案折射出我国司法实践中法官在面对法律规范时不敢解释、不会解释，不懂得使用法律解释方法与规则，更不敢通过法律解释揭示法律规范背后的法理，用法理推翻规定的不合理。本案中，很明显可以判断出《枪支致伤力的法庭科学鉴定判据》与《枪支管理法》在内容与价值上构成抵触，借助上位法优于下位法解释规则排除公安部《枪支致伤力的法庭科学鉴定判据》的适用。实践中法官仍然按照司法实践的惯例，即便在遇到下位法与上位法相抵触的情形下，依然适用下位法。

  该案反映的最大问题在于法律解释不具有合理性，在以遵守法律条文规定的借口下，掩盖了法律解释的合理性目的。相比于法律解释的合法性，合理性显然包含的意思更多。在最低意义上，合理性解释包含了合法性解释之维度；在更高的意义上，合理性解释要求排除明显的错误，避免荒谬的解释结论和显失公平的结果，做出合乎道理、事理、情理及法理的解释。② 因此，在法律解释上虽然要关注法律规范的条文含义，但不能死抠字眼、过度遵从文本含义；最佳解释，要前后对照，有时也需要结合法律原则等体现立法者意图的条款来解释法律规范的含义；对于静态的法律规范，需要予以动态的、关注现实的语境解释，运用体系解释等方法释放法律规范

---

① 劳东燕：《法条主义与刑法解释中的实质判断——以赵春华持枪案为例的分析》，《华东政法大学学报》2017年第6期。

② 参见陈金钊主编《法律方法教程》，华中科技大学出版社2013年版，第142页。

的价值与目标。"答复法律意义脉络的问题时,不能完全与可能的字义及其他解释标准分离。只有留意到规整的目的,才能理解法律的意义脉络及其基础的概念体系。"①

三 维护法秩序的统一性

法秩序统一性乃是实现法律适用之平等的前提。"法秩序的统一性,是指在由宪法、刑法、行政法、民法等多个法域所构成的整体法秩序中不存在矛盾,法域之间也不应做出相互矛盾、冲突的解释。"② 而维护法秩序统一,既是法律体系建构之目标,亦是体系解释方法之任务。虽然自概念法学以来,完整无缺漏的法律体系被认为难以实现,但是法学家们并未放弃对法秩序统一性的追求。"内部存在矛盾的法律秩序将损害对一切公民的、统一的法律标准的要求,并因此损害法律平等的要求。"③ 一方面在法律体系的建构上,人们遵循内在逻辑关联,尽量避免相矛盾的法律规范存在;另一方面在法适用领域,人们采用各种方法消除相冲突的法律规范并使法律体系保持高度一致:在形式上符合法秩序统一性、在实质上契合法秩序价值一致性,既要求合法性之建构,亦需合理性之判定。

但实践中,人们时常发现法律规范之间存在冲突。"法律规范冲突是法律适用中的常见现象。不同的法律规范调整同一事项而又有不同的法律后果,就会产生法律冲突。法律冲突既可能产生于同位法之间,又可能产生于异位法之间。"④ 特别是自"河南种子案"以

---

① [德] 卡尔·拉伦茨:《法学方法论》,陈爱娥译,商务印书馆2003年版,第206页。

② 王昭武:《法秩序统一性视野下违法判断的相对性》,《中外法学》2015年第1期。

③ [德] 伯恩·魏德士:《法理学》,丁晓春等译,法律出版社2013年版,第316页。

④ 孔祥俊:《法律规范冲突的选择适用与漏洞填补》,人民法院出版社2004年版,第149页。

来，有关法律规范之间的冲突问题，一直是学界研究的重点。一般认为，法律适用始于法律发现，即检索可用于裁判的法律规范。在法律发现中，应该坚持主要法源先于次要法源、下位法先于上位法、后法先于前法、规则先于原则等法律发现规则。但是，法律发现只是法律适用的第一步，法律发现的结果并不能直接用于裁判，特别是当检索到的法律规范模糊不清、荒谬不正义、存在空缺，乃至检索到相冲突的法律规范时，则需要借助法律解释方法厘定含义与化解冲突。这其中，体系解释方法至关重要。"体系解释方法不是望文索义，而是在制定法体系内部进行无矛盾性的逻辑探寻，所能解决的主要问题就是克服法律规范体系之内的逻辑矛盾。"①

与此同时，随着法学研究的深入以及司法实践遭遇到"法存在缺漏""法过于僵化"等难题，人们越来越意识到理性建构的法律体系难以满足社会需要，尤其是将法律体系故步自封在封闭体系之内，这种试图借助法的稳定性、安定性、完整性并独立于社会的规范体系，并不能有效地解决疑难案件，甚至因为裁判的过于僵硬而事与愿违，不具有可接受性。尽管法治要求尊重民主、捍卫民主，但法治绝不要求法官机械适用法律，杜绝一切自由裁量与能动性，因此司法实践中的"反多数难题"并不必然违反法治要求。况且就法律规范的存在形态看，没有一个法律规范是与社会必然隔开的，法律规范的解释不能断然地拒绝来自其他规范的帮助。比如不确定法律概念的解释，既有来自生活经验的事实解释，也有来自多元价值中的价值抉择，而这些都不是法律体系供给的。因此，我们所致力建构的法律体系并不是自足、自洽、无矛盾的，法律体系需要保持开放性，从社会中汲取养分与资源，不断地修补、充实法律体系的要素。"人们发现在解决具体纠纷的时候，不仅宪法、民法、刑法、诉讼法的规范和原则通常必须联合起来使用，而且法律实施的

---

① 陈金钊：《体系思维的姿态及体系解释方法的运用》，《山东大学学报》（哲学社会科学版）2018年第2期。

体制、机制（解释共同体）、其他社会规范体系都会对法律的意义产生影响。开放的法律体系既包含了法律外因素的介入，也强调了法律实施过程中的法治体制、机制以及人的作用，强调的是法律规范与其他社会规范、法律与社会之间的一致性、融洽性。"① 但是，法秩序的统一性是实现平等的前提，引入其他社会规范融入法律体系势必会对法律体系造成冲击，进而消解法秩序的统一性。因此，在法秩序统一性要求下，如何协调法律体系与其他社会规范的关系，换言之，如何处理正式法源与非正式法源的关系，亦是体系解释方法所要解决的问题。

第一，化解法律规范之间的冲突。体系解释方法将整个法律制度推定为一个形式上无矛盾、内在价值无冲突的体系，借助体系解释规则化解法律规范之间的冲突，消除"体系违反"等问题。比如"在各种排除矛盾的方法中，最简单的方法就是去确认这两个相互矛盾的语句里，哪个语句应当排除另一个语句。依此，当一个较为特别的法律规定了异于另一个较为一般之法律的效果时，前者便会排挤掉后者。如果没有'特别法排斥一般法'这个基本原则，特别法便不会有自己的适用范围"②。除此之外，实践中按照法秩序位阶理论，下位法不得与上位法相冲突，否则将构成对上位法的抵触，而致其无效。虽然法律冲突化解规则较为简单，但并不意味着运用起来就灵活自如，比如许多下位法是对上位法的具体化，判断下位法是否抵触上位法，需要识别它们是否超越法定的幅度与范围，格次划分是否合理；而在运用特别法优于一般法解释规则时，则需要依据不同的标准识别特别法，特别是当新的一般法与旧的特别法相冲突时，如何选择适用法律在司法实践中尚未达成共识。

---

① 陈金钊：《体系思维的姿态及体系解释方法的运用》，《山东大学学报》（哲学社会科学版）2018年第2期。
② ［德］英格伯格·普珀：《法学思维小学堂——法律人的6堂思维训练课》，蔡圣伟译，北京大学出版社2011年版，第57页。

立足我国法律体系之建构形式，有关法律冲突选择适用问题可以参照《立法法》备案与适用一章中有关法律冲突选择适用的标准，解决法律与宪法、法规与法律、规章与法律、规章与法规之间的冲突问题。在宏观意义上，为维护法秩序统一性，需要把行政规范性文件纳入合法性判断体系当中，实现对行政行为依据的有效监督，以此推动依法行政，实现法治国家建设。"法秩序一致性在于化解规范矛盾或达成共识，以得出法治意义上的'唯一正解'。"① 但实践中，很多法律规范之间的位阶关系仍难断定，比如全国人大制定的"基本法律"与全国人大常委会制定的"基本法律以外的法律"，两者之间的位阶关系在理论与实践中仍有争议。此外，《立法法》对不同规范性法律文件位阶关系的规定，仍存在法理的悖论，比如国务院制定的行政法规的效力高于地方人大及常委会制定的地方性法规，前者属于国家行政机关，后者属于地方权力机关，两者的权力性质不同，而规定行政法规的效力高于地方性法规，有悖法理。因此，看似简单的法律冲突解释规则，其背后隐藏着浓厚的法理意蕴，关联着法律体系，在法治中国建设进程中，需要特别关注。

第二，协调正式法源与非正式法源关系。司法实践表明，法秩序统一性虽然强调法律体系的规范供给的重要性，但并不拒绝其他社会规范为司法裁判提供论证依据。体系解释方法蕴含了融贯性思维方式，它在遵循"法官受法秩序约束"的原则下，坚持法教义学的规范适用方式；与此同时，它也注意到以概念为基础构造的法律体系的缺漏乃至规范间的冲突，允许适当情景下引入非正式法源填补法律漏洞，或者增强法律论证。这种融贯性思维形式秉持开放法律体系的姿态，比如在"北雁云依案"中，法院为了解释"公序良俗"的含义，限制公民姓名权行使的任意，从道德伦理、社会管理秩序等角度对其进行了界定。在解释不确定法

---

① 姜涛：《法秩序一致性与合宪性解释的实体性论证》，《环球法律评论》2015 年第 2 期。

律概念、一般性条款等含有价值判断的规范时，法院也会引用非正式法源将它们具体化，强化说理。开放法律体系一方面把立法者创设的法律规范体系作为思维的基本要素，在多元的法律规范中寻找法律意义的整体性、一致性；另一方面把法律规范与其他社会规范联系起来，在特定的情况下允许它们有条件地进入司法裁判，为法官提供论证资源。

然而，必须强调的是社会规范进入司法裁判必须讲究方法与逻辑。法律体系的建构取向于逻辑与目的双重构造，前者以概念为基础构造了法律体系的基本架构，并通过法律概念、法律规则或法律原则等外在表现形式加以完善，使法律体系内在形成逻辑关联；后者以目的考量、价值判断为基础，强调实质内容的论证，用更为宽泛的社会规范来论证某个观点的合理性。"法释义学的任务正在于：在体系性思考与问题取向思考之间寻求平衡。法学理论必须建构法的制度与法秩序的体系学；于此，其遵循体系思考。法释义学另一方面也总是致力于寻求正当的问题解答，法秩序因此也取向于典型个案的解答。"① 建构在体系解释方法之上的适用路径，一方面坚持法律至上主义，遵循优先在法律体系中寻找裁判依据，"只有一些法律空白或者制定法在具体语境中与社会基本价值发生冲突的时候，我们才打开法律的封闭之门"②。另一方面致力维护法秩序的统一性，实现法律体系与社会规范体系的协调与融贯。这里的社会规范并非包括全部，只有那些被认为是非正式法源的规范才能被援引适用。"在现实主义法学等的影响下，多数法律人承认法律渊源的多元性，认为在法律运用过程中的法律发现，其范围不仅包括制定法、判例法、国际条约、合同、遗嘱、信托等正式法律渊源，还应该包

---

① 陈爱娥：《法体系的意义与功能——借镜德国法学理论而为说明》，《法治研究》2019年第5期。
② 陈金钊：《开放"法律体系"的方法论意义》，《国家检察官学院学报》2018年第3期。

括法理学说、习惯、善良风俗、公共秩序、法律价值等非正式法源。"① 此外，非正式法源等社会规范进入司法裁判必须经过"转化"的过程。比如一些民事交易习惯等进入司法裁判必须经过识别。一是判断习惯与既存的法律规则或法律原则是否存在冲突，如果存在冲突，则不予适用；二是判断习惯的适用会不会对法律体系及法秩序带来消极的影响，如果影响法律的稳定性及法秩序的统一性，则习惯不能被适用；三是判断习惯的适用是否会影响裁判的恰当性与可接受性，如果习惯的适用并不能产生期待的社会效果，则习惯不能被适用。

四 兼顾主观与客观解释

法学是一门实践性学问，是以解决问题为导向的知识。拉伦茨认为，法学的主要任务在于理解语言表达及其规范性意义。② 作为法律规范的构成要素，法律语言存在不确定性。法律语言的模糊、开放性、不完整性、不确定、歧义等问题制约着法律人理解、解释与适用法律规范。只要法律文本存在模糊性，就会产生不同的解释。一方面在利益法学、评价法学的视野中，法律解释不能站在概念法学建构的金字塔上，排除一切的主观能动性与价值导向；另一方面在法秩序统一性要求下，法律解释也不能不受法律体系的约束，仍需依据客观的法秩序进行解释，法律解释自始至终都带有规范的"镣铐"。因此，不同的解释方法遵循着不同的解释路径，并最终影响着解释目标的实现。

在法律解释目标上，存在主观论与客观论之分。③ 在主观论看

---

① 陈金钊：《体系思维的姿态及体系解释方法的运用》，《山东大学学报》（哲学社会科学版）2018年第2期。

② ［德］卡尔·拉伦茨：《法学方法论》，陈爱娥译，商务印书馆2003年版，第85页。

③ 参见［德］卡尔·拉伦茨《法学方法论》，陈爱娥译，商务印书馆2003年版，第85页。

来，法律解释目标意在通过法律文本含义透视立法者的规范意志，以此获得一个较为稳定一致的含义。而在客观论看来，由于立法者理性存在限度，并且随着时间的流转，立法者的意志并不一定适合该时语境，因此法律解释目标不应该定位于对立法者意志的探寻，需要对其进行语境重构。时至当下，这种争论非但没有平息，反而愈演愈烈。将主观论作为解释目标代表了克制主义姿态，它要求解释者应该以阐释法律规范的文本含义为重点，解释意味着阐释清楚文本的含义。将客观论作为解释目标代表了能动主义姿态，它要求解释者应以化解纠纷为重点，采用目的解释等方法揭示法律于当下的规范意义。有关法律解释目标的争论，在实践中不仅影响着法律解释的形式与实质走向，在理论研究上也引发了法教义学与社科法学的争论。

不可否认，解释目标的分化也促使法律解释学朝向不同的方向发展。克制主义一直是法教义学的传统，而能动主义则被社科法学所捍卫。在法教义学看来，法律解释的任务在于探明法律规范的文本含义，"规范文本应当表达规范目的。法律规范的语言文本是一种运载工具，立法者借此公开他们所追求的规范目的"[①]。严格解释法律规范，依照法律体系或者法的价值理念来解决法律漏洞等问题，是捍卫立法价值，维护法秩序统一性的前提。而社科法学认为，法律解释绝非刻板地遵守法律规范的文本含义，法律规范只是社会治理工具的一种，至于法律规范是否合适，是否需要进行改造，需要在个案中加以检验，并由于司法的终极目的在于解决社会纠纷，因而法律解释更应关注社会效果。

不同的解释目标导致了不同的解释立场，不同解释立场会选用不同的解释方法，进而导致不同解释结果。"方法论是法律的'元学科'——私法、刑法或国家法学科直接、有目的地指明判决和学说

---

① ［德］伯恩·魏德士：《法理学》，丁晓春等译，法律出版社 2013 年版，第 310 页。

赋予特定规范哪些内容，而法律方法论涉及的是用什么方法确定该内容的先决问题。因此，这也说明，最终是解释方法确定了法律制度的内容。'甚至可以夸张地说，有多少解释方法，就有多少法律制度'。"① 比如"瑞士联邦法院通常的立场是：按照文义、逻辑、体系及目的论的顺序加以运用，换言之，以上述顺序来探求立法者的原意，俾符合正义及人道的原则，这样的解释成为客观的以适用时为准之方法。德国联邦法院则有所不同，除了也接受前述传统的解释规则作为辅助手段外，对于立法者原意的探求较为弹性，而且不认为立法者原意必然符合正义原则。当宪法法院认定制宪者制定的规范并不准确时，会以维护自由及民主的宪法基本秩序，促成法院推想更合乎正义的解释。"②

然而，过于任意的解释策略与方法论选择，容易导致方法论上的"一切皆有可能"，或者"一直在方法上盲目乱飞"。为实现法秩序的统一性，确保法律的一般性价值，无论是主观论解释，还是客观论解释，都应该服务于法秩序建构。因此，在方法论上需要协调解释目标之争。"法律方法论的任务是尽可能地限制最终意味着恣意的纯主观的判断余地，并且使解释活动尽可能地'客观化'和'理性化'。这能够借助规范性理解的法律方法论的规则，以大致穷尽和完美的方式获得成功，尽管这可能还是一个非常学理和过于自信的假设。"③

这其中，体系解释方法是法律解释的黄金规则，是化解文义解释僵化性与目的解释能动性的最常用的解释方法。主观论与客观论解释乃是不同解释立场下的方法论之争，不可持一种极端性认识，当然两者也并非不可调和。拉伦茨认为，法律解释的目标既要探寻

---

① ［奥］恩斯特·A. 克莱默：《法律方法论》，周万里译，法律出版社 2019 年版，第 6—7 页。

② 吴庚：《政法理论与法学方法》，中国人民大学出版社 2007 年版，第 332 页。

③ ［奥］恩斯特·A. 克莱默：《法律方法论》，周万里译，法律出版社 2019 年版，第 17 页。

当下法律文本的规范性含义，又需同时考虑立法者规定的意向及具体的规范性想法。① 实践亦表明，既没有完全客观的文义解释，也不能任由法官肆意解释，更多的情况是文义与目的之间的调和或兼顾。"诠释学的理解图示一方面是强调该解释者的'被情境的特征'的方法，另一方面是强调该文本内容的'被情境的特征'。诠释学的研究方法相应地确立了客观解释不可能理论。所有的解释都是'被情境的'。"② 与此同时，虽然解释学认为完全客观的含义不可能获得，但这并不意味着放任解释者的主观偏好，法律解释尤为需要防止假借解释之名，行法官造法之实，借机贩卖自己的目的，不受法律约束或者法律约束的松动都可能导致解释的不合法性。而这正是体系解释方法所要解决的问题。"系统解释的目的是在统一等级层次的其他制定法文本的语境中进行解释。在这里，某一制定法文本在多大程度上比另一个文本更有分量？更有实质上的影响力？以及为什么反之不然？这些问题远远没有澄清。当解释者遇到（重要的）时间差时，上述情况就显得尤为突出。这些文本之间的等级由法官来确定。例如，他/她将确定后法优于前法的规则在多大程度上被采用或不被采用。"③ 虽然很多学者认为体系解释方法是文义解释方法失范后所采用的解释方法，具有次优于文义解释方法的地位，但实际上，体系解释方法涉足立法目的的考量，乃是将解释对象放置于法律体系中寻找恰当含义。事实上，无论是概念法学极端体系化思想，还是利益法学、法社会学等对不同维度利益的主张，都伴随着价值提

---

① 拉伦茨认为，法律解释是一种意义探寻的过程，"这个意义是一种思考过程的结果，过程中，所有的因素无论是'主观的'或是'客观的'，均应列入考量，而且这个过程原则上没有终极的终点"。[德] 卡尔·拉伦茨：《法学方法论》，陈爱娥译，商务印书馆 2003 年版，第 199 页。

② [英] 杰弗里·塞缪尔：《比较法理论与方法概论》，苏彦新译，法律出版社 2020 年版，第 137 页。

③ [比] 马克·范·胡克：《法律的沟通之维》，孙国东译，法律出版社 2008 年版，第 191 页。

炼、总结及实现过程，法律解释总是带有价值导向性。作为常用的解释方法，体系解释方法的运用同样展现了不同的价值维度，只是在一般案件中，借助法律体系释明法律规范的文本含义即可解决案件，但是在复杂案件中，体系解释方法发挥着沟通文义解释与目的解释桥梁的功能。

第三节　与其他解释方法的关系

法律解释方法"重在研究具体案件的解决方案，突出其对问题的实践性关怀"[①]。按照杨仁寿界定，我们通常所运用的法律解释方法，主要是指狭义的法律解释方法，即当法律文本规定不明确时，采用文义、体系、法意、比较、目的等解释方法，将待用于裁判案件的法律规范在文本的可能范围内进行解释。法律解释的主要目的在于释明规范含义，使法律含义明确化、正确化。[②] 一般认为，法律解释始于文义，应当优先采用文义解释确定法律规范的文本含义，在文义解释失范时，即出现复数解释之可能时方可运用论理解释等方法来确定文本含义。论理解释通常包含了体系解释、历史解释、主观目的解释、客观目的解释、比较解释、合宪性解释等方法。若解释对象涉及评价性不确定法律概念或者一般性条款时，也采用社会学解释、伦理解释等方法。作为一种论理解释方法，体系解释方法在法律解释中地位，以及与其他解释方法的关系需要厘清。

一　法律解释方法的种类

法律解释方法的总结与提炼，是以法官在司法实践中运用到的

[①] 陈金钊等：《法律解释学——立场、原则与方法》，湖南人民出版社2009年版，第26页。

[②] 参见杨仁寿《法学方法论》，中国政法大学出版社2012年版，第135—136页。

解释工具的一种形态化概括。法律解释的过程涉及不同的解释因素与不同的解释路径，基于法律解释所使用的解释资源及其展现的样态，可以总结出不同的解释方法。一般包括以下几种常用方法：

一是文义解释方法。法谚有云"字义除非不明确，应当严守"。法律解释学认为，一切文本的解释都具有共性，即理解必然要始于文义。按照明晰性规则，明确的法律规范无须解释，任何解释都意味着对文本含义的添加或减损，因此，确保法律规范的文本含义适用于案件是确保立法者意志得以实现的最有效方法。在法律规范存在模糊时，恰当地解释也需要从法律规范的语词含义开始，通过文义解释方法逐字逐句地确定其含义，进而达至对法律规范的理解。所以文义解释方法也被称为文理解释方法，是按照法律规范所使用的语词的文义进行解释的方法，其基本含义是寻找和发现文本中规则的真实意思。①

二是体系解释方法。上文已对体系解释方法进行了界定，此处不再赘述。但需要强调的是体系解释方法与文义解释方法一样，是最经常使用的解释方法，它依托了法律的内在与外在体系，采用体系思维的形式，通过上下文、整体及语境解释等获得法律规范的含义。除此之外，合宪性解释方法亦属于体系解释方法的范畴。合宪性解释其实是体系解释的一种特别类型。与其他解释方法不同，合宪性解释方法是对法律解释结果做合宪性考量，比如解释不违宪与解释合宪。前者是指如果法律规范存在多种解释结果，其中的一种解释结果不违背宪法规定，那么就应该选择这种解释结果。后者是指在法律解释时，应该采用最能实现宪法要求的解释结果。②合宪性解释方法是将法律解释的合法性判断标准延伸到宪法之中，以宪法最高效力位阶来指引法律解释避免违反宪法

---

① 参见刘平《法律解释：良法善治的新机制》，上海人民出版社2015年版，第146页。

② 郑永流：《法律方法阶梯》，北京大学出版社2012年版，第145页。

而导致法律解释无效。从解释形态上看，合宪性解释方法当属体系解释方法的特殊类型。

三是历史解释方法。历史解释方法又被称为沿革解释方法，是指当文义解释等方法难以获得法律文本的规范含义时，从法律的立项、起草、审议、表决等留存下的立法资料中查询制定法律时所体现出的含义、价值判断及所要实现的目的等，用以推定立法者真实意思的一种解释方法。① 历史解释方法运用的前提是由于法律规范的文本语言存在模糊性，在个别语词或条文的表述上出现了纰漏，导致法律规范文本所载明的含义与立法者的真实意图并不一致。当对相关表述存疑时，法官借助立法史留下的一些权威性的材料来判断立法者的真实意图，进而确定法律规范的含义。

四是比较解释方法。比较解释方法又称为比较法解释方法，是指"引用外国立法例及判例学说作为一项解释因素，用以阐释本国法律意义内容之一种法律解释方法"②。比较解释方法通常运用于法律规定不明或者存在缺漏时，通过援引先例或者借鉴其他国家对相关问题的处理方式等来解决当下案件问题。比较解释方法立论的基础是，法治存在继承、沿革与发展，各国、各时代在法治理念上存在相似之处，在当下无法通过自身法律体系寻找裁判依据时，可借鉴不同时期、不同国家甚至不同法系的解决方式，在引用、修正及完善的基础上对当下案件进行处理。

五是主观目的解释方法。主观目的解释方法也被称为立法者意图解释、主观解释或法意解释方法，是指当文义解释出现复数时，为实现立法的真实目的，需要探寻立法者制定法律之时的真正意图。主观目的解释方法有时也被直接称为"目的解释"，但该处的"目的"主要指涉"立法者目的"，区别于客观目的解释。主观目的解释方法在英美法系一般称为原旨主义解释方法，比如在解释宪法时，

---

① 参见梁慧星《裁判的方法》，法律出版社2017年版，第149页。
② 梁慧星：《民法解释学》，法律出版社2009年版，第234页。

为确保宪法的规范性含义，体现制宪者们真实意图，需要回归到立法制定之初的语境，借助立法者意志限制法官的能动解释与任意解释。

六是客观目的解释方法。客观目的解释方法与主观目的解释方法相对，它不是以立法者意图为准，而是强调随着社会变迁，立法者意图存在局限性，立法制定之初意图并非符合当下社会语境，需要重新赋予法律规范含义，是以法律客观目的和意义来阐释法律规范含义的一种方法。客观目的解释方法主张不能拘泥于法律规范的文本含义，因为有时文本含义本应该包含某一含义而实际上并未包含，有时应该排除某一含义而实际上又包含了该含义，为有效地化解社会纠纷、解决当下案件，可以对文本含义进行适当地目的性限缩或者扩张，因此通常采用目的性限缩及目的性扩张等方法。

七是社会学解释方法。与其他解释方法一样，当文义解释不足以释明法律规范的文本含义时所采用的一种解释方法。社会学解释方法偏重于社会效果的可预测性与目的性考量，是一种实质性的解释方法。[①] 社会学解释方法运用的空间主要集中在法律原则、不确定法律概念等解释之上，它是对那些包含有价值判断条款的一种社会因素的具体化解释。社会学解释方法将案件所涉及的多种因素纳入文本含义的解释当中，"在社会学解释中，解释者进行法律解释时需要考虑的不仅仅是法律条文的字面含义，还要考虑社会的背景、主流民意等因素。哪些是需要考量的社会背景、何种是主流民意，这个判断过程就是价值判断过程。在通过价值判断做出解释之后，得

---

① "当一个法律条文有两种或两种以上解释结果，而每种解释又都有其理由时，可采用社会学解释方法。即先假定按照第一种解释进行判决，并预测判决在社会上产生的结果，然后再假定按照第二种解释进行判决，也预测可能产生的社会后果，依次类推，然后根据产生的社会结果进行评价，两害相权取其轻，两利相权取其重，最后采纳预测结果较好的那种解释，这就是社会学解释方法。"赵玉增等：《法律方法：基础理论研究》，山东人民出版社2010年版，第105页。

出的结论也可能与字面含义不完全符合"①。社会学解释方法属于经验事实探求,是以社会事实的调查为根据,意在解决法律滞后性等问题,符合社会发展之需要。

八是伦理解释方法。伦理解释方法是指借助社会道德、伦理对涉及评价性不确定法律概念或法律原则进行解释的一种方法。以不确定法律概念为例,诸如公序良俗、公平正义、社会主义核心价值观等需要在具体的适用中加以具体化。何为公序良俗,显然需要对其内涵与外延进行界定,文义解释只能解释它们的内涵,却无法界定它们的外延。在具体解释时,需要结合案件所处的语境对社会事实或者一般性习惯加以判断,将其拓展到概念外延当中。伦理解释是经常使用的一种解释方法,它对于论证裁判结果的合理性具有重要的意义,特别是在注重文化传承的国家,其自身所蕴含的道理可能比法律规范的明文规定更具有说服力。

除以上所列几种常用的法律解释方法外,尚有当然解释方法、反面解释方法、扩大解释方法、缩小解释方法等数种解释方法。但究其实质,除文义解释方法外,很多方法难以独立发挥作用,一般是多种解释方法共同致力于法律规范解释,并且有些解释方法大致可以划归到其他解释方法之中。比如扩大解释和缩小解释如果针对法律规范的字面含义,那么它们属于文义解释方法的范畴,如果是针对法律规范的目的性要素,那么扩大解释可以称为目的性扩张,缩小解释可以称为目的性限缩,都属于目的解释方法。因此,本书只是概括地列举几个司法实践中经常适用的解释方法。

二 法律解释方法的形式与实质性分类

通过上述分析可以看出,尽管有数十种法律解释方法,每一种解释方法都有存在的道理,但是司法实践中并不是使用所有的解释

---

① 王利明:《法律解释学导论——以民法为例》(第2版),法律出版社2017年版,第443—444页。

方法。诸如伦理解释、社会学解释等方法有时非但无助于强化说理，反而会增加法官法律解释的任意性，导致法官造法，由此成为消解法律稳定性的工具，影响到法律的一般性价值，瓦解了法治的根基。因此，法律解释方法的运用涉及民主与法治问题。"法院受到法律约束这一原则的任何松动都是对民主原则的损害。它将导致法律中具有约束力地表达的共同意志被当时作出裁判的法官的主观主义所排斥。"① 对法律解释方法展开研究，我们应该厘清每一种法律解释方法背后的原理与法哲学立场，多选择那些有利于民主与法治建设的解释方法，而非为了追求社会效果与可接受性忽略了法律的规范性意义。

为此，我们需要对这些法律解释方法进行分类，将立场相似的方法划归一类，避免不同解释倾向的法律解释方法之间发生功能的抵消。首先简单地罗列解释方法不具有运用的规范性。司法实践体现了一种不确定状态下的决策技巧，这其中包括了解释方法的选择问题。比如文义解释是优先使用的解释方法，但文义解释方法并不是唯一具有效力的解释方法，文义解释方法的运用并不排斥体系解释方法的运用，但文义解释方法在某些情况下会排斥目的解释方法的运用。目的解释方法容易改变法律规范的文本含义，由此排除文义解释结果。毋庸置疑，"法律文义是探究立法者意志的重要的认识工具，但只是众多工具之一。因此，一切认为文义绝对优先于其他任何解释论据的解释理论的观点都是错误的"②。

其次，分类是为了回应法律解释方法运用的困境。一是解决法律解释方法选择性偏好问题。解释立场不同会选择不同解释方法，分类能方便解释者选择立场性方法，而不至于选择相悖性方法。"在

---

① ［德］伯恩·魏德士：《法理学》，丁晓春等译，法律出版社 2013 年版，第 304 页。

② ［德］伯恩·魏德士：《法理学》，丁晓春等译，法律出版社 2013 年版，第 312 页。

法律实践中，当认为法律实际如何时，似乎又不可不避免思考法律应该如何。"① 法律解释方法除担负着选择解释结果的工具职责，它还肩负着论证法官选择正当性的任务，因此，立场不同的解释方法容易使法律论证陷入混乱。二是解决法律解释创造性问题。虽然法律解释应从文义解释开始，但法律解释并不完全排斥创造性。"解释法律实际上就是重新制定法律，那些与诉讼当事人处于或者将处于同一状态下的人们从此将服从该法律——该法律就是判决书中所解释的法律。也就是说，将服从一个他们之前都不曾知晓的一般性规则。"② 法律解释并不能与法律文本含义简单画等号，法律解释必须兼顾案件事实。随着时间流转、社会变迁，法律文本含义难免与社会认知出现裂痕，这需要解释者采用适当方法予以弥合。以文义解释、体系解释等方法为代表的语言学解释方法解释出的仍是法律规范的文本含义，无法消弭因历史变迁而导致的意义流变，而一些立法者从未规定，乃至未曾想到的法律漏洞，语言学解释方法更是望尘莫及。因而需要解释者在适度关注法律规范文本含义的前提下能动性解释，采用实质性解释方法创新文本含义，乃至重构法律规范的含义，化解文本僵化所导致的不公正裁判，实现从"文本服从"向"思想服从"的渐进过渡。

最后，分类能简约法律人思维选择。当我们发现诸多解释方法时，必须给它们编排一个序列以清晰法律人认知。分类是将具有共性的解释方法系统性归类，承担一种定性鉴别的功能。法律解释方法乃是实践中法官在法律解释时所运用工具的一种样态概括，它内含了法律解释的思维路径与准则，经过法律人传承而具有思维引导规则的功能，借助它们可有效地减轻论证负担，而不再需要论证选择解释路径的正当性。而解释思维只有朝向一个方向发展，才会产

---

① 刘星：《法律是什么？》，中国政法大学出版社1998年版，第14页。
② [法] 米歇尔·托贝：《法律哲学：一种现实主义的理论》，张平等译，中国政法大学出版社2012年版，第147页。

生解释共识进而实现同等情况同等解释。

前文已提及,法律解释方法是以它们展现的形态为分类标准。论及法律解释形态,无非针对法律规范的文本含义、立法者意图及法律的客观目的等要素,有时法律规范的含义需要考察上下文或法律整体得出,因此包含了体系性要素。我们通常所运用的社会学解释方法实质是考察将法律置于社会中所发挥的实际调整作用与发掘被法律文义淹没的社会价值,它是对法律的目的性考察,是能动性解释方法,因此,社会学解释方法实质上就是客观目的解释方法。"对社会效果的关注自然无法逾越法律的目的,社会学解释与目的解释具有内在的关联。"[1] 除社会学解释方法之外,解释者通常采用历史解释方法考察立法过程中所留下的资料、法律规范的演变过程等用于佐证立法意图,因此历史解释方法是一种典型的主观目的解释方法。而诸如比较解释、伦理解释等方法表现的是对法律的"释无"过程,把法律未包含的因素类比运用于法律规范的解释当中用以支持解释结论,因此它也是指涉目的要素的,也是一种客观目的的解释方法。

我国学者习惯将法律解释方法分为两类:一类是文义解释,又称文理解释,另一类是论理解释。[2] 其分类根基立足于法律解释始于文义,文义解释方法是必然优先运用的方法的论断。而论理解释则是文义解释出现复数时才使用的解释方法。如果论理解释结果仍然在法律规范的文本含义射程之内,那么仍需以文义解释为主;而当与文义解释结果不一致时,如在不超过立法旨趣之"预见可能性"或突破法律的规范目的时,可依论理解释或社会学解释结果,超出文义之射程。这种分类标准是以法律规范的文本含义为界限,主要用以证成文义解释方法是优先运用的解释方法,而关于论理解释中是否存在适用顺位,在所不论。

---

[1] 陈金钊等:《法律方法论研究》,山东人民出版社2010年版,第364页。
[2] 参见杨仁寿《法学方法论》,中国政法大学出版社2012年版,第142页。

而实际上，每一种法律解释方法根据其所展现的形态，都带有特定的价值立场。"法律解释乃是一种价值判断。"① 拉伦茨认为，法律解释具有价值导向性，"在许多案件中，案件事实所拟归向的法规范本身须先解释，质言之，须先确定，该法规范就该案件之精确意义为何。与所有理解他人见解的过程相同，法律解释的过程，也不能完全满足实证科学概念的严格要求。解释亦须确定事实，例如须确定文字内容或其他与解释有关的情事。此外，它还必须遵守逻辑法则。解释如不符合逻辑法则，其因此已是错误的解释。但是解释的特点——掌握一个规范脉络中特定文字或语句的意义，对于解释的要求尚多于此。明智的考量亦属必要，经验上的确证或反证，甚至最多只能在极小的范围内可行，有时根本做不到。就此而论，'主观的'因素的确不可能完全排除"②。解释者只能在很小的范围内做"科学地解释""逻辑地思考"，而一旦涉足价值判断时，所使用的解释方法必然表现出价值选择的偏好。以文义解释方法为例，文义解释通常被认为是价值无涉的客观解释方法，而实际上立法者在制定法律之初即赋予了法律目的，文义解释只是简单地揭示出立法者之原本意图，在文本含义与立法者规范意图之间画上等号。而当文本含义不明时，借助通常含义解释规则或者专业含义解释规则释明文本含义，实际上也是在推断立法者意图。因此，将法律解释方法分为文义解释与论理解释是以法律文本含义为边界，而当涉足法律解释的目标或揭示法律解释方法价值立场时，该种分类方法便显现出了局限。

立足我国法治建设现状，本书认为诸多法律解释方法可以根据法治的形态进行分类。纵观我国法律解释学研究，存在两种解释立场，一种为形式解释论，另一种为实质解释论。形式解释论认为，

---

① 梁慧星：《民法解释学》，中国政法大学出版社2000年版，第171页。
② [德] 卡尔·拉伦茨：《法学方法论》，陈爱娥译，商务印书馆2003年版，第2—3页。

法律解释应该注重法律规范的文本含义，确保立法者意图得以实现，法律解释应当尽量摒除法官的能动性，通过文义解释等方法揭示文本含义即可。实质解释论认为，法律解释不能拘泥于文义，要结合案件重新塑造规则的含义，立法者提供的只是一种意义参考，法律解释可以采用目的解释等实质性方法化解案件纠纷，追求案件处理的社会效果。形式解释论代表了对形式法治坚守，实质解释论代表了对实质法治的提倡。① 两者在当下法治中国建设语境中，都存在学术市场。因此，本书立足于两种法律解释观，以形式性解释方法和实质性解释方法作为分类标准。

文义解释方法多是针对法律规范文本含义的解释，展现了一种克制解释的姿态，是一种形式性的解释方法。体系解释通常作为文义解释的辅助性方法率先被运用。它一方面辅助文义解释，借助上下文解释、整体解释等规则释明法律规范文本含义，另一方面它又借助于"内在体系"对法律秩序进行实质性判断，维持法律评价体系上的一致性，因此它有时也具有实质解释的属性。需要注意的是，合宪性解释方法它是按照法秩序位阶关系进行解释的方法，它实质上属于体系解释的范畴。历史解释方法有时也被称为法意解释，是借助立法资料来探求立法者的规范目的，因此它是一种主观目的解释方法，属于实质性解释方法。比较解释、社会学解释、伦理解释等方法本质上都是对法律规范目的性要素的考察，有时借助他国法律、判例或学说进行类比适用，有时关注法律规范的社会效果，追求裁判的可接受性，有时借助社会道德、伦理要求等对含有价值判断的规范进行具体化解释，它们都是指涉法律规范的目的性要素，因此属于客观目的解释方法范畴，是一种实质性解释方法。

综上所述，诸多的法律解释方法按照它们展现的解释立场与形态可以划分为形式性解释方法与实质性解释方法。其中，形式性解

---

① 参见陈金钊《魅力法治所衍生的苦恋——对形式法治和实质法治思维方向的反思》，《河南大学学报》（社会科学版）2012年第5期。

释方法主要包括文义解释与体系解释方法；实质性解释方法主要包括历史解释、比较解释、主观目的解释、客观目的解释、伦理解释及社会学解释等方法。而当涉及法律体系的价值评价体系解释，即内在体系解释时，体系解释方法对价值体系的一致性追求，彰显了实质解释的面向。

三　体系解释方法具有形式与实质解释双重维度

法律是逻辑的、同时也是目的体系。因而，体系解释方法绝非只是借助法律的"外在体系"进行逻辑解释的一种狭义解释方法，体系解释方法的运用涉及多种要素。法律体系包含了外在体系与内在体系，外在体系涉及法律规范之间的逻辑关系，内在体系涉及法律规范之间的价值关联，因此，体系解释方法具有形式与实质两种价值维度。换言之，体系解释方法具有多维的含义与多重作用空间，有时需要结合解释语境综合考量各种解释要素，但绝非狭义的只是揭示法律规范的文本含义。"基于外在体系所作的解释，在某种程度上，只是文义解释的延长；而基于内在体系所作的解释，则是目的解释的延长，或说得好一点，是目的解释中的一个较高的阶段。"[①] 我们在通常意义上将体系解释方法作为形式性解释方法之一，即把它作为文义解释的辅助性方法，与文义解释共同致力于文本含义的获得。而当我们考虑法律体系内部评价意义的一致性时，体系解释方法便成为一种价值判断的方法，在形式上确保法律规范之间内容规定上的统一性，在实质上确保法律规范之间评价意义上的一致性。

体系解释方法被称为法律解释的黄金规则，是关联文义解释与目的解释最为重要的方法。一方面因为它与文义解释一样，以解释法律规范的文本含义为起点，借助逻辑规则进行解释，涉足法律解释的逻辑要素；另一方面当文本含义出现荒谬、存在复数解释结果

[①] 黄茂荣：《法学方法与现代民法》，中国政法大学出版社 2001 年版，第 279 页。

时，它通过对立法者规范意旨的探寻、考量解释语境及法律目的等要素，对文本含义进行纠正。因此，体系解释方法体现了形式解释向实质解释渐进的解释路径，既体现了形式解释方法的维度，特定情况下，又展现了实质解释方法的维度。前者采用文本主义进路，强调从制定法的语言文字、规范结构查找法律规范性含义，亦借助规范所处位置、规范之间关系、规范与法秩序逻辑关系等视角发现规范含义。后者借助立法者意图、解释者目的来矫正形式解释方法产生的荒谬结果，通过历史解释、社会学解释、伦理解释、司法政策及价值权衡等实现法律与社会规范的融贯。

一般认为，以文义解释为主，依托形式逻辑上的法治思维形态是形式法治的表现特征；而注重目的解释，立足于权利保障、法益保护、人文关怀上的法治思维形态是实质法治的内在诉求。一个国家特定时代的法治诉求与构造图景影响着法律解释方向。在型塑法治秩序，确保法律一般性的诉求下，法律解释多采用形式性解释方法，注重文义解释，确保法律的稳定性、一般性、可预测性等价值；而在关注人们内在诉求，满足政治需要，实现社会和谐的诉求下，法律解释多采用实质性解释方法，注重目的解释，强调法律实际化解社会矛盾的效果，追求更为理想与适应时代发展的法治价值。

立足于法治中国建设语境，体系解释方法是沟通形式解释与实质解释的桥梁。诺内特和塞尔兹尼克将社会中的法分为三种理想类型："压制型法""自治型法""回应型法"。作为一种假定的概念，诺内特等指出，仅有法律有时并不能实现公正，相反，任何法律秩序中都存在压制法的可能性，只是在不同类型中，压制的程度不同而已。其中，在法律起步较晚以及发展不均衡的形态中，社会表现得较为混乱，需要一种极为迫切的统治方式建立社会秩序，而此时的法律表现为统治性工具，法律更多的是具有工具属性，法律的类型就表现为一种"压制型法"。当统治秩序建立，法律也具有了统治性权威，而此时的法律工具属性将会变弱，它的主要任务就是维持先前所塑造的秩序，在维持现状的前提下，进行一种自我调整。特别是在秩序的建构过程中，社会被法律牢牢压制，社会利益得不到保障；公权力在此过程中不断膨胀，导致缺少对它进行制约的规则；社会统治中强制性因素较为广泛，且行为方式具有较大的自由裁量权，从而成为一种人治的社会。而一旦社会秩序趋向稳定，统治的合法性及正统性就会遭到质疑，此时就需要一种以"规则"为中心的自治型法。

当社会严格按照规则进行统治与治理时，将会淹没一些规则无法涵盖的利益。耶林曾指出，法律的目的就是保护社会中的各种利益。在规则统治下所淹没的一些社会利益需要一种"回应型法"进行保障。在回应型法中，人们更关注法律的目的，将法律置于一种开放的秩序之中，寻找被形式正义所淹没的实质正义。在回应型法中，目的居于支配性地位，在这种理想的法类型中，自由裁量权重新获得了充足的生存空间，并且目的会削弱规则的权威，带动了更多的政治参与活动，使得法律系统进一步具有开放性。[①]

比照我国法治建设的历程可以看出，改革开放全面开启了大规模立法活动的序幕，主张有法可依、有法必依、执法必严、违法必究，严格地按照法律规定进行裁判，主张维护法律权威，倡导严格适用法律，但出现了大量的机械执法、司法现象。2011年我国特色社会主义法律体系建成以后，学界主张应该由立法中心主义转向司法中心主义，在立足法律体系的前提下，法律适用应该关注被法律所湮没的一些价值，注重社会效果的获得，灵活地解释法律规范，目的解释、社会学解释等实质性解释方法被大量运用，主张从实质上化解纠纷，但出现了能动司法、和谐司法现象。短短数十年，我国法治建设试图从"压制型法"向"回应型法"的直接跨度，却忽视了法治建设最为重要的"自治型法"阶段。在看到机械执法、司法的弊端后，径直倡导实质性执法、司法，主张执法与司法的社会

[①] [美] P. 诺内特、P. 塞尔兹尼克：《转变中的法律与社会》，张志铭译，中国政法大学出版社1994年版，第87页。

效果，导致不尊重规则、不依法裁判现象大量涌现。没有统一的法治共识，缺乏统一的法治标准，显然无法建成法治。任何法治国家都以"法律至上"作为法律适用的前提性条件，而我国司法实践常背离法治这一基本原则。因此法治中国建设亟须倡导"自治型法"。

在"自治型法"中，应该把遵守规则作为司法实践的内在道德要求，在规则出现荒谬时才运用实质性解释方法，实现"压制型法"向"回应型法"的有效过渡。为此，法律解释应该把体系解释方法作为形式性解释方法与实质性解释方法之间的桥梁，遵循一种形式向实质渐进的解释路径。① 在对法治立场认识不清的情况下，为了实质化解纠纷而突破法律规则的限制是极度危险，乃至消解法治的。在形式法治看来，"法官应当（1）在法律文本明白而清晰时，遵守法律文本的字面含义；（2）在法律文本模棱两可时，服从立法机关或者行政机关对法律文本的解释"②。遵守规则含义，尽量做符合立法者意图的解释是时下法治建设最为重要的工作。然而，"（1）法官不可避免地要做动态主义的解释；（2）那种坚持遵循清晰文本的字面含义的形式主义解释在某种意义上是不可能的"③。因此，也有学者主张法律规范的文本含义，或者立法者意图并不能成为决定司法裁判的最终依据。因而他们主张法律解释必须要向其他社会规范开放，必须吸纳社会因素进入法律解释当中，应该注重实质解释。

---

① 陈金钊教授指出："中国法学既没有对形式法治的优点进行总结，也没有对实质法治的危险进行梳理，任凭法律人跟着感觉'自由'裁断，这对法治建设来说是不负责任的。搞法治建设就必须对实质法治与形式法治之间的关系进行定位，即在坚守形式法治的原则的基础上，运用法律方法适度缓解形式法治与实质法治的紧张关系。即使在法律存在不确定性的案件处理中，裁判中仍应有法律的因素。中国的法治建设不仅需要人们守望规则、坚守法治的底线，还要运用法律方法恰当地进行法律判断。"陈金钊：《对形式法治的辩解与坚守》，《哈尔滨工业大学学报》（社会科学版）2013年第2期。

② [美]阿德里安·沃缪勒：《不确定状态下的裁判——法律解释的制度理论》，梁迎修等译，北京大学出版社2011年版，第1页。

③ [美]阿德里安·沃缪勒：《不确定状态下的裁判——法律解释的制度理论》，梁迎修等译，北京大学出版社2011年版，第1页。

尽管法律体系并非封闭，需要向社会开放，但是过度地开放法律体系也会导致法律规范的意义旁落，抵消法律的权威，失却法律解释的客观性。并且实质解释中包含了太多的不确定性、模糊性，甚至是法官的个人意志，极可能导致司法裁判不是依据法律进行的裁判，而是依据法官个人价值偏好进行的裁判，把实质性因素当作司法裁判的依据。在"忠于法律"与"实质裁判"的拉锯中，法官忽视了法律自身包含的各种价值，更喜欢通过"道德良知"而非"守望规则"探寻法律的个案意义，由此失却法律的一般性价值。

因此，在遵守规则、忠于法律与化解纠纷、个案正义之间必须要有衔接工具。体系解释方法则可担此大任。一方面借助体系解释方法的同一概念同一解释、上下文解释、整体解释及法律冲突解释规则的运用，忠实于法律，实现法秩序的统一性，确保同案同判，塑造形式法治秩序；另一方面在形式解释出现僵化、荒谬与不正义结果时，通过体系解释方法实现法律规范之间的目的性衔接，通过法律原则解释及引入非正式法源等适度开放法律体系，将法外因素通过论证等方式融入裁判当中，实现法律体系的稳定性与开放性之间的有效互动，解决纠纷，实现司法裁判的个案效果。

第 二 章
体系解释方法的思维前提

法国当代著名思想家莫兰在"论语言"中指出:"意义是一个环路。我们可以感觉到这一点,也可以看到这一点。在翻译一篇拉丁文时,我们从识别认得的单词出发,从动词、专有名词、单数、复数出发,从已知的二级结构出发,借助词典,核实那些意义不确定的单词,寻找一个还没有凸显出来的意义,尽管这个意义已经像云雾笼罩中的山峰那样露面了。我们寻找,这也意味着那些被认出的单词的孤立词义正在寻找句子,意味着孕育在句子中的模糊意义正在通过考问单词来寻找它的结晶,意味着一种惊慌不安的对话正在让那些意义不确定的单词和一个尚未落到实处的完整意义的未定型的物质相互对质,直到分散的不确定的意义碎块相互结合,相互修正,相互连接在一个由有意义的语句突然组成的环路中,这个有意义的语句立即反作用于所有的词,为这些词选定一个单一的词义,并把所有的连接都纳入话语的句段中。"① 同样,当我们阐释一个法律文本时,法律语词、概念,法律规范的逻辑结构,以及与其他法律规范的逻辑关联等都可能影响到对它的理解与解释。因此,法律解释不是方法论上的盲目飞行,必须体系性考察法律规范的逻辑结

---

① [法]埃德加·莫兰:《方法:思想观念》,秦海鹰译,北京大学出版社2002年版,第183页。

构，以及与其他法律规范的关系，有时需要探究法律规范产生的历史脉络以及深入法律规范背后承载的规范目的，才能客观、全面地阐释法律规范的含义。

第一节 体系思维的界定

从内部视角看，法律规范之间存在某些逻辑关联：法律由语词和概念构成，语词与概念的搭配构造了法条，不同法条组合成了法律规范；法律规范之间存在上位法与下位法、特别法与一般法关系；同一类的法律规范构成一个法律部门，不同类的法律规范构成了不同的法律部门，不同的法律部门又组成了一个更为宏大的法律体系。从外部视角看，由法律规范构造的法律体系并非封闭、自洽与自足，阐释法律规范离不开政治、政策、经济、道德伦理、风俗习惯、宗教等社会因素的远程辐射效应，法律是社会中的法律，法律体系的形成、发展与完善离不开法外因素的影响与作用，完全隔绝法外因素的法律体系难以形成并且不可能形成，因此法律规范与社会诸多规范亦存在普遍联系。

一 体系思维的含义

体系思维是寻找法律规范与其他法律规范，以及与社会规范之间意义关联的一种法律思维形式。"在法学上利用体系思维作为方法由来已久。在法哲学或法学方法论的文献中对体系加以定义，以表明自己对体系或体系思维的看法及立场必然会影响到其了解、适用法律的方法，其结果，自然也会影响到其对法律的了解和适用。例如，概念法学派主张法律体系为封闭的逻辑体系；利益（或价值）法学派主张法律体系为开放的利益（或价值）体系，该看法或立场的对立对法律的解释和补充皆有深刻的影响。"[1] 在传统意

---

[1] 黄茂荣：《法学方法与现代民法》，中国政法大学出版社2001年版，第420页。

上，体系思维与形式逻辑演绎思维相关联，经由三段论推理得出结论。这种思维形式得益于法律体系的无矛盾性和完全性建构。"所谓无矛盾性，是指必须彻底排除在两种规范之间存在的任何矛盾；所谓完全性，是指基于公理体系在具有内容特征的特定领域内获得的一切正确定式。"① 虽然法律体系被证实存在体系破损、体系矛盾、体系漏洞，公理演绎体系不可能实现，体系思维也受到来自论题思维与法律论证的诘问，但并不影响体系思维作为法律思维的基础在实践当中的运用，因为体系思维乃是思考法律问题的开端。

其一，体系思维是借助逻辑解释释明"法律意义"的解释思维。② "法律意义"是指法官在个案中释放的法律含义应是早已被假定在法律规范之中的意义，解释者只是通过法律解释的方式将法律意义加以宣布与释放。由此可见，"法律意义"并不等同于法律的文本含义。"法律意义"与其他法律规范、法律原则，以及法治理念等存在内在关联。一方面体系思维将整个法律秩序视为一个逻辑统一体，确定法律意义需要根据法律规范在规范群、部分领域、法典，乃至整个法律体系中的位置，③ 即根据法律规范所形成的"外在体系"全面综合地理解，找寻立法者赋予法律规范的真正含义，避免出现断章取义、以偏概全的解释；另一方面法律原则、法律目的等法律规范的"内在体系"制约着解释者对法律意义解读，解释出的含义需要与法律原则及法律目的保持一致。体系思维不可能不顾及内在体系，内在体系是检验与监督解释结果是否恰当的重要方式。只有承认内在体系存在客观性，才能借由内在体系推断出法律规范所要保护的价值，如果认为内在体系难以阐释清楚，那么几乎所有的推断都可能被其他论断所推翻。比如德国《基本法》第 1 条第 1

---

① 顾祝轩：《体系概念史：欧陆民法典编纂何以可能》，法律出版社 2019 年版，第 214 页。
② 参见陈金钊《法律解释中的矛盾与选择》，《法商研究》2004 年第 2 期。
③ 参见［德］伯恩·魏德士《法理学》，丁晓春等译，法律出版社 2013 年版，第 316—317 页。

项"人性尊严不可侵犯"条款是整部基本法的"超级规范",乃是德国所有法规范致力实现的共同目标,因此在该规范笼罩之下,不能不顾及该条款的辐射效应,一般法律从制定、解释到适用,都必须符合该条款的规定。"人性尊严本身并不是一个独立的基本权利类型,但是透过基本法第十九条第二项(要求个别基本权利之核心保障内涵不容被架空)的中介,人性尊严所宣示的价值原则,可以成为解释所有个别基本权利核心保障内涵的基准,进而在各种基本权利具体适用过程中都能得到实践。"[①]

其二,体系思维是维护法律意义一致性的思维形式。作为法治的立论根基,法律一致性是实现社会稳定、塑造平等秩序的前提,它依赖于相似案件相似判决的裁判路径,换言之,同案同判乃是法治的根基。在法律解释时,解释者借由体系思维形式对同一概念做相同解释,对同一法律规范维持相同含义,并通过演绎推理的形式实现最终结果的一致性。尽管公理演绎体系理论已经破产,法秩序也不可能解决所有问题,但只要我们仍以法律的平等适用作为法治的根基,就不能放弃体系思维形式,即使是由个案到个案,由个别规定到个别规定形成的法秩序,体系思维仍然包含着对形式主义平等的追求目标。[②] 在制定法国家,法官们通常采用体系解释方法维护法律意义的一致性,英美法国家,法官们通常采用上下文解释规则、整体解释规则、同类解释规则等实现法律解释结果的一致性。体系思维对法律意义一致性的维护,乃是解决法律规范实践运用中可能遭遇的种种问题,借由法律的体系化形式,为法律规范的实践运用,提供一套确保平等的适用路径。"法释义学在德国之所以盛行,除了德国法体系高度的法典化之外,也与德国法注重客观性、一致性与

[①] 参见黄舒芃《什么是法释义学?以二次战后德国宪法解释学的发展为借镜》,台大出版中心2020年版,第44页,注释33。

[②] 参见方新军《融贯民法典外在体系和内在体系的编纂技术》,《法制与社会发展》2019年第2期。

理性，强调透过法规范在个案中的平等适用来落实法律之正义理念的传统息息相关。"① 虽然法律规范会因立法技术粗疏或者社会情境的变迁等因素出现前后规定的不一致，但解释者仍可借助一些解释规则实现法律意义一致性，通过整体把握法律文本、立法者意图、法律制定历史及其遗留的立法资料来判断法律意义，在综合考量各种因素情况下，保持法律意义的一致性。特别是，我们将体系解释方法视为法律解释的黄金规则，而实际上，"黄金规则的范围随着社会的发展和价值的丰富，已经得到了极大的丰富，无论从维护的结果上，还是在判断的广泛性上，都已经不再是传统意义上的黄金规则，而是纳入了一种新的解释理论，即实用解释法"②。总体上看：（1）法律文本越清楚，解释者会越向文本倾斜；（2）法律文本越新并且立法意图越清楚，解释者则越会向历史观点倾斜；（3）公共价值、社会环境与背景变化越剧烈（公共价值的变化比起社会现实的变化可能更重要），解释者则越会向进化观点倾斜；（4）如果问题比较清楚而且法律是新近通过的，法官可能只需看法律文本便能得出答案；（5）法律通过的时间越久，立法历史越不清楚，法律后来的发展进化历程就越显重要。③

其三，体系思维是一种融贯性的思维形式。虽然法律的独立性是法律规范区别于其他社会规范的重要标志，但法律规范与其他社会规范仍然存在着普遍联系，因而法律解释很难与其他社会规范相决裂。特别是自概念法学的公理演绎体系失败后，形式主义被认为是无生命力抽象物的坟场，演绎推理也被证明是不可能隔绝价值导向，因此法律只有置身于社会中才能被理解，并被自我证明。"法学理论（或知识）到底是如何形成的？法学是'附属于法律实践（实

---

① 黄舒芃：《什么是法释义学？以二次战后德国宪法解释学的发展为借镜》，台大出版中心 2020 年版，第 14 页。
② 蒋惠岭：《实用解释法与动态解释法之应用》，《法律适用》2002 年第 12 期。
③ 蒋惠岭：《实用解释法与动态解释法之应用》，《法律适用》2002 年第 12 期。

务）并能够胜任这种实践（实务）的理论'，还是可以与实践（实务）相脱离的纯粹知识？"① 法学理论乃至法律体系的建构不是纯粹演绎逻辑的方式，但也绝不是脱离理性的随意搭建，法学理论与法律体系始终摇摆于逻辑与经验之间。在此语境下，即便立法者通过抽象化、概括化方法制定出各种规则，意在实现"以简单应对复杂"的治理方式，并极力督促法律适用者通过各种法律制度、根据法律规定对社会行为的正确与否做出判断，但法律的独立性只是一种认知假定，希冀所有的社会问题都可以依据独立的法律规范加以解决并不现实。法律规范的产生、确认及运行都需要借助其他社会规范的认可，法律体系也不是超然独立于社会的规范系统。因此，当法律规范制定出来以后，法律需要与社会相融贯：一方面法律规范要想调整社会关系，为人们提供行为指引，对违反法律秩序的行为科以处罚，就必须让社会接受法律秩序；另一方面当社会发生变化，法律规范需要从社会中汲取养分，及时做出修正，用来满足社会发展与治理需要，避免因滞后性导致法治治理失范，适度吸纳社会因素融入法律规范。基于这一视角，体系思维是随着社会发展与变化对法律规范进行调整的思维形式，是一种与社会发展相适应，实现法律规范与其他社会规范相融贯的思维形式。

  由此可见，体系思维将法律体系推定为具有意义上的完整性、关联性及融贯性的系统，把法律规范体系、道德规范体系、宗教伦理体系等视为开放的法律体系的必备要素，把实现法律规范之间意义一致及融贯的解释方法或准则视为操作的工具或技巧。需要注意的是，体系思维并非一种无边界化的思维，体系思维与整体思维、辩证思维及实用思维之间存在差异，体系思维是借助逻辑规则运作的思维。虽然体系思维是依托法律体系的思维形式，是以实证法为基础的教义学思维形式，但也强调为避免割裂法律规范与其他社会规范的联系，法律解释所依据的规范体系可以适度向社会开放，找

---

① 舒国滢：《法学的知识谱系》，商务印书馆2020年版，第1000页。

寻适合语境的恰当性含义，尤其是在出现法律规则缺位、法律漏洞的情况下，需要借助法外规范构筑裁判前提，解决"无法裁判"的问题。总之，体系思维是一种连接法律规范之间、法律规范与其他社会规范之间的思维形式，它通过体系解释方法的适用，实现法律意义一致性，解决法律规范与其他社会规范融贯性问题，嫁接起了文义解释与目的解释之间的桥梁，兼顾了法律规范的文本含义与规范意旨。

二 体系思维的特征

法律思维有别于日常思维，它是一种讲法说理性思维，是一种追求理性目的的思维，是把法律作为说服工具的思维。作为法律思维的一种形式，体系思维天然地具有说理的特征，并体现在不同的维度上。

第一，体系思维具有逻辑性。思维与逻辑密切相关。尽管在日常生活中，也存在说服性思维，但这些说服性思维形式往往并不讲究逻辑。体系思维本质上属于教义学思维，是借助逻辑规则运作的思维，它意在解决法律规范之间的逻辑冲突、价值冲突与经验冲突。传统意义上，体系思维被限缩在上下文所构造的语境中，把体系解释方法视为文义解释方法的有益补充，并没有突出体系解释的独特地位，导致立法者意图被遮蔽，文义解释成为法律解释的黄金规则，助推了僵化司法与机械司法的盛行。体系解释既是语境解释，也是逻辑解释，逻辑解释主导的观念是"如果某一制定法条款的表述使用了任何获得认可并在学理上被阐释的一般性法律概念，该概念都应当依据其学理阐释来解释，以维持整个系统或诸分支系统对该概念的一致性使用"[①]。这种内含逻辑规则的体系思维要求解释者系统地解释法律，将解释对象置于法律体系当中，通过全面考察它所处

---

① ［瑞典］亚历山大·佩岑尼克：《法律科学：作为知识和法律渊源的法律学说》，桂晓伟译，武汉大学出版社2009年版，第30页。

的位置、与其他法律规范之间的关系，及其在整个法律体系中探寻解释对象的意义，避免法律解释过重地依赖于文义解释而导致机械与僵化。"如果某一制定条款属于一个范围的系统（无论一部单独的制定法还是一整套相关的制定法），该制定法条款应当根据它所出现于其间的整个制定法来解释。"①

在表现形式上，体系思维功能发挥依赖于逻辑规则构建的推理前提，而推理前提的建构则有赖于法律的体系性，即法律规范所构造的概念清晰、层次鲜明、彼此关联的体系。在这个法律体系中，法律规范具有自我更新认知、自我发展的能力，法律体系可以根据外界环境的变化做出自我调整，是一个具有再生能力的活体。"通过洞悉这个活体的基本公理与原则、掌握各个组织器官的技能与协作方式，揭示概念、规则之间的内在关联，就可以从已知的原理与规则中推导出未知的规则，从而解决实践中的法律问题。"②

体系思维虽然重视逻辑规则，但绝不主张死抠字眼、僵化解释与断章取义。虽然体系思维与论题学思维不同，更加强调教义学属性，但体系思维并不排斥实质推理。一方面法律的体系化减轻了论证负担，有效地避免了法官针对每一个案件都去讨论解决方案，通过一个高度抽象化的体系来确定某类案件的普遍性基本解决方案，而不再为每个案件设置最佳的解决路径。另一方面在无法可依等特殊案件中，根据案件事实，基于问题解决的思路，法官或者在法律体系中寻找相似的裁判规范予以类推适用，或者将非正式法源引入裁判，创制裁判规范，并确保不与法律目的、法治精神，以及法秩序相违背，进而弥补法律漏洞。

第二，体系思维具有整体性。体系思维是一种借助法律规范间关系进行整体性思考的方式。"法律规范之体系化存在论上的基础

---

① ［瑞典］亚历山大·佩岑尼克：《法律科学：作为知识和法律渊源的法律学说》，桂晓伟译，武汉大学出版社2009年版，第30页。

② 张翔：《基本权利的体系思维》，《清华法学》2012年第4期。

为:'法律概念'之位阶性。"① 自萨维尼以来,法学研究与法律实践便一直致力于法律的体系化建构,试图使各种法律素材屈服于逻辑的力量,通过建构一个逻辑严密、体系完整的法律规范体系应对所有的社会问题。在这一法律体系中,法律规范之间存在位阶关系,高位阶的法律概念或法律规范可以推导出低位阶的法律概念或法律规范,高位阶法律规范是低位阶法律规范存在的依据,低位阶法律规范是高位阶法律规范的具体化形式。当低位阶法律规范存在模糊时,也可以通过高位阶法律规范提供的概念或原则进行解释,以此保证法秩序的统一性。相比于萨维尼将法律体系视为所有法律制度及法律规范相互结合而形成的内在关联的统一体,普赫塔建构的"概念金字塔",为法律概念进行了位次划分,但是他也不认为法律体系是所有法概念的集合体,即体系不等于法律命题的单纯总和,将"法的诸部分"结合起来必须借助"体系的认识"和"内在关联"的认识方法。②

因此,认识、理解与解释法律规范总是需要在一个整体的语境中展开。体系思维强调法律规范之间的关联性,注重部分与整体、整体与部分之间的关系,在表现形式上呈现出"解释学循环"的样态。体系思维意味着对法律规范的整体性把握,即"在体系中向我们呈现的应该是(法的)整体内容,而不是直接的个别内容"③。比如我们所关注的基本权利问题,不能单独关注某一项基本权利,应该对基本权利的篇章、不同法律部门对基本权利的规定,乃至整个法律体系中关于基本权利的规定都加以关注。

第三,体系思维具有开放性。不重视法律的体系性,不遵守体系思维方法,法律就可能在解释的过程中成为知识碎片。④ 而碎片化

---

① 黄茂荣:《法学方法与现代民法》,法律出版社 2007 年版,第 511 页。
② 顾祝轩:《体系概念史:欧陆民法典编纂何以可能》,法律出版社 2019 年版,第 21 页。
③ 张翔:《基本权利的体系思维》,《清华法学》2012 年第 4 期。
④ 陈金钊:《现有"法律思维"的缺陷及矫正》,《求是学刊》2018 年第 1 期。

的法律必将导致法律适用缺乏逻辑连贯性与内在意义一致性。基于依法裁判的思维路径，裁判依据应在法律体系当中查找。然而即便法官将精力集中在实证法所构造的法律体系当中，他们仍然无法获得解决所有问题的答案。以实证法为根基的法律体系虽然强调整体性、一致性、无矛盾性与关联性，但它仍然具有相对"封闭"的特征，而在封闭体系内寻找裁判依据，有时非但无法构成一个完整规范，而且也会导致裁判结果的不确定性。"今天，法律体系越来越单纯地追求由抽象概念所构成的象征价值体系，逐步远离了社会存在的经验事实。这导致法律体系存在忽略社会复杂性之倾向。"① 与此同时，司法实践中越来越多的裁判文书载明，法谚、学说、法理、合同、经验法则、习惯等越来越多的法外因素成为决定裁判结论的关键理由，即它们由隐性的"论证依据"逐步成为显性的"裁判依据"。"依法裁判"思维正逐步被"问题导向"或"后果取向"的思维所取代。不难发现，当下法律体系建构过度注重逻辑要素，而忽视法意要素与目的要素，导致法律体系过于封闭而缺少与外界其他规范体系的联系，即便在出现了规范碎片化与法律漏洞的情况下，仍然不肯借助法外资源进行调整与漏洞补充，导致法律体系越来越趋于静态的规范体系，缺乏调整与变动，由此带来了法的滞后性与不完整性。

实际上，体系思维一直具有开放性特征，秉持着开放性姿态。概念法学的失败足以证明完整的、自足的、逻辑自洽的演绎体系不可能成功，因而法律思维也就不可能只有演绎思维一种形式。虽然体系思维更多地主张逻辑规则的运用，但它并不排斥价值体系的运用，因此一些情况下它自始至终都保持着一种开放性姿态。比如在德国，宪法释义学并不是价值无涉的，一般法律从制定、解释到具体适用，都必须与宪法基本权利所构造的客观价值体系相融贯。"宪

---

① 顾祝轩：《体系概念史：欧陆民法典编纂何以可能》，法律出版社2019年版，第5页。

法释义学之所以诉诸价值，从价值的角度理解及诠释基本权利，正是为了让基本法秩序能够借由宣示并落实特定价值，彰显它所期待发挥的理性与客观性，进而真正达到约束国家公权力的目标。"①

所以维护法治虽然需要重视逻辑规则，但是碎片化的法律知识不足以形成客观秩序，逻辑规则也就难以发挥用武之地。况且，法律的体系化工作乃是一种持续性的工作，它始终在建构，并且不可能趋于完整，必须始终保持开放状态，并仅能是暂时性的综整。② 因此司法实践中，法官需把与案件相关的其他规范纳入体系思维之中，在更为宏观的体系内建构裁判前提，通过对各种规范的筛选排除矛盾，寻求规范之间的意义一致性。"从外部视角看，体系性思维和体系解释方法包括了利益衡量、外部证成、目的解释、实质推理等方法。从内在的视角看，其包括文义解释、内部证成、联系上下文的体系解释，以勾连不同部门法的违法构成、犯罪构成等内容。这些方法是法律思维规律的组成部分，是实现法治所不可或缺的思维规则。"③ 把文义解释、价值衡量、目的解释、法律论证等方法纳入体系思维中，并不意味着方法的杂糅主义。相反意识到，现有法律思维形式呈现出两种极端化倾向：一种是倡导文义解释的形式主义思维路径，另一种是提倡目的解释的实质主义思维路径。前者过度封闭，而后者过于开放。总体看来，两者之间的争论本质乃是法律解释目标的差异，即过度地主张一种法适用路径而忽视了法治的其他价值维度。比如严格地限定在文义，必然导致立法者原意旁落，而过度强调目的解释，同样会存在反民主问题。如果把这些因素或方法纳入体系思维或者体系解释方法当中，那么体现了法律适用的"中庸之道"，即法律解释应该在强调文义解释的同时兼顾法律目的

---

① 黄舒芃：《什么是法释义学？以二次战后德国宪法解释学的发展为借镜》，台大出版中心2020年版，第70页。

② 陈爱娥：《法体系的意义与功能——借镜德国法学理论而为说明》，《法治研究》2019年第5期。

③ 陈金钊：《现有"法律思维"的缺陷及矫正》，《求是学刊》2018年第1期。

或立法者意图。比如体系思维认为法律的意义并不完全等同于法律规范的文本含义，所以体系解释方法并不限于法律规范的语言学含义探究。因此拉伦茨才将体系解释方法视为法律的意义脉络，意指体系解释的另一项重要任务在于寻找法律的规范意旨。总之，体系思维不仅可以支撑文义解释，也可以修正目的解释，实现法律解释的合法与合理。

三 体系思维的功能

在传统意义上，体系思维与法律的体系化研究密切相关。一方面后者常把体系思维视为支撑自己对法律素材进行整理、对法的"概念—体系"加以描述的思维形式；另一方面体系思维的教义学属性所追求的法秩序完备性、统一性、自洽性，致力构筑体系完备、层次分明、逻辑自足的法律统一体的目标又是体系化研究的任务。比如在立法过程中贯彻体系思维，无论是法典的编纂，抑或是单行法律的制定，都尽量避免规范之间的冲突，并致力于法律评价体系的无矛盾性。因此，在某些情境下，法律的体系化等同于体系思维，体系思维代表了法律的体系化路径，具有法律素材的体系化整理与法律体系的体系化适用两个面向。

第一，体系思维是法律素材的体系化整理。自萨维尼以来，法学研究与法律实践一直致力于体系化建构，以致概念法学建构了"概念金字塔"：借助抽象概念实现对法律体系的搭建，并将案件事实涵摄于抽象概念之下。概念法学构筑的公理演绎体系必须满足无矛盾性和完整性要求，即不允许出现规范之间的矛盾与公理体系包含了所有人们能够预知的事情并采用正确的方式加以规定。只有符合这两个要件才能构建一个逻辑自洽的推理体系。尽管自利益法学以来，法律体系的漏洞、滞后已被认知，法律体系的不完整性与冲突性时常出现，但法学研究仍以法律概念为根据，以法律的体系化为方向。法律的体系化一方面减轻了法律论证负担，借助蕴含价值与技术的法律概念，能有效地避免法官重复论证，通过一个高度抽象化的体系来确定某类案件的普遍性基本解决方案,而不再为每个案件设置最佳的解决路径;另一方面法律体系的研究在私法领域逐渐衍生出外在体系与内在体系,既把法律的外在表现形式用逻辑推理的方式串联在一起,又将规范背后的目的、价值等勾连在一起。这种源于私法领域的体系化研究,也逐渐拓展到公法领域。德国国家法学的创建者之一拉班德以及纯粹法学代表人凯尔森都尝试建构一般的国家法体系。①

与此同时,体系思维又将体系化的成果运用到法律适用当中。法律的体系化过程,立法者难免把法律撕裂成不同的知识"碎片",经由这些碎片化的知识去理解法律规范显然是片面的。换言之,立法者致力于建构的逻辑缜密、体系完整的法律规范统一体,并不能完全消除体系违反现象。因此,在法律适用中,法律体系被推定为一个整体性存在,解释者所要适用的法律规范不是独立存在的,而是适用存在关联的全部法律规范,即法律解释应该关注法律规范在整个法秩序中的整体性意义,关注法秩序对解释对象的内在辐射效应,尽量结合其他法律规范在整体意义上,把握规范的含义,避免出现解释结果对法秩序的违反。体系思维借由法律规范之间关联性、法律位阶关系等实现法秩序统一,是将规范之间关联性在法律适用中予以体现,通过整体性考察,防止解释中的体系违反。法律体系越完备、越科学,司法者越容易在法律体系中寻找、整理裁判依据,通过体系解释获得合理结论的可能性也就越大。

事实上,无论是取向于法律素材整理,还是将法律体系整体应用到实践中,都是体系思维的重要任务。舒国滢教授认为,体系思维对于专业法学家有一种诱惑的力量。近代以来,由于受到欧洲理性主义哲学传统的影响,法学家们对公理体系思维抱持某种近乎拜物教式的信念,建构概念清晰、位序适当、逻辑一致的法律公理体

---

① 参见张翔《基本权利的规范建构》,法律出版社2017年版,第94—95页。

系，对于所有的法学家都是难以抵御的魅力。① 这种思想也拓展到法适用领域，比如借助法律体系的规范群，构造适于裁判的规范集，通过三段论推理的形式得出确定性结果。

第二，体系思维有助于法律适用，消除法秩序中的体系违反。虽然体系思维有助于法律素材的整理，并能够实现法秩序的体系化建构，但是理性建构的法律体系"不可避免地具有规范性、抽象性、静态性、孤立性等诸多特点与滞后性、开放性、模糊性、不确定性等诸多局限，因而不能自动地与呈现出具象性、动态性、复杂性、牵连性的个案事实形成恰当的对应关系"②。并且长期以来，在变化迅捷的社会中不断地出现亟待解决的新的法律问题，而其中有许多都是法律没有做出规定的。而这赋予法律施用者在方法上十分棘手的任务。③ 因此，如何找出法律体系中的冲突与漏洞，消除法秩序中的体系违反则十分必要。

按照体系思维的要求，用于裁判的大前提应该在法律体系当中检索，而这一体系主要是指法律的外在体系。这也遵循了"先规则后原则"的法律适用路径。按照卡纳里斯的划分，外在体系主要是由既存的法律规范构成的形式性的逻辑体系，借助外在体系，法官可以有效地查找与整理法律素材，发现适于案件的法律规范。通过查找法律规范一般会出现以下几种结果：明确的法律规范；模糊性法律规范；多种法律规范；不存在法律规范，即存在法律漏洞。

首先，对于明确的法律规范，法官最好不要解释，因为任何解释都可能导致对法律意义的增添与减损，"明确法律无须解释"。其次，对于模糊性法律规范，要遵守法律解释的基本要求，即从法律

---

① 参见舒国滢《寻访法学的问题立场——兼谈"论题学法学"的思考方式》，《法学研究》2005 年第 3 期。
② 梁根林：《罪刑法定视域中的刑法适用解释》，《中国法学》2004 年第 3 期。
③ ［德］伯恩·魏德士：《法理学》，丁晓春等译，法律出版社 2013 年版，第 343 页。

规范的文义开始探讨，选择运用字面含义解释规则、常义解释规则或者专业含义解释规则阐明法律规范的含义。如果经过文义解释仍然存在复数可能，便需借助上下文解释规则、整体解释规则等，参照其他法律规范进行解释。通过体系解释方法的运用，有效地衔接法律规范的文义与目的之间的关系，避免文义解释与目的解释方法的过度张扬。此时，体系思维既可以避免文义解释的弊端，又能防止目的解释所导致的解释任意。再次，当发现多个法律规范可同时涵摄案件事实时，则需要在它们之间做出选择。一是如果它们之间协调一致、无矛盾，那么即可按照下位法先于上位法、特别法先于一般法等规则选择适用。二是如果它们之间存在冲突，则需按照法律位阶关系及最密切联系理论判断是抵触还是不一致，比如同位阶法律规范之间规定的不一致，与异位阶法律规范之间规定的抵触，此时则需运用法律冲突解释规则解决法律冲突问题。最后，没有发现与案件事实相匹配的法律规范，即存在法律漏洞。法律漏洞是一种"违反计划的不圆满性"，是指立法者本应对此做出评价而没有对此做出评价。法律漏洞产生的原因有很多，比如立法者的有意或者客观忽视。所谓的有意忽视，是指立法者已然关注到该问题，只是没有对此做出具体评价，此时法官可以借助相似规定类推适用，也可以采用不确定法律概念、一般性条款，或者法律原则进行漏洞补充。所谓的客观忽视，是指立法者本应注意，而实际上没有注意到该问题，此时法官可借助法秩序或者法治理论、法治精神等予以补充。

不难发现，法律发现是借助法律体系进行的法律检索，法律发现就是体系思维的过程。如果不进行法律发现就不会发现法律之间的冲突与矛盾，更不会判断出法律体系是否存在漏洞。作为一门实践性科学，法律问题主要是在法律适用（司法）中被发现。舒国滢教授指出，从司法裁判的视角出发，法律问题可分解为三种类型：（1）规范问题；（2）事实问题；（3）规范与事实的对应问题。当特定的单一法律规范（N_a）或特定的一组法律规范（N_n）甚至整个法律体系（S）需要确证、解释和证成时，我们就把这样的问题称为规范问题。当特定的单一事实（F_a）或特定的一组事实（F_n）需要从法学上加以解释和确证时，我们把这样的问题称为事实问题。当运用特定的单一法律规范（N_a）或特定的一组法律规范（N_n）甚至整个法律体系（S）对特定的单一事实（F_a）或特定的一组事实（F_n）进行认定、寻找它们之间的连接点或逻辑关系时，我们就把这样的问题称为规范与事实的对应问题。① 实践中，既需要关注规范问题，也需要理解事实问题，而更多的情况是同时注意规范问题与事实问题，即解决规范与事实的对应问题。在规范与事实的维度上，也包含着系列问题，比如法律规范的发现与获取，法律规范的理解与解释，法律推理前提的建构与论证，事实的裁剪与推理，个案结论的修辞与论证等。每一个问题的处理都不是简单的线性思维，它关联着法律体系乃至法秩序的运用。所以在很多情况下，法律适用就是体系思维的运用，即便是取向后果的法律适用，仍然以体系思维为基础。

比如法律适用中，如果法官只是碎片化地理解与解释法律规范，或者简单地依据法律规定进行裁判，忽视法律规范的整体意义脉络以及隐藏在法律体系当中的立法者的评价计划，那么很容易忽视法律漏洞的存在。而如果发现法律漏洞，那么就必须采用妥当的方式填补法律漏洞。在填补法律漏洞时，既需要借助外在体系，亦需要根据内在体系。"法律适用者应当通过解释来纠正或者消除立法者的编撰疏忽和评价矛盾，这个观点反驳了法律适用者应当严格拘泥于文字的观点。"② 法律漏洞的填补，也称为法律续造，是指在缺少法律规定的前提下，采用制定法内法律续造或制定法外法律续造的方式填补法律漏洞。就前者而言，主要借助法律的外在体系提供的法

---

① 舒国滢：《法学的知识谱系》，商务印书馆 2020 年版，第 1618 页。
② ［德］伯恩·魏德士：《法理学》，丁晓春等译，法律出版社 2013 年版，第 313 页。

律规范作为参照，在既存的法律规范中查找与案件事实最佳匹配的法律规范，通过类推适用等方法填补法律漏洞。就后者而言，虽然法秩序要求外在体系应尽可能地反映它的内在体系，然而内在体系的隐秘性时常难以把握并被客观明确地描述，但是法官仍能借助内在体系外显的法律原则、一般条款来填补法律漏洞，或者通过引入一些其他规范类型来创造规范。事实上，无论是借助外在体系，还是依赖内在体系，法律适用总是要求法官选择的规范或创造的规范不能与实在法律体系相冲突，也不能与实在法律体系存在评价的不一致性。由此可见，法律适用是借助体系思维展开的，即便是在填补法律漏洞时，仍然受到法秩序的限制，体系思维与法律适用相伴而生。

第三，体系思维对法律适用约束与革新的功能。"法学的提问首先受到现行法秩序的限定：由于法律问题是在法律的适用中发现的，司法裁判所诉求的发现必然要在现行法秩序内寻求解决法律问题的答案。因而，'尊重现行法律规范'同时成为司法裁判所诉求的法学（实践取向的法学）达成理论约定的基础或前提。故此，法学是实践的知识，也是教义学理论和解释性科学。"[1] 因此，如何将立法者高度凝练的法律规范运用到案件事实当中，乃是法律适用者必须优先考虑的问题。蕴含着体系思维的法律适用以实在法规则为基础，既包括立法机关制定的法律规范，在宏观意义上也包括法院创制的规则、原理，以及法律漏洞填补所创造的规则，由此可见体系思维具有确定性与创新性双重功能。这在法律适用的具体逻辑上亦有所体现。法律适用存在两种逻辑路径：演绎路径与归纳路径。就前者而言，法律适用乃是通过演绎推理的形式得出结论，它主要借助实在的法律体系，即法律适用者将目光流连于法律体系当中。就后者而言，归纳路径要求把个案解决的资料、原理、规则及方法等加以总结，概括与提炼出更为抽象一般化的裁判宗旨与规则，在纷繁复杂

---

[1] 舒国滢：《法学的知识谱系》，商务印书馆2020年版，第1620页。

的个案规则中借助体系化方法实现规则体系的构建。"法学就其根本来说是教义学的,或者说,'原本的法学'就是'法教义学'。"① 在该认知理论下,法律适用等同于教义学理论,而教义学理论更是致力于法律的体系化建构。法律的体系化乃是为法官适用法律提供规则与路径,其根本目的在于限制法官法律适用时的恣意。"信条学也限制着法学在与文本,即法律与信条学的基本原则打交道时的自由。信条学规定着解释的灵活性,即通过解释和法律续造使法律秩序获得弹性。法律信条学也总是关于解释与法律续造的原则。它确定法律秩序中的程式与判断之间的关系。可见,信条学同时也界定了不同的解决手段,即解决法律问题的新构思的条件和范围。"② 法教义学在限制自由法学所倡导的"解释的弹性"的同时,也为法律解释提供了一套思维、方法与规则。

与此同时,体系思维可以启发新知,发现解决问题新的资源、方法与思考框架。尽管法教义学试图借助最少的概念将尽可能多的法律素材整理成一个内在关联、一致与明晰的规则体系,但法律体系自始至终都不是一个封闭的体系,恰恰相反,为了解决法律的滞后性,保持与社会规范之间的关系,实现法律体系不断自我革新,法律体系始终保持开放性。"一种精心做出的教义学是进行法律批判、法律续造和法律更新之基础。建立科学基础上的认识进步,没有教义学是不可能的,即便以后必须以更好的论据反对教义学而贯彻这一认识进步。教义学为学术上深思熟虑的法律实践提供了概念性工具。它包含着对各个由历史而来的实际问题所'存储的讨论',同时也因此为对其进行批评和发展新解决方案提供了激励。"③ 法教义学是法律批判、法律续造和法律更新的基础。比如借助法教义学

---

① 舒国滢:《法学的知识谱系》,商务印书馆2020年版,第1621页。
② [德] 伯恩·魏德士:《法理学》,丁晓春等译,法律出版社2013年版,第141页。
③ [德] 伯恩德·吕特斯:《法官法影响下的法教义学和法政策学》,季红明译,载李昊、明辉主编《北航法律评论》(2015年第1辑),法律出版社2016年版,第156页。

搭建法律规范体系之间的连接点,将散落的各种法律素材体系化,为司法实践提供新的路径与视角;借助法教义学总结各种解决问题的模式,提炼新的观察与解决问题的思路,概括解决问题的方法与规则。特别是遭遇新型案件时,立足于实证法的基础上,对各种规范进行识别、确证,创造性地构造规范体系,为解决新型案件提供规范指引。

法律体系的开放性表达了它对社会诸多价值的接纳,即法律体系所承载的价值并非稳定无法改变,恰恰相反,法律体系承载的价值会因社会发展而保持开放性。"法教义学不只是一个仅仅'进行分类的'、形式化的归类体系。所有的教义学概念和基本原理均存储着一个在法秩序中扎下根基,作为法秩序先决条件的价值秩序。"[①] 虽然法秩序要求法律需具备稳定性,作为内在体系的价值秩序亦应保持稳定,但是这并不意味着不可更改与革新。立法者建构的法律体系具有滞后性,法律的意义也会随着历史变迁发生改变,即便作为法律体系基本构造单元的"法律概念"也犹如"挂衣钩",不同的时代悬挂不同的衣服。因此,在以实证法为基础的法律适用模式下,法教义学主张通过个案的形式调节法律体系与社会规范的关系,实现法律体系与社会规范之间的价值融贯,并以一种开放体系的姿态,吸纳各种非正式法源,实现对法律体系的调整与修正。

第二节 体系思维的传统

从方法论的视角看,体系思维依赖于法律的体系化的发展,法律的体系化乃是体系思维的基础。自 17 世纪以来,体系便被自然哲

---

① [德] 伯恩德·吕特斯:《法官法影响下的法教义学和法政策学》,季红明译,载李昊、明辉主编《北航法律评论》(2015 年第 1 辑),法律出版社 2016 年版,第 157 页。

学当成生产普遍性知识的一种重要手段，①"为了能够从事有效的科学验证，在方法上，乃试图将现代的方法引入法律学和法律实务，其具体表现为模仿自然科学的方法，将法律规范概念化、体系化"②。法律的体系化是体系思维及体系解释方法运用的前提性条件。

一　法律的体系化任务

在传统意义上，体系思维与法律的体系化研究密切相关。"在人类历史上，追求思想体系逻辑一致性早已有之。"③ 在我国的法理学研究中，法律的体系化目标乃是形成法律体系。法律体系是一国法律规范的体系化整合，是将各种法律规范按照特定逻辑加以安排的法律实践模式。张文显教授主编的《法理学》认为法律体系"是指由一国现行的全部法律规范按照不同的法律部门分类组合而形成的一个呈现体系化的有机联系的统一整体"④。它要求门类齐全、结构严密、内在协调。从属性上看，既是客观经济规律和经济秩序决定的体系，又是人们主观意志、能动性建构的体系。⑤

在德国，借助法律的体系化尽量避免体系违反，实现法秩序的统一性，乃是法教义学所要完成的任务。法教义学是现行法中具有决定性的基本价值、原则、理由根据和问题方案的解决方法；尝试将它们以一种无矛盾且具有说服力的方式解释为一个统一的评价体系，它将现行法分类、形式化归类为一个体系。⑥ 法教义学致力于使

---

① 顾祝轩：《体系概念史：欧陆民法典编纂何以可能》，法律出版社 2019 年版，第 19 页。
② 黄茂荣：《法学方法与现代民法》，法律出版社 2007 年版，第 343 页。
③ 曹茂君：《西方法学方法论》，法律出版社 2012 年版，第 263 页。
④ 张文显主编：《法理学》（第三版），北京大学出版社 2007 年版，第 126 页。
⑤ 参见张文显主编《法理学》（第三版），北京大学出版社 2007 年版，第 126—127 页。
⑥ 参见［德］伯恩德·吕特斯《法官法影响下的法教义学和法政策学》，季洪明译，载李昊、明辉主编《北航法律评论》（2015 年第 1 辑），法律出版社 2016 年版，第 157 页。

庞杂无序的法律素材形成体系，为法律人提供一套意义一致的用语，它试图通过最少的概念将尽可能多的法律素材整理成一个具有内在关联性、一致性、明晰性的有意义的规则体系；它同时将一般与例外、普遍与特殊的规则加以细化区分，将法律素材按照特定逻辑加以排列，减轻法律适用时的论证负担。[1]

如果没有法教义学的体系化，这些散落的法律素材便难以被我们所掌握、更加深入地分析与统一地被适用。"虽然法释义学有不同的解读，但是法释义学仍然重点放在让法律规范可以在现实世界中顺利运作，能够具体解决现实上发生的个案法律问题。它与社会的发展密切相关，与法律概念、逻辑与体系也不可分割，不仅关注抽象的规则，甚至沉迷于咬文嚼字，它也有能力让法律适用个案情境。"[2] 因此，法教义学建构的法律体系对于实现法律的统一适用，确保法律的形式平等具有重要意义。

二 法律的体系化历史发展

法学作为一种体系化研究的历史由来已久，"体系"(system)概念最早含义可追溯到古希腊语，意指构造、构造物以及组合物；当作动词时，是指安置、配置或者设立某物等行动。之后，体系的含义转指全体与部分的关系，或被转用于所有种类的组合物。[3] 在法学方法论领域，体系化研究经由历史法学派、概念法学派，以及后来的利益法学派、评价法学派的继承与发展，逐渐成为法学的传统与法学的主要任务。

---

[1] 参见［德］海因·克茨《比较法学与法教义学》，夏昊晗译，载李昊、明辉主编《北航法律评论》（2015年第1辑），法律出版社2016年版，第33—35页。

[2] 黄舒芃：《什么是法释义学？以二次战后德国宪法解释学的发展为借镜》，台大出版中心2020年版，第17页。

[3] 顾祝轩：《体系概念史：欧陆民法典编纂何以可能》，法律出版社2019年版，第11页。

(一) 历史法学派的研究

站在历史法学派的立场上,萨维尼将法律史分为外部法律史与内部法律史,前者把法律史视为国家史或民族史的一部分,而后者关注法律体系是如何在其内在关联中发展演进的。萨维尼秉持内部法律史的视角,侧重从法学本身的视角对法律的基本原理、原则及法律素材进行观察,以此实现法的体系化。① 事实上,这涉及法学对法律素材处理的两个面向。一个是历史的处理方法,另一个是体系化的处理方法。前者就是要将法律作为一个历史持续发展中的体系来把握;后者要将所有的法律规则、法律制度构筑成一个具有内在脉络关系的体系,从而形成一个有机的整体。②

在萨维尼看来,学术研究的成就并不仅仅取决于天赋与勤奋,它更多地取决于方法,即智力运用的方向。萨维尼认为,法学是一门哲学性学科,而哲学性等同于体系性。它将"哲学性"(philosophisch)因素和"体系性"(systematisch)因素结合起来考虑,因为"所有的体系都根源于哲学,对纯历史性体系的论述溯源于某种统一性(Einhert)、某种理念,这种统一性与理念构成体系化论述的基础,这就是哲学"③。体系化研究为法学提供了一般内容与一般任务,它将法律的内在关联整合为一个整体。萨维尼的体系化方法对法律体系的内在关联性及其所蕴含的理念内核的强调为当代法学方法论提供了一些思想元素。

在萨维尼看来,体系化研究就是要让法律成为一个具备自我发展与再生能力的活体,体系化研究涉及了各种体系化方法论规则。尽管萨维尼没有正面论述体系化方法的规则,但是从他对其他法学家的批判中依然可以总结出若干体系化方法的规则。萨维尼认为在

---

① 参见杨代雄《萨维尼法学方法论中的体系化方法》,《法制与社会发展》2006年第6期。
② 曹茂君:《西方法学方法论》,法律出版社2012年版,第265页。
③ [德]萨维尼:《萨维尼法学方法论讲义与格林笔记》,杨代雄译,法律出版社2008年版,第74页。

体系中看到的应该是法的内容整体，而非个别内容。体系化研究不是法源汇编，法源汇编应当在解释的基础上对各项内容进行整合、抽象，使之成为一个无矛盾的、和谐的有机体系。这导出了体系化方法的第一条规则：体系化研究应当具备一定的抽象性与无矛盾性。①

法律体系的提升与构建不是冥想空建，而是要立足实在法的各项具体内容，要与法源保持适当距离。离法源太近，容易追求多样性，而缺乏统一性追求，只有具体，没有抽象，又容易缺乏理论性、科学性。体系化研究也不是随性研究，离法源较远，则容易过度性地被任意性引导，讲究抽象统一性，会失却多样性，更会走向法律的虚无化。这导出了体系化方法的第二条规则：体系化研究应当以实在法为基础，避免任意性与空洞性。②

萨维尼认为，为了认识法体系内容，需要逻辑媒介——形式。所有的形式要么是阐释单个法律规则的内容，要么是整合多个法律规则。前者人们称为定义与划分，亦即概念的阐明，而后者指向法律规则的整合只是提醒的诸多向度之一，这也就导出了体系化方法的第三条规则：应当对概念进行准确界定，但不是都需要把它们概括为学究式定义。③

对法律概念的解读应该立足于法律规则本身，而非阐释与界定，下定义并不是必要的解释概念的工具，特别是学究式定义不仅是危险的，它还可能导向机械主义。对法律概念的解释可以借助于词源学（Etymologie），它有助于厘清概念形成过程及其相互之间的关系。法律概念、法律规则与法律关系之间存在客观关联性，而非人为创

---

① 参见杨代雄《萨维尼法学方法论中的体系化方法》，《法制与社会发展》2006年第6期。
② 参见杨代雄《萨维尼法学方法论中的体系化方法》，《法制与社会发展》2006年第6期。
③ 参见杨代雄《萨维尼法学方法论中的体系化方法》，《法制与社会发展》2006年第6期。

造的。体系化方法的第四条规则涉及法体系的整合：体系化研究应当建立在法律规则真正的内在关联基础之上，其目的是发现体系而不是发明体系。①

总体而言，萨维尼认为"体系化的方法并不是简单地为法律提供一个框架结构，也不是将法律素材进行处理使之成为一个便于人们理解和记忆的东西。体系化的方法主要使各种法律现象之间具有的内在一致性和相互关系，并在此基础上，将单个的法律概念和法律规则整合为一个有机的整体"②。萨维尼生动地将法律视为一个活生生的有机整体，是一个具有自我发展和再生能力的活体。"法学的任务就是洞悉这个活体的灵魂——基本公理与原则，掌握其各个组织器官的技能及其协作方式——概念、规则相互之间的内在关联，如此就可以从已知的原理和规则推导出未知的规则，就如同几何学家从三角形的两条边与一个夹角推导出其余数据那样。"③ 萨维尼法律的体系化思想成为19世纪上半叶法学流派的主要研究方法，并深深地影响了后来的潘德克吞法学，甚至20世纪的德国法学。④

（二）概念法学派的体系化研究

体系化的目的在于通过法律知识的体系化方便人们掌握与利用，正确运用法律规范。受萨维尼的体系化思想影响，概念法学代表人物普赫塔将法律的体系化推向了极致。

在理论研究的基本倾向上，普赫塔认同萨维尼所确立的历史法学派论纲，继承了萨维尼所主张的"法产生于民族的意识"的观点，也承认法来自"习惯法""制定法"和"科学法"三种法源。但不

---

① 参见杨代雄《萨维尼法学方法论中的体系化方法》，《法制与社会发展》2006年第6期。
② 曹茂君：《西方法学方法论》，法律出版社2012年版，第261页。
③ 许章润：《民族精神的自由言说——萨维尼与蒂博的论战、法典化及其他》，载许章润主编《萨维尼与历史法学派》，中国法制出版社2001年版，第18页。
④ 顾祝轩：《体系概念史：欧陆民法典编纂何以可能》，法律出版社2019年版，第20页。

同的是，普赫塔认为在很多案件中，法官会舍弃习惯法和制定法，而转向科学法。"科学法是一个民族在进步的时代通过科学活动或科学技术工作而形成的法，它是'科学演绎的产物'，即通过科学活动基于其原理还原而得，不单单是由作为民族精神之代表机关的法学家加以表述的。"① 在现代法律形成的过程中，科学法日益成为法律最为重要的部分，它不仅支配立法，而且也支配法院实务。科学法并非像习惯法那样直接由民族创造，其权威性立足三点：一是现行法的合理性；二是由现行法所引导出的原则的真理性；三是构成这些原则的结论之正确性。② "科学法揭示了法的一个面向，即在'理性'中寻求法的内在理据（内在权威的面向）或者法的逻辑体系性质：在普赫塔看来，法不仅是意志的产物，而且也是来自抽象推导之概念的产物。"③ 普赫塔认为可以从规整的构成事实中抽离出某些若干要素，并将这些要素一般化，形成抽象化的类别概念，随后进行要素的增减，便可形成不同抽象化程度的概念，进而建构一个在逻辑上位阶分明、没有矛盾的概念体系。④ 他指出："科学现在的任务在于在体系性的关联上去认识法条，认识这些彼此互为条件且互为衍生的法条，以便能够从个别的系谱学向上追溯至其原则，并且同样地可以从这个原则向下衍生至最外部的分支。在这样的工作上，法条被带进意识里并且从隐藏在民族精神中被挖掘出来，所以法条不是从民族成员的直接确信及其行动中产生，法条也不是出现在立法者的格言里，法条一直是在作为科学演绎的产物上，才能看得到。"⑤

---

① 舒国滢：《法学的知识谱系》，商务印书馆 2020 年版，第 907 页。
② 舒国滢：《法学的知识谱系》，商务印书馆 2020 年版，第 906—910 页。
③ 舒国滢：《法学的知识谱系》，商务印书馆 2020 年版，第 911 页。
④ 参见梁迎修《方法论视野中的法律体系与体系思维》，《政法论坛》2008 年第 1 期。
⑤ 转引自吴从周《概念法学、利益法学与价值法学》，中国法制出版社 2011 年版，第 35—36 页。

概念法学标榜是自然科学，自然科学借助精确的概念获得了成功，并揭示了普遍有效的自然法则。普赫塔试图依托形式逻辑，借助不同概念的抽象化程度，建构一个"概念的谱系"。位阶越高的法律概念，抽象化程度越高，所包含的法律素材愈广，适用的范围也就越大；反之，概念的位阶越低，抽象化程度越低，所包含的法律素材愈窄，适用的范围也就越小。"法学家应该通过所有——参与其中的——中间环节向上和向下，再从这个最高的法的概念向下推导直达个别（主观的）权利为止。"[①] 概念法学认为，位于金字塔顶端的法律概念，"从其往下可以推导出公理及其工具，之后推导出具体的权利，最后用演绎的方法得出具体的法律规则。"[②] 因此，在这个"概念的系谱"中，从最高的概念出发，延展到法律权利，再到具体的规范之间，存在着必然的逻辑演绎链条，而有经验的法律人可以发现这一推理的链条。法律体系是由一个中心概念推导而来的层次分明的概念公理体系，在这一公理体系下，依靠概念操作计算法学，法律体系涵盖所有法律素材，并且这个概念金字塔具有造法能力，法官只需依据概念进行简单的演绎就可以解决所有案件。普赫塔的概念法学成为当时德国学说汇纂法学的方法论原则。

在德国之所以会形成概念法学，黑克曾总结出两种原因，一是因为一般人喜欢用公式进行推理；二是德国继受了罗马法的传统。在适用罗马法大全时，法官判决必须分成两个程序。首先，必须从现有的个案出发，去建构普遍的规则和概念，这些在以前的罗马人生活中，有法律人答复及皇帝的敕谕所产生的规则和概念。其次，以此建构的规则和概念才能向下产生个案所需的规范。这种归纳和演绎在补充法律漏洞时是平行的思维。而概念法学的方法是把一种

---

① ［德］弗朗茨·维亚克尔：《近代私法史》，陈爱娥、黄建辉译，上海三联书店2006年版，第387页。

② ［德］伯恩·魏德士：《法理学》，丁晓春等译，法律出版社2013年版，第204页。

只是针对特定任务的适用程序，不当地给普遍化了。① 作为过渡的理论家，耶林早期曾是普赫塔的狂热追随者，在他尚未形成"目的才是整个法的创造者"的理论之前，他将概念法学推向了顶峰。在耶林生活的时代，罗马法的体系化工作已经进行了数十年，并且当时自然科学已经取得了空前成就，耶林希望法律科学能通过掌握法律的发展规律从而创造出时代所需要的法律。耶林借鉴自然科学研究方法，首先将法律规则和法律关系分解成为单个的要素；其次从众多的单个规则中提炼出法律科学的基本概念；最后通过这些要素和概念的内在关系进行组织和整合，构建一个新的具有内在逻辑关系的体系。运用这种方法，法学不再是对给定的现实或历史材料的解释和组织工作，而转变成一门"自由艺术和科学"，它能巧妙地对材料进行塑造和构造，使其获得生机。② 到19世纪中叶，法学的历史性工作已经完成，而法律素材的体系化工作仍待拓展，法学的历史学方法实际上被体系化方法所吸收。

总之，概念法学试图通过建构一个抽象化的概念体系，把复杂的社会事实加以抽象化并予以归类，赋予其特殊的法律效果，借助抽象的法律概念，经由演绎推理模式解决复杂的社会案件。

(三) 利益法学派的体系化研究

概念法学的体系观，由于过重地强调法律概念或规则适用的演绎逻辑维度，强行将法律思维与法律所追求的利益或者价值相剥离，备受其他法学派的攻击。尽管早期的耶林对概念法学充满了崇拜，但到后期却发生"哥白尼式的转变"。在1872年他所作的题为"为权利而斗争"的报告中，深刻指出法是权利行使和利益保护的工具，③ 揭开了概念法学浪漫主义、理想主义和抽象主义的面纱，指出

---

① 参见吴从周《概念法学、利益法学与价值法学》，中国法制出版社2011年版，第39—40页。

② 曹茂君：《西方法学方法论》，法律出版社2012年版，第270页。

③ [德] 魏德士：《法理学》，丁晓春等译，法律出版社2013年版，第233页。

概念法学无视法律的目标与目的、无视法律精神及价值，割裂了法律概念或规则与社会生活之间的联系，忽视了国家利益、社会利益及个人利益。

然而，对概念法学的批判并不等同于对概念法学的否定。概念法学所建构的概念或规则，可以克服法律素材的庞杂无序化，概观法律之整体，并能科学地思考和处理法律问题。透过这一建构的体系化，可以将诸多法律素材"压缩"到法律概念当中，原本复杂的法条可以通过简单的公式予以表达，而这些公式又集合成为一个受基本思想支配的体系。概念对于法学研究具有重要意义，只有通过概念才能简化法律人思维过程，没有概念作为抽象化的观念，就没有思维操作指引及科学性法律；也只有通过概念才能整理诸多法律素材，让庞杂无序的法律资料形成一个井然有序的位阶。[①] 尽管现实社会的发展让耶林重新思考法学的使命和性质，并意识到"法只有靠摒除自己的过去，方得再生"[②]，但是法律与现实之间仍然存在密切关系。比如耶林指出，在法的形成过程中充满了不同阶层之间的斗争。以新旧法律变革为例，旧的法律在发挥作用期间，已经与个人或特定的阶级形成了盘根错节的关系，在这些关系中蕴含着这些人和阶级的既得利益。要想对旧的法律进行变革，则需要触动与旧法律关联的利益，而这些利益主体出于自我保护的本能又会进行反抗。[③] 概念法学隔离了法律与社会的关系，阻断了法律与其所服务的社会目的之间的关系。事实上，法律要想实现服务社会的目的，就必须保持开放性，并吸收社会中的各种营养。利益法学并没有回避法律的体系化任务，相反，"从现代知识的科学性出发，法律必须进行体系化建构。问题是这种体系化建构的方法不应该是像概念法学

---

① 参见吴从周《概念法学、利益法学与价值法学》，中国法制出版社2011年版，第41—43页。

② ［德］鲁道夫·冯·耶林：《为权利而斗争》，胡宝海译，中国法制出版社2004年版，第9页。

③ 参见曹茂君《西方法学方法论》，法律出版社2012年版，第300—301页。

那样建立在概念的自我逻辑建构基础上，而是应该建立在利益的平衡和协调的基础上"①。

黑克虽然强调利益在法律形成中的重要意义，但并不是否定概念法学，而是否定对概念的过度崇拜。法学中的概念并不止于"戒命概念"（即法律条文的概念，不管整体与部分），也包括"利益概念"（即法律目的的概念，利益状态及其评价的利益）。黑克认为，法律概念可分为通常意义的概念及具体意义的概念，后者指法律在特定脉络中适用的概念内涵。黑克认为，概念是由字词组成，字词之间具有意义的勾连，这些具有意义的概念包含了一些具体的利益。法律的功能在于利益的裁断，每个对利益冲突的裁断可以形成具体的法律规范。② 法律体系就是由对利益裁断的规范所构成。这些冲突的裁断是由承载着利益的利益概念予以描述的。而这些利益的概念形成了法律的"内在体系"。这一内在体系生成是"自动的"，而非人为建构的，是随着实质性判断自动产生的，而非立法者建构的。黑克认为在法学上存在三种不同的体系认识。第一种体系观是将现实存在的秩序进行类型处理，进行分类排列而形成的体系。这种体系化的认识重点在于说明法律秩序客观外在的情况。第二种体系观是与人们的思考过程有关的秩序，这实际上是一种方法。第三种体系观是通过研究而获得的关于事务之间的关联关系，即通过对这种关联关系的整理而形成的体系。这种经过研究而形成的体系不是现实社会自发的体系，而是经过研究而处理过的体系，即法律的内在体系。利益法学的体系化理论就是指出这个隐含的"内在体系"。③

与此同时，黑克强调"外在体系"对于认识与把握"内在体系"的重要意义。立法者为了更好地了解法律素材、适用法律规范，

---

① 曹茂君：《西方法学方法论》，法律出版社2012年版，第303页。
② 参见梁迎修《方法论视野中的法律体系与体系思维》，《政法论坛》2008年第1期。
③ 曹茂君：《西方法学方法论》，法律出版社2012年版，第303—304页。

以帮助人们概观法律规范，通常经过概念的秩序性编排建构一个外在体系。这种外在体系就是说明法律秩序客观外在的情况，即黑克认为的第一种体系观。外在体系意在通过概念或规则的编排而使内在体系的结构更好地表现出来，侧重于概念的描述。"外在体系是为了描述利益而还原现存思维的整体秩序，也就是说它是为了描述内在体系而产生的。它是基于概观与运用上容易之需要而来，并且由秩序概念、分类、讨论的先后秩序等所形成的。……透过外在体系，内在体系因此在不同的程度上变得更加清楚。"①

综上，利益法学派并不反对概念法学对概念的主张，只是反对过于强调依赖于概念的形式推理。利益法学"就是要从各种社会事务之间的关联关系出发，通过探寻各种利益关系的共同性和差异性，从而为整个社会的利益冲突平衡机制的处理提供素材"②。利益法学也是在"利益概念"基础上形成的，主张应该区分作为编纂的概念形成的"外在体系"与作为利益承载自动形成的"内在体系"。对外在体系与内在体系的阐释，呈现出利益法学对法律的体系化贡献。

（四）评价法学派的体系化研究

无论是历史法学派、概念法学派还是利益法学派都在致力于法律的体系化研究。只是历史法学派对法学的认知定位在民族内在精神之上，将法律的体系化视为一个有机体；概念法学派在继承历史法学派的同时将体系化推向了极致，把法律概念视为法律的体系化的全部，过重地依赖演绎逻辑；利益法学派在批判概念法学的同时，强调利益概念的重要性，并借由利益概念衍生出了法律的"内在体系"。

在评价法学代表人物拉伦茨看来，虽然概念法学主张价值无涉，

---

① 吴从周：《概念法学、利益法学与价值法学》，中国法制出版社2011年版，第330页。

② 曹茂君：《西方法学方法论》，法律出版社2012年版，第304页。

即把抽象化的法律概念作为推理的前提，通过抽象化程度不同的概念衍生出法律规则，但是即便是这种演绎的方法，也不可能完全做到价值无涉，因为当我们考量案件事实与法律规则的关系时，便已然涉足了评价内容，带有价值判断的性质。拉伦茨指出，其实恩吉施已经对概念体系展开了批评，概念体系要想成为公理体系需要定量基本概念或"公理"，这些公理在逻辑上必须能够相容，并且必须是"最终的"，质言之，它不能由其他公理推导出。但是，首先，如果将属于特定法秩序的一些概念还原为少数几个类似公理的基本概念，会发现有一些不能表达任何法条内容的、纯粹形式的概念，概念体系本身并不能构成一个封闭完结的概念群；其次，在由一般概念得出较特殊概念的程序中，法学还有许多要处理的素材，纯粹的演绎居于劣势地位；最后，概念体系似乎可以演绎出具体决定的法律原则，但它本身也受其他原则影响与限制，在推论时应该考虑何种原则优于其他原则。① 尽管恩吉施认为公理式演绎方法在法学中不可行，但并不意味着要放弃体系化思想。因为只要我们研究法秩序及其在思想上的渗透影响，就不能放弃体系思想。即便是"由个案到个案，由个别规定到个别规定"这样的法秩序，它依然是"依照一些——以其整体足以构成一个体系的——内涵原则"而发展出来的。实证法秩序内在的一致性一方面就是法学体系化工作的成果，另一方面是借由法秩序内的一些规范性及目的性关系实现的一致性。②

拉伦茨也认为，利益法学所采用的概念具有不稳定性。利益法学主张为了保护社会上的利益，需要牺牲其他的利益，然而，利益法学对利益的主张存在着不同，有时是为了促进立法者立法的原因，

---

① 参见［德］卡尔·拉伦茨《法学方法论》，陈爱娥译，商务印书馆2003年版，第43页。

② 参见［德］卡尔·拉伦茨《法学方法论》，陈爱娥译，商务印书馆2003年版，第43页。

有时是立法者评价的对象，有时甚至是它评价的准则。① 评价法学认为，立法者对某一规范做出的价值判断并非是由某种利益因果引起的，并非采用"因果利益说"。立法者所依据的是"合目的性及正义的考量"。司法者也应基于这种考量而对各种利益进行裁断，并将它们纳入价值评价当中。因此，评价法学主张价值评价应从利益概念中析离，评价乃是法律适用之中心。与评价法学强调的正义理念作为法律的评价标准不同，评价法学指出利益法学是一种"单纯的权利宣示"。司法裁判包含了对利益的追求，以及对平等、正义等价值的渴望。借助法律规范可以评价某一利益存在于另一个利益之上。而这才是法律适用的中心。在很多案件中，法官的价值评价会取代立法者的价值评价，立法者所试图保护的利益，很可能在司法裁判中被予以纠正。而法律规范只能对法官的这种价值评价做出事后审查，却不能取代或者规制裁判中的评价过程。

而评价法学时至今日也脱离不了体系化思考的方式，即便是应用"类观点"的论证方式亦然。"法规则系存在于一特定的规整脉络中；多数规定彼此必须相互协调、逻辑一贯，以避免产生相互矛盾的决定。如果不想将法学工作局限为登录及注解个别规则和裁判，就不能不注意上述问题，质言之，必须作体系性的研究。"② 相比于利益法学"内在体系"主张的规范之间的内在关联性，拉伦茨认为，"内在体系"更应由作为客观目的标准以及从事法律续造的"法伦理性原则"构成。法律原则是法理念在该历史发展阶段的特殊事项，经由立法与司法将其不断具体化。尽管它们与法律规则适用相比，与案件的距离相差甚远，但是经由法官的具体化可以不同程度地被实现。尽管它们之间也会存在冲突与矛盾，但它们

---

① 参见［德］卡尔·拉伦茨《法学方法论》，陈爱娥译，商务印书馆2003年版，第1页。

② ［德］卡尔·拉伦茨：《法学方法论》，陈爱娥译，商务印书馆2003年版，第6页。

可以在适用时做出妥协与让步，直至两者在裁判中都得以"最佳化"地实现。①

由法律原则构造的"内在体系"同样具有位阶的关系，可用阶层秩序理论加以描述。尽管法律原则通常具有主导思想的特质，它不能直接适用于裁判个案，只能借由法官将它具体化才能获得适用的基准，但是一些原则已经凝结成可以直接适用的法律规则，其不仅是法律理由，更是法律本身。② 法律原则在司法裁判中既相互协作又互相限制。至于协作与限制的程度，开始是内在阶层秩序的问题，而后是通过个别规则或司法裁判予以具体化。而每个具体化过程都需要对它们再次进行评价，"其最初由立法者为之，在立法者平衡之后所残留的判断余地范围内，再由法官为之"③。此外，由法律原则所构造的"内在体系"绝非是封闭的，而是一种"开放"的体系。拉伦茨认为，法律原则并非一成不变的，来自立法上的原因，或者源于法学上的认识，抑或是司法裁判对它进行的修正，都可能改变法律原则。法学具有历史演变性，但又不能过于强调该种演变性。比如民法信赖保护等原则，在某种程度上应该保持相对稳定性。内在体系不可能将所有的规范或规整集合成一体，因此就此来说也是"不完全的"。但法学研究及法律实践仍然要以法律的体系化为努力方向，因为体系化是促使人们认识与整理法律素材、解决社会问题必不可少的思维形式。

综上所述，历史法学派的体系化思想经由概念法学发展走向了极端，继而招致了利益法学与评价法学的批判。但对概念法学的批判并不等同于对概念法学的否定。概念法学所建构的概念或规则，

---

① 参见［德］卡尔·拉伦茨《法学方法论》，陈爱娥译，商务印书馆2003年版，第349页。

② 参见［德］卡尔·拉伦茨《法学方法论》，陈爱娥译，商务印书馆2003年版，第353页。

③ 参见［德］卡尔·拉伦茨《法学方法论》，陈爱娥译，商务印书馆2003年版，第351页。

能够克服法律素材的庞杂无序化，通过体系化努力可将诸多法律素材"压缩"到法律概念当中，并让纷繁芜杂的法律资料形成一个井然有序的位阶，使原本复杂的法条通过简单的公式予以表达。① 利益法学派与评价法学反对过于依赖概念的形式推理，利益法学主张概念的利益内涵，评价法学主张评价乃是法律适用核心，法官的"合目的性及正义的考量"是裁判的重点。但法律的体系化仍是认识与整理法律素材、形成法律体系、维护法秩序统一、解决社会问题必不可少的逻辑方法。即便是在判例法国家，面对着日益增加的制定法，② 也逐渐取向于一种体系化的法律适用。因此，无论是由利益法学转向评价法学，还是基于个案的考量实现对正义的追求，抑或是采用类观点等论证程序，都对法律的体系化建构贡献着智力，法律的体系化也一直被法学研究与实践予以践行。

三 体系思维在法律的体系化中的发展

基于民主原则的愿景：立法者制定法律，法官严格受法律的约束。这种将司法实践视为执行法律的命题，首先在萨维尼那里就得到了否定。萨维尼认为，法学是历史性的科学与哲学性的科学的统一。法学是从历史的视角对特定时代某个国家的立法职能的描述，同时法学也是一门体系性的科学。在这里，萨维尼将哲学性与体系性等同，指出法学的体系化研究由来已久，体系是关于所有立法一般内容与一般的任务，比如构建民法、刑法等立法的概念已经体现

---

① 参见吴从周《概念法学、利益法学与价值法学》，中国法制出版社2011年版，第41—43页。

② "在过去，法官法乃是法律的主要特征，也是我们法律体系的基础。制定法那是普通法海洋中零星的岛屿。然而一段时间以来，制定法不断地入侵普通法体系，扰乱了判例法模式的和谐。……但变革时代已经来临，制定法正以惊人的速度增加。制定法的孤岛已经越来越多，它们已成为某些地区的群岛。这些岛屿的规模不断扩大，有些几乎成为大洲。" John M. Kernochan, "Statutory Interpretation: An Outline of Method", *Dalhousie Law Journal*, Vol. 3, No. 2, October 1976, p. 333.

了它的一般任务。如果这种体系化只是将一般的法律素材加以结合,那么充其量只能有助于记忆,而没有什么价值。法学的体系化研究要想发挥作用,它内在的关联就必须成为一个统一体。① 因此,体系要素不仅是立法的基本原则,而且是释放法律内容的重要形式。萨维尼指出:"体系要素涉及将所有法律制度和法律规则连接成一个大统一体的内在关联。此种内在关联和历史要素一样都呈现于立法者眼前,因此,我们要非常清楚制定法与整个法体系之间是什么关系,此制定法又是如何有效影响到法体系,只有这样,我们才能完全认识到立法者的意图。"②

概念法学在继承体系化传统的前提下,却将体系思维推向了极端化方向。"概念法学以建构形式逻辑体系为最终目的,即用一个普遍概念涵摄所有的其他概念。此种体系思维对法律的形式逻辑思维具有重大意义。"③ 在概念法学那里,体系思维被认为在法哲学或者法学方法论文献中多是通过体系加以定义,以此表明自己对体系或体系思维的认识与立场。④ 这种体系化的定义把概念作为思维起点,通过概念所建构的体系的适用,得出结论。这种法学方法论,将法律适用等同于逻辑三段论,把体系思维视为演绎推理的一种形式。它背后体现的是一种自然科学观,即法律适用完全可以按照数理逻辑的推理形式得出结论,而无须法官价值判断,更不用关注社会与政治因素的变化。这种借助纯粹概念——逻辑的思维方式把法律体系视为一种封闭、完整、无矛盾的体系,限制了法官对案件的实质性

---

① 参见[德]萨维尼《萨维尼法学方法论讲义与格林笔记》,杨代雄译,法律出版社2014年版,第71—74页。

② [德]萨维尼:《当代罗马法体系Ⅰ》,朱虎译,中国法制出版社2010年版,第167页。

③ 顾祝轩:《体系概念史:欧陆民法典编纂何以可能》,法律出版社2019年版,第175页。

④ 马丽萍:《法律思维与民法适用》,载陈金钊主编《法律方法》(第2卷),山东人民出版社2003年版,第330页。

决定，也排除了法官对法律漏洞等违反体系的价值判断，因此这种思维模式也被视为实证分析方法。然而，法律适用不能完全实现法官的价值中立，单纯地运用演绎推理方法，借助语言等分析工具很难获得法律规范的恰当含义。

因此，伴随着利益法学及价值法学的演进，绝对化的演绎推理被认为是不可能的，体系思维不只具有形式推理的维度。法律适用总是包含着对各种利益的考量或者价值评价。比如利益法学认为法官既不能像自由法学那样实施自由裁量，也不能像概念法学那样盲目地服从立法者的思想。利益法学一方面认为在规范获取层面发挥重要作用的应当是"内在体系"，并主张法官具有法律续造的功能，要求法官探索法律背后的利益情况；另一方面亦认为法官不能随意地自由裁量，其不仅无法确保法律统一性，同样无法保证法律安定性，因此法律适用应受制定法的约束。[①] 法学方法论就是把这些隐藏的利益或者价值在法律适用过程中加以揭示。因此，体系思维也绝非概念法学所提倡的是一种封闭的演绎思维形式，毋宁说是带有价值导向性的。法律的体系化也在概念、规则及原则相互关系中演变，逐步地将经验与认知纳入法律体系当中，并且在很多场景下，归纳思维形式对于体系化的发展也充当着重要角色。"一个归纳的法学科学体系并不是通过将一个整体进行划分而形成的。相反，它关注原初的多样性，其中，一般概念的形成使素材的把握成为可能。这种归纳特性的认识对于不同的方向均具有重要意义。"[②] 无论是立法者还是司法者都不能忽视个案解决问题的方法与路径，通过对类案的归纳总结，逐步将它们纳入体系化的建构当中，把法律体系充实为既是概念的体系，也是经验或者评价性的体系。

---

① 参见顾祝轩《体系概念史：欧陆民法典编纂何以可能》，法律出版社2019年版，第180—183页。

② 舒国滢：《法学的知识谱系》，商务印书馆2020年版，第1089页。

诚如上文对法律的体系化总结，由概念法学到利益法学，再由利益法学发展到评价法学，体系思维也从最初主张价值中立转向特定利益保护，而价值从利益分离出来后，体系思维又具有了价值导向性。当然，体系思维的价值导向不可能与法学、概念法学相脱离。"评价法学是在概念法学、自由法学、利益法学之后登上德国法学发展之历史舞台的，它的知识母体（基质）中融合着其前代法学的问题意识、认识进路、方法选择和解答方案，并以自己的新解答推进了法学知识的增长。"[①] 体系思维被赋予了更多的维度，从对法的安定性的捍卫，发展到当下对实质正义的要求。这也促使法学方法论更加注重法律原则、不确定法律概念、一般性条款等蕴藏着价值判断的规范的适用，更加注重法律的内在体系与目的解释的衔接，有意识地挖掘被隐藏的价值。

"所谓的目的论或价值论的体系思维，就是指在法律思维中强调贯彻价值判断，并将该价值判断应用于其他的类似案件，排除前后作出的价值判断存在相互矛盾，防止在实施新的价值判断时出现前后不一致。因此，体系是指关于法律价值判断之间相互关联的一贯性，法律价值论体系是实现正义的基本前提条件。"[②] 由此可见，体系思维事实上已经突破了狭义的解释思维的限定，如果仅是把体系思维视为基于外在体系的解释，将其局限在上下文解释、结构解释当中，无疑这会限缩体系思维的作用空间。虽然体系思维表面上以外在体系与内在体系为基础，但是它的深层次意蕴乃是协调形式民主与实质民主的问题。"形式民主在这种语境下指的是人民通过立法机关的代表统治，由此得出的是立法至上的原则。实质民主在这种语境下指的是权力分立、法治、司法独立、基本原则和人权。"[③] 体

[①] 舒国滢：《法学的知识谱系》，商务印书馆2020年版，第1183—1184页。
[②] 顾祝轩：《体系概念史：欧陆民法典编纂何以可能》，法律出版社2019年版，第183页。
[③] ［以］巴拉克：《民主国家的法官》，毕洪海译，法律出版社2011年版，第131页。

现在法律适用过程中，体系思维是思考法律问题、解释法律问题与解决法律问题的思维方式，它一方面关注法律规范的文义，重在揭示立法原意，另一方面又要考虑解释语境，关注法律的基本价值。比如以"请求权思维"为代表的体系思维。王泽鉴指出，处理民事案件的主要任务在于寻找请求权基础，请求权基础的探寻乃法之发现的过程。法律规定的构成要件以及法律效果常需解释，以定其规范内容。但发生法律漏洞时，则需借助类推适用予以填补，若无可类推适用的规范时，可以依法律原则及合乎事理的利益衡量和利益判断加以补充，① 即以法官造法的方式创设必要的规范，以资适用。

在法律适用上，民法学发展出了一种请求权思维形式。具体而言：法官通过案件事实初步分析，判断案件所属类型及请求权的类型，进而基于"法感"或"前见"在既存的法律体系当中寻找可资适用的法律规范。法律发现存在以下三种情况：（1）法规范存在；（2）法规范不存在；（3）超越法律的造法。② 对于第一种情况：法规范存在的情况下，法官应该判断规范的类型，即制定法还是习惯法。对于习惯法来讲，需要根据具体情况判断习惯法的类型、特征及适用的情况。对于制定法而言，如果是明确的法律规范则不需要解释。如果是模糊的法律规范，经常采用文义解释、体系解释、历史解释、比较法解释、主观目的解释或客观目的解释等方法进行解释。对于第二种情况：法规范不存在的情况下，此时便出现了法律漏洞，法官可以采用类推适用及目的性限缩等方法予以填补。对于第三种情况：超越法律的造法的情况下，原则上不允许法官对法律规定的背离，只有在适用法律规定存在不正义等情况下，才允许法

---

① 参见王泽鉴《民法思维：请求权基础理论体系》，北京大学出版社2009年版，第156页。

② 王泽鉴：《民法思维：请求权基础理论体系》，北京大学出版社2009年版，第157页。

官通过造法的形式对法律规定适当背离。魏德士认为，对法律规定的背离分为表面上对法律的背离和法官对规范目的之修正。表面上对法律的背离表现在"对条文编写上的修改""存在例外漏洞时对法律的补充"。[①] 法官对法律目的之修正主要是出于表达错误或编撰的疏忽，或者规范目的存在漏洞，或者由于社会情境的变化，法官需要根据客观事实做出相应的调整以适应社会发展的需要。在这些情况下，法官可以基于社会正义、法律伦理原则、事物本质、法律交易需要等超越法律规范而进行造法活动。王泽鉴认为，一个好的法官造法活动应该具备以下几点特征：一是该裁判必须提出一个规则，该规则可以平等地适用到与之相对应的典型案件当中；二是对于构成要件相关联的法律效果必须经受住正义等理由的考量，并且该规则应是对实体法上一项原则的践行；三是该规则能够牢固地纳入已经存在的法律体系当中，即该规则应该保持与既有法律体系内在意义的一致性。[②]

由此可见，体系思维是一种解决问题的思维形式，我们通常意义上所讲的体系解释，是在请求权思维中作为一种法律解释方法而存在。因此在某些场景下，我们需要在更宽阔的视域中去观察和了解体系思维，将它置于法律适用的整个过程中加以观察。比如德国把基本权利构成的体系作为一种客观存在的价值体系在司法实践中予以贯彻。如《基本法》第1条第1项人性尊严条款，具有基本法

---

① 所谓的"例外漏洞"是指当立法者进行一般性调整时，可能忽略某些对目的而言是必要的例外情况。范围过广的规范条文没有包括应有的限制，由此出现了"例外漏洞"。这里适用一个原则：立法者没有认识到某些需要调整的情况（观点漏洞），他们就不可能对此做出调整。司法实践中通常通过目的限缩来补充这种漏洞。在这种情况下，司法实践实现着虽然表达不完整，但确是真正的立法调整目的。它们只是更改范围过广的规范条文，而不会改变规范目的和调整目标本身。这种表面上不忠实文义的解释却在思想上有服从地实现法律。它遵循立法的评价，而不是由法官之间的评价来替代。参见［德］伯恩·魏德士《法理学》，丁晓春等译，法律出版社2013年版，第385—386页。

② 王泽鉴：《法律思维与民法适用》，中国政法大学出版社2001年版，第201页。

上的崇高地位，人的尊严等价值通过基本权利的规定加以固化，使基本权利的实践体现着对权利的保护。"人性尊严条款应该被理解成基本法秩序中最上位的立宪原则，也因此构成基本法秩序整个价值体系的基础。"① 与此同时，由基本权利构成的"价值与请求权体系"并非封闭的，不能只关注个人层面上的权利保护，还需注意基本权利实现的制度因素和社会因素，而要想把宪法外价值和政治理论等因素引入基本权利解释中，必须受制于宪法文本自身的约束，以防止法官解释对基本权利的任意侵蚀。②

总体来看，有什么样的思维方式，就可能有什么样的行为方式，思维方式决定行为方式的倾向。1970年美国作家出版了一本名为"paper chase"纪实书，主要内容是描述哈佛大学法学院学生思维方式蜕变的经历，通过对学生入校前后的比较分析，指出学生们经过法学院的培养，形成了一种独特的法律思维方式。作者不无感慨："你进来时脑中全是浆糊，而你出去时像法律人一样思考。"③ 因此，"像法律人一样思考"，是成为一个合格的法律人必须具备的思维方式。类似的表述还有："像律师一样思考"。无论何种表述方式，都意在指出法律人具有独特的思维方式。在中国语境中，我们通常将它称为"法律思维"或"法治思维"。法律思维或法治思维与法律方法密切相关。④ 体系解释方法作为一种法律方法，其理论与实践，离不开它的思维形式——体系思维。体系思维是法律思维或法治思维的重要形式，也是法律实践必不可少的思维形式。

---

① 黄舒芃：《什么是法释义学？以二次战后德国宪法解释学的发展为借镜》，台大出版中心2020年版，第44页。
② 参见张翔《基本权利的体系思维》，《清华法学》2012年第4期。
③ 参见欧阳立春《法官的思维与智慧》，法律出版社2013年版，第2页。
④ 正如孙笑侠教授指出的那样，"任何裁判者，不管其思维方式的取向如何，都不能不把自己的思维有条理地组织起来，而对思维的组织，正是方法的体现"。孙笑侠：《法律人思维的二元论》，《中外法学》2013年第6期。

第三节　体系思维的价值维度

法教义学视角下的法律适用，多是从法内寻找法律解释的资源，展现的是凝结于法律规范内的价值，它试图以解释者"价值中立"的姿态，通过可操作化的路径展现法律价值，它注重的是规范建构及规范适用的语言习惯，从制定法文本的角度分析法律文本所倡导的价值。它是传统制定法国家最为重要的法律适用形式，也是英美法国家不断增加的制定法的适用模式。如今，这种规范主义的法律适用模式在价值多元情境中遭到解构，法教义学视角下的法律适用模式被认为是不讲价值的。特别是认为法律解释过程中法官不注重价值导向，严格僵化的法律解释导致了裁判结果的不公正，死守法律的文本含义忽视了法律的时代价值，背离了社会主流意识形态。

而实际上，只要我们了解体系思维的功能，就很容易清除这种对法律解释的极端化认识。总体而言，体系思维具有形式与实质双重价值维度：一方面，体系解释以文义解释为起点，是在文义解释的基础上对法律规范文本含义的体系化解释，通过探讨解释对象与其他法律规范之间的关系，全面地阐释法律规范的含义，因此它具有形式主义维度；另一方面，体系解释又需要在整体中把握立法者的规范意旨，掌握法律规范的意义脉络，它自身具有价值导向。此外，由于法律体系具有开放性，因而法律解释有时需要采用宏观视角，结合其他社会规范，认识或修正法律规范的含义，所以它也具有实质主义维度。

一　法律解释的价值导向性

"所有的解释制度都必须解决文本与语境、文本的语词（verba）与精神（voluntas）的关系。所有的解释制度都必须就创制者真正与假定意图的关系、可以从文本获知的公开意图与从文本和文本以外的来源获知真实意图之间的关系采取某种立场。"① 其说明，法律解释活动应以法律文本为基础，结合解释语境探索制定法真正意图。但是法律文本有时并不能提供法律的规范含义，法律文本所载明的意图与法律文本所欲表达的意图之间存在差别。拉伦茨指出："法律经常利用的日常用语与数理逻辑及科学性语言不同，它并不是外延明确的概念，毋宁是多少具有弹性的表达方式……即使是较为明确的概念，仍然经常包含一些本身欠缺明确界限的要素。"② 因此，语言的模糊性、不准确性及变化性导致适用者无法探明法律的真正含义，而欲阐释清楚法律的含义就必须借助其他规范类型。与此同时，法律解释的目标是发掘规范所包含的评价及该评价的作用范围，并探求法律在今日法秩序的标准意义，因此法学与法律实践的特色在于它几乎完全是在处理评价的事情。③ 所以，无论"是在实践（='法适用'）的领域，或是在理论（='教义学'）的范围，法学涉及的主要是'价值导向的'思考方式"④。"价值导向思维"是法律解释的思维特质，体现了作为一种社会科学知识的认知属性。

可以说，"司法中的价值导向方法就是，在司法过程中，法官为了针对个案作出合理判决，从主客体关系角度出发，以制定法和制定法所蕴含的价值观念为导向，通过考察和衡量具体情境中价值关系，认定案件事实，选择适用的法律，以符合价值思维的方式进行

---

① ［以］巴拉克：《民主国家的法官》，毕洪海译，法律出版社 2011 年版，第 117 页。

② ［德］卡尔·拉伦茨：《法学方法论》，陈爱娥译，商务印书馆 2003 年版，第 193 页。

③ 拉伦茨认为，规范使用则要求：应依据规范来评价带判断的事件，换言之，在判断事件时，应将规范所包含的评价依其意义付诸实现。［德］卡尔·拉伦茨：《法学方法论》，陈爱娥译，商务印书馆 2003 年版，第 94 页。

④ ［德］卡尔·拉伦茨：《法学方法论》，陈爱娥译，商务印书馆 2003 年版，第 95 页。

逻辑推理的方法"①。"价值导向思维"始终伴随法官对法的理解、解释与适用的过程。无论法官采用何种法律解释方法，都存在对法律价值的彰显与捍卫。或者捍卫法的安定性与可预测性价值，或者为实现法律的个案正义，其实际上体现了解释者对法律的不同认知，与对法理念、法哲学、法信仰的认识不同，最终导致了对法律价值的认知差异。任何法律解释都包含着解释者对法律价值的认知与评价，因而法律解释必然存在"价值导向"。这种思维是对法律解释思维特征的总括性事实陈述，说明了法律解释带有评价性，但是它并没有说明法律解释过程中具体的价值思考方式，以及法律解释的具象思维形式。因此，法律解释过程中仍需对价值导向思维加以具体化与归类，用来反映法律解释所侧重的价值维度。

然而现实中，对法律解释的"价值导向思维"仍存在误区，即提到"价值"首先想到的不是如何规范解释、适用法律规范，而是如何通过法律解释，实现个案的"公平"与"正义"。必须明确的是，除"公平"与"正义"之外，尚有法的明确性、稳定性、安定性、可预测性、平等性等一般性价值。② 虽然法律的一般性价值与实质性价值有时候难以调和，但并非所有的案件都会涉及一般性与实质性价值冲突，也并非所有的案件都涉及文本与外部环境之间的价值衡量。因为"法的稳定性原则也有助于促进导向确定性以及社会交往的可靠性。它要求，已经被确定的行为标准只有在这种情况下才可能被放弃，即比规范性秩序的稳定性要求更重大的根据如此要

---

① 张彩旗：《价值导向方法在我国司法实践中的运用探究》，《河南社会科学》2015年第1期。

② 刘风景教授认为，不同于个别命令，法具有一般性，它通过普遍性告知人们可以做什么，禁止做什么，必须做什么，对人的行为进行规范和指引。可以说，法律不是针对某个人、某件事而立的，而是针对一类人、一类事而立的。法不是仅适用一次，而是在其生效期限内对其指向的对象反复适用的社会规范。法的一般性价值，主要体现为意志的一般性，对象的一般性和适用的一般性。参见刘风景《法治的阿基米德支点——以法的一般性为中心》，《法学论坛》2013年第5期。

求之时"①。所以，在阐释法律时始终高举"价值导向思维"，无疑是对法的稳定性的最大破坏，因为裁判者完全可以凭借价值判断、内心确信、道德信仰、伦理偏好解决案件，法律规范也就没有了存在必要。

二　形式价值：文本含义的尊让

通常认为，"现代社会，更具有意义的则是制度正义，社会制度的公平正义是现实的公平正义的基础。没有制度上的公平正义，一切公平正义都将失去保障"②。每一个法律规范都有自己的预设价值，都以法律规定的形式体现。"在任何法律规范后面都隐藏着服从特定目的与目标的、立法者的、法政策学的形成意志。"③ 比如法律制度的功能在于确定人们的行为边界、提供行为预期、惩治越界行为、保障权利落实、督促义务履行、营造法治环境及形成法治秩序。

体系解释方法参照其他法律规范进行解释的思维路径，体现了对法律文本含义的尊重，是在探讨文本含义之时，释放凝结于法律规范中的制度性价值。体系解释方法是在法律规范的文本含义存在复数可能时介入法律解释当中，与文义解释方法等一起，在法律规范的文本含义射程内进行解释。它是按照立法者在法律规范中所预设的价值判断与目标效果来澄清法律文义，其本质乃是在法律文本所衍生的多种含义中选择一种。因而要想发挥法律的制度功能有赖于认真对待法律文本，解释者的价值观念也应受制于法律文本。通常认为，法律规范的文本含义表明了立法者意图，是立法者的原初目的。"实际上，立法机关是通过立法确定社会政

---

① ［德］齐佩利乌斯：《法哲学》，金振豹译，北京大学出版社 2013 年版，第 184 页。
② 孙春伟：《法律意识形态论》，法律出版社 2014 年版，第 148 页。
③ ［德］伯恩·魏德士：《法理学》，丁晓春等译，法律出版社 2013 年版，第 307 页。

策、分配国家资源、安排国家的优先事项。法律就是实现这些目标的工具。"① 遵守法律规范的文本含义视为对立法者意图尊重，是对民主体制认同，是以实现制度性价值预设为限；突破法律规范的文本含义视为对文本的背离，视为创造性解释，是对制度性价值预设的补充、修正或者背离。体系解释认为，当法律规范的文本含义需要解释者予以价值判断或不存在法律规范需要法律续造时，解释者可以根据法秩序统一性要求，引入习惯等非正式法源解决具体案件。可以看出，体系解释是从对法律制度、法律体系及法律规范的价值认知"前见"开始，继而基于"前见"在解释过程对解释对象进行好坏、善恶、利弊的评价，指出解释对象的含义是否应该遵守，还是需要进行改造，或是放弃。认真对待法律文本，客观解释法律文本，体现了解释者的价值中立立场，实现了法律制度最初的价值预设。

体系解释方法尊重法律规范的文本含义，印证了法律解释应以追求形式法治为首要目标。体系解释方法的主要任务是捍卫法治的形式价值，在划定利益、分配利益和调整利益过程中体现对社会整体利益的追求，在秩序价值、民主价值、效益价值、理性价值、平等价值及人权价值中选择具有一般性的价值。欧克肖特认为："'法治'这个词语确切地理解，指一种只依据承认已知的、非工具性的规则（即法律）的权威的道德联合模式，它将在做自选行动时同意限定条件的义务强加给所有在它们权限内的人。"②欧克肖特法治理念映衬了有关法治的类型构想，即"形式的"与"实质的"两种类型。形式版本的法治是比较"薄"的法治，而实质版本的法治是"厚"的法治。形式版本的法治基于以法而治、形式合法性及民主决

---

① ［以］巴拉克：《民主国家的法官》，毕洪海译，法律出版社2011年版，第131页。

② ［英］迈克尔·欧克肖特：《政治中的理性主义》，张汝伦译，上海译文出版社2004年版，第170页。

策程序，它要求的是规则之治；实质版本的法治则基于个人权利、尊严、正义和社会福利，它要求在规则之治的基础上融合道德治理模式。在形式版本的法治中，规则具有社会治理的优先性，因为规则的功能是充当行为的一般指引，它所捍卫的普遍性、确定性、明晰性和可预测性价值是形式性的。① 形式法治不仅要求规则本身合法性，它还要求规则体现道德性，即法治本身应该是一种道德善，并要求有配套的民主程序加以协调与保障。实质版本的法治以形式法治为基础，融合各种价值要素，要求注重个人权利、正义、集体利益及社会公共福利等。而"最浓厚"的实质版本包括了形式合法性、个人权利和民主，并且补充了"社会福利权"这一特定维度。② 形式法治与实质法治两个维度不仅是我们认识法律制度、法秩序的基础，厘定案件事实、解决疑难问题、开展法律实践的前提，而且反映了我们内心所确信的法治理念及法治信仰，也是我们崇尚"善"的生活图景的写照。

与此同时，法律制度的预设价值并非一成不变，它需要随着社会的发展进行理念的革新，它所引导的价值定位与思维取向也需要变革。在一个变革迅速的社会中，囿于法律制度探寻解决案件的规范可能会加大法律制度与社会之间的差距，进而导致裁判结论不可接受性。富勒认为："每一条法律规则都是为了实现法律秩序中某种价值而设定，目的和价值考虑渗透在法律的解释和适用中，必须把目的和意图看作'判定事实的依据和标准'。"③ 这里的规则不仅包括以成文法为代表的法律规则，还包括适用法律规则的思维规则。法律方法从实质上讲就是适用法律规则时的思维规则，它展现的是法律人在理解解释法律时思维过程。法治的精细

---

① ［美］布雷恩·Z. 塔玛纳哈：《论法治》，李桂林译，武汉大学出版社 2010 年版，第 125 页。
② ［美］布雷恩·Z. 塔玛纳哈：《论法治》，李桂林译，武汉大学出版社 2010 年版，第 125 页。
③ 李其瑞：《法学研究中的事实与价值问题》，《宁夏社会科学》2005 年第 1 期。

化需要法律思维规则，因为粗疏的法治只需构建事实与法律之间的逻辑关系，① 而精细化法治需要法律人像个工匠一样精细打磨法律适用的每一个过程，它不仅需要微观的遣词造句，还需要谋篇布局的说理论证。因此，当法律规范的文本含义与社会产生裂隙时，需要运用各种思维规则尽力弥合两者之间的间隙。需要注意的是，"法官对条文的修改，就是根据体系的观点或者从相关规范的产生历史中得出论据使立法的真正意志产生效力，它不属于法官违背法律的范畴"②。

三　实质价值：规范意旨的探寻

拉伦茨认为："想要借助规范来规整特定生活领域的立法者，它通常受规整的企图、正义或合目的性考量的指引，它们最终又以评价为基础。……以此，要想'理解'法规范就必须发掘其中所包含的评价及该评价的作用范围。"③ 因此，法律解释带有评价性，是一种价值导向的思维形式。从本质上看，价值导向思维是人们内化的价值观念用于描述客体的一种思维形式。人们内化的价值观念"是在人们头脑中形成的关于价值现象或价值关系的系统化看法或观点，是以往人们价值实践和价值生活经验的理性化积淀。这就是说，它是对客体有无价值及价值如何（大小、高低）的固定看法，实质上是一种评价的思维框架"④。

体系解释方法对规范意旨的探讨，尤其是借助内在体系解释的思维路径，属于实质思维范畴，具有评价性。"每一部法律都有其目

---

① 陈金钊、杨铜铜：《重视裁判的可接受性——对甘露案再审理由的方法论剖析》，《法制与社会发展》2014年第6期。

② [德] 魏德士：《法理学》，丁晓春等译，法律出版社2013年版，第390页。

③ [德] 卡尔·拉伦茨：《法学方法论》，陈爱娥译，商务印书馆2003年版，第94页。

④ 陈依元：《价值观念特性·价值导向·价值观念变革》，《哲学动态》1988年第8期。

的，否则就毫无意义。该目的由法律旨在实现的目标、利益、价值、政策和功能构成，既包括主观因素，也包括客观因素。法官必须赋予法律语言最能实现其目的含义。"① 法官在解释法律时不可能不顾及立法目的的辐射效应。拉伦茨指出，许多立法者借法律追求的目的，它同时也是法律的客观目的，比如维护和平、正当的纠纷解决及规整的均衡性。因此客观目的也涉及两个层面：其一涉及被规整之事物领域的结构，质言之，连立法者也不能改变之实际的既存状态；其二是一些法伦理性的原则，它隐含于规整之中，只有借助这些原则才能掌握并且表达出规整与法理念间的意义关联。② 因此，客观目的在包含主观目的的同时展现了法律目的的另一个维度。而事实上，后者便是借助法律的内在体系进行解释的路径。依卡纳里斯观点，内在体系不仅对立法论有意义，而且在解释论上也有意义。法官可以借助类型、主导思想、特定功能的概念、需具体化的法律原则与一般条款等来解释和描述内在体系，这些解释和描述内在体系的素材不可能是固定不变的，毋宁说它们都包含着一定的评价要素。

实践中，如果法官严格按照法律规范的文本含义进行裁判，虽然能规避对法律价值的探讨，但是它也容易隔绝法律与社会、道德传统、伦理价值之间的关系；而如果采用论题学思维、类型化思维及法律修辞方法，虽然能解决一些疑难案件，但是它也容易出现脱离法律进行裁判的风险。体系思维不仅能够克服依据法律进行思考的单一、直白的逻辑，而且能限缩论题学或类型化思维的适用范围，还能以谋篇布局的形式进行说服，从而实现不同听众的认同，实现社会的可接受性。比如在一些案件中，简单地依

---

① ［以］巴拉克：《民主国家的法官》，毕洪海译，法律出版社 2011 年版，第 127 页。
② 参见［德］卡尔·拉伦茨《法学方法论》，陈爱娥译，商务印书馆 2003 年版，第 211 页。

据法律进行思考就能保证法律的规范性意义，解决与正当化法律的合法性问题，因而不需要涉及法律的规范意旨探寻；在一些疑难案件中，为保证案件的圆满解决，可采用论题学或类型化思维，明确法律的立法目的与价值导向，借助法律原则、一般性条款的运用，以及综合运用利益衡量、价值判断等方法，实现裁判的可接受性。

方法论发展到今天，实际上已经很少有人站在纯粹实证法学的立场上来坚持法官完全"应受法和法律拘束"，而转为遵循一种"循序渐进式"的整体论证策略，主张法官应该受"法与法律拘束"，比如当出现了荒谬结论时法官可以背离文本的含义，重新寻找法的价值与法律理性，解决"事理上的正义"。体现在法律解释上，当法律规范的文本含义无法涵摄案件时，"依可得认识的规整目的及根本思想而为之解释"[①]，即通过体系解释方法等考察立法者在创立法律时的意图或目的，获知立法者实际动机，而当无法查明立法意图时才去运用客观目的解释方法，解释规范所拟调整的事物的特质、特殊结构，寻找"恰当的"解释，实现法正义价值。[②] 这种体系思维路径不仅可以优先捍卫法律意义的安定性，[③] 保障法律的权威，而且还能在法律解释的过程中尊重各种社会价值，实现法律体系的适

---

① ［德］卡尔·拉伦茨：《法学方法论》，陈爱娥译，商务印书馆2003年版，第210页。

② 参见［德］卡尔·拉伦茨《法学方法论》，陈爱娥译，商务印书馆2003年版，第211页。

③ 法律的安定性是指法律的意义的固定性和安全性，要求法治、法律的核心意义不能与时俱进，不能因为特例而失去效力和权威。这包括四个方面的含义：一是无论什么时候制定的法律，也不管是谁定的法律，只要没有失去效力就应该适用于所有的主体。二是有足够的强制力保障法律的权威性和有效实施。但大量改变法律的裁判构成了对法律权威和效力的摧残。三是法律被公民广泛接受，对法律意义的稳定性有重要意义。四是法律文义被充分地尊重。参见陈金钊《决策行为"于法有据"的法之塑造》，《东南大学学报》（社会科学版）2015年第2期。

度开放，维护法律的正义。①

第四节　体系思维对现有法律思维的贡献

作为法律思维的重要形式，体系思维在法学编纂、法律的体系化，以及法律适用过程中发挥着重要作用。体系思维的价值在于引导立法过程，沟通不同的法律规范，使它们形成具有内在关联的制度，进而在法律适用过程中不至于适用碎片化的法律。现有的法律思维或法治思维研究，仍停留在静态特征的描述上，侧重法律思维形式与实质的争论，忽视法律思维运作的动态化揭示。与此同时，新近社科法学在中国的蓬勃，引发了社科法学与法教义学之间的争论，出现了对法律思维的解构倾向，怀疑甚或是否定法律思维的存在。诸如此类问题，都需要加以分析，以正本清源。

需要注意的是，本书在一定意义上将法律思维与法治思维视为同一种思维形式，因为尽管法治思维与法律思维在内涵、范围等方面存在一些区别，但理论与实务界通常把它们等同起来对待，因为从方法论的角度看，它们都是依据法律进行的思考与决断。② 虽然由法律思维向法治思维的转变具有现实意义或治理意义，但是仍然要避免"语词"形象的误区。"假如群体因为政治动荡，或信仰发生

---

① 这种整体性思维路径展现了法律解释过程首先重视程序正义再到重视实质正义转变的过程。程序正义，或者叫形式性正义是法治价值的根基，甚至在某些层面上重于实质正义，原因在于：第一，实质正义需要通过程序正义实现，没有程序正义实质正义就很难实现，甚至不可能实现。第二，实质正义的标准难于把握，而程序正义的标准较明确，易于为人们接受；第三，程序正义并非全是手段，在很多情况下也具有目的的价值，如说明理由、听取陈述、申辩等所追求和体现的是人的尊严，人的尊严显然是目的而非手段。参见姜明安《再论法治、法治思维与法律手段》，《湖南社会科学》2012 年第 4 期。

② 参见陈金钊《对"法治思维和法治方式"的诠释》，《国家检察官学院学报》2013 年第 2 期。

了变化，开始对某些语词唤起的形象深感厌恶，而有些东西又实在没有办法改变，那么最好的办法就是给这些词换个说法，用新词把大多数过去的制度重新包装一遍。"[①] 法律思维与法治思维在本质属性与核心意义上具有一致性，学界只是在法治思维的边缘意义上做文章，拓展了法治思维的外延，它的根基仍然立足于法律思维之上。

一 改观静态观察法律思维倾向

关于法律思维内涵的界定，我国学者多从法律思维的特征入手。比如林来梵教授指出，法律思维有别于传统的道德伦理思维、政治化思维与文学思维，法律思维的基础与核心是尊重法律，一种限制公权力滥用，同时又赋予公权力合法性的思维形式。它是一种最崇尚秩序、追求正义的思维，它意在建构一种合理有序的社会秩序，旨在追求公平与正义；它是一种尊重规则、信仰良法的思维，它把法律视为思维的准则，把良法视为思维的准则的前提，体现了一种对规则的尊重，以及对法律的信仰；它是一种程序优先、重视证据的思维，用法律程序控制人的行为，以及对人们行为依据特定程序进行诊断，用证据来证明事实，用证据来做出判断，蕴含了一种公正的理念，是正当程序的体现；它也是一种高度理性、适度保守的思维，它通过法律思维把法律理性得以释放，对社会公众的道德情感价值理性通过适当形式加以保护，在法律理性与道德理性之间进行价值权衡，尽量不做突破法律约束的行为。[②] 这种通过对法律思维特点进行总结的方式，指出了法律思维与其他思维的不同，强调了法律思维的独特性。

也有学者从法治思维（法律思维）自身的属性入手，着重分析

---

① ［法］古斯塔夫·勒庞：《乌合之众》，戴光年译，武汉大学出版社2013年版，第111页。

② 参见林来梵《谈法律思维模式》，载陈光中主编《法治思维与法治理念》，清华大学出版社2016年版，第17—21页。

法治思维的基本特征。比如谢晖教授从法律与权力、司法与行政、程序与实体等九个向度论证了法律思维的特征。① 第一，在法律与权力之间，法律具有优位性。在法律与权力发生冲突时，法律应该规范权力，权力必须服从于法律，法律是限制权力任意行使的工具。第二，在司法与行政的关系上，司法具有优位性。一般来讲，司法与行政都是执行法律的制度体系，在法律制度统一安排下，实施法律，两者相互分工，又相互制约。而当司法与行政发生冲突时，基于司法裁判的终局性，司法具有最终裁断的效力，是对行政权力的有效监督，使行政权力在法律的制度框架内行使。第三，在法律的一般性与特殊性之间，法律的一般性具有优越性。法律的一般性与特殊性之间的冲突，是法治本身属性的体现。法治一方面强调一般性，通过一般性的法律塑造法治秩序，另一方面又强调特殊性，强调在特殊的语境中应该具体问题具体分析，强调法律实际化解社会矛盾的功能。但是法律的一般性是法治形成的根基，法律的一般性强调同案同判，体现了一种形式平等，而法律的特殊性强调具体问题具体分析，体现了一种"权变思维"，它是对法律的一般性所依据的形式推理模式的解构，是一种实质推理的形式。在法律的一般性与特殊性发生冲突时，应当坚持法律的一般性的优位性。第四，在形式与实质之间，应该坚持形式的优位性。与法律的一般性与特殊性冲突相似，法律是一种形式理性，但又不止于形式，法律本身带有一定的价值倾向，体现着立法者的规范意旨，具有实质理性的维度。当形式理性与实质理性发生冲突时，应该强调形式理性优位于实质理性。第五，在程序与实体之间，程序具有优位性。程序代表一种形式理性，实体规定需要借助程序加以实现。在一个法律体系中，虽然程序与实体应当具有同一性，但也不排除两者打架现象，当两者发生冲突时，应该坚持程序优先，它是保障形式平等的重要根据。第六，在技术与价值之间，应当坚持技术优位性。法律的技

---

① 参见谢晖《论法治思维的九个向度》，《中国工商报》2015年6月27日第3版。

术代表一种工具，是实现法律规定的重要形式，它本身可能是僵化的，却是必不可少的，它代表一种形式，同时也代表一种程序。而法律的价值体现了法律内在道德理性，是法律本身所要实现的目的。当工具理性与实质理性发生冲突时，应当坚持工具理性优先，强调法律形式平等。第七，在理性与情感之间，理性具有优越性。法律是冷静的、深沉的、中立的、一贯的，是立法者理性的体现，而社会现实却是感性的，容易受到外界因素的干扰，自身带有不确定性，当理性与情感发生冲突时，应该坚持理性的优位性。第八，在逻辑与修辞之间，逻辑具有优位性。法律实践需要借助逻辑，无论是形式逻辑还是实质逻辑，都能为法律推理提供一套可供操作的程序，是践行法律规定与实现法律价值的必要工具。而修辞强调了论辩，主张说服，表现为推理的或然性，得出的结论具有不稳定性，偏重于情感修辞。当逻辑与修辞发生冲突时，应当坚持逻辑的优位性。第九，在反思与自觉之间，应当坚持反思的优位性。法治思维不同于简单的直觉思维，法治思维是一种反思思维，强调根据法律对事实进行反思，直觉思维可能是不准确的，但反思思维经过复杂的综合性思考，能够全面地把握反映事实，当两者发生冲突时，应当坚持反思思维的优位性。[1] 尽管冠以"法治思维"的九个向度，也对法治思维的总体特征进行了概括，但是这种法治思维仍然是以法律思维为根基，这九种向度亦是法律思维所具有的特征，因而从本质上看，法治思维与法律思维具有天然的关联，两者很难划定界限，对法治思维九种特征的概括，亦是对法律思维特征的总结。再比如夏锦文教授指出，法治思维是合法性思维，是理性思维，是实践性思维。[2] 法律思维同样是合法性思维、理性思维与实践思维。总体而言，这种平面化的特征剖析，乃是一种静态观察法律思维的方式。

---

[1] 参见谢晖《论法治思维的九个向度》，《中国工商报》2015年6月27日第3版。
[2] 参见夏锦文《法治思维》，江苏人民出版社2015年版，第12—20页。

与此同时，有关法律思维的研究是与我国法治建设的现实问题连接在了一起的，近年来法律思维的研究逐步走向宏观阐释的路径。伴随着党的十八大，尤其是党的十八届三中、四中全会的胜利召开，我国开启了全面依法治国序幕。法治中国建设成为当下社会治理与改革的重要着力点，法治思维也与治国理政紧密地联系在一起，法治思维成为限制权力，保障权利的思维形式。党的十八届四中全会通过的《关于全面推进依法治国若干重大问题的决定》指出，要用法治思维和法治方式化解社会矛盾，法治思维成为当下深化改革，推动发展，以及维护社会秩序的主要思维方式。学界提倡法治思维，意在与过往的政法思维相区别，目的是指出当下社会改革与社会治理需要用法治思维加以引导，改变传统的压制、管理思维模式，扭转政法思维讲究政治上利弊权衡的形式，用法律判断行为是非，还权力于社会，解决权利与权利、权力与权利之间的争端。但是这些法律思维研究路径，仍是从静态上观察法律思维的内涵、特征与表现形式，即从功能角度出发，而非基于法律思维运用过程的视角阐释法律思维。从静态上观察法律思维不足以展现法律思维的全貌，突出法律思维的问题意识，进而服务于法律实践。因此，对于法律思维的研究，应该从法律思维的运用过程，或者法律人运用法律思维的过程进行界定。

法律思维为什么具有独特性，并且有别于其他思维方式？答案在于法律思维强调运用的过程性，即思维根据、前提的法律性，以及思考的体系性。法律只有运用到实践才有意义，法律只有用来裁决案件它的权威性与公正性才会凸显。也只有将法律运用到实践中，才能显现法治的意义。从方法论的角度看，法律思维就是将法律运用到实践中，采用解释、推理、论辩等方法实现法律规定、体现法律价值与彰显法治理念的过程。因而实践中，法律思维体现出法律解释、法律推理及法律论证等思维形式。"法治能否实现，不在于群体能否真正地掌握法治理论，关键是他们能否运用法律语词进行思维和分析。"① 在这些思维形式中，建立在教义学基础上的法律解释占据重要地位，而对于法律解释来讲，体系解释方法是法律解释的黄金规则。体系解释方法一方面督促人们遵守法律规定，另一方面又能体系性地把握法律规范与其他规范之间的关系，促使人们在整体意义上理解法律的含义，避免机械执法与机械司法，最终实现纠纷解决，化解社会矛盾。

以体系思维为基础构造的法律思维主张思维的体系性、系统性，既以规范为核心，防止思维决断中脱离法律的束缚，又同时主张思维过程中兼顾规范与目的，将规范视为约束权力的依据，把目的作为法律所要实现的目标。事实上，法律思维的过程就是要将杂乱无章、排列无序的规范再次体系化，按照一定逻辑、特定标准归类与排序，有条不紊、秩序井然地安排位序，解决思维的碎片化、片段化等问题，在不同的法律关系、法律规范，以及社会规范中寻求妥当性答案。这其中，一方面印证了法律思维的开放性，既以实在法体系为思考依据，又对其他规范保持适度的接收能力；另一方面映射了法律思维的动态性。比如在遇到案件时，法律人的一般思维路径为：首先基于对案件事实的认识与对法律知识的前见，在法律规范体系中寻找与案件相关的法律规范，并避免检索不全面而导致的法律缺位现象。其次在检索到的法律规范之间进行选择，按照上位法与下位法、特别法与一般法、新法与旧法之间的关系，判断它们之间是否存在不一致或者抵触现象，并依据解释规则解决不同规范之间的冲突问题。再次当选定法律规范时，判断法律规范是否明确无疑义，如果存在多种含义，则需采用不同的解释方法阐释并选择最契合立法原意的解释结果。最后在释明的法律规范仍无法涵摄案件事实时，则需引入非正式法源等实质性论据，填补规范漏洞，实现案件的圆满解决。案件解决的过程就是法律思维的过程，也是限制权力、保障权利的过程。当下权力的滥用如果不加以规则与程序

---

① 陈金钊：《法治思维及其法律修辞方法》，法律出版社2013年版，第169页。

的限制，容易破坏稳定的社会秩序，带来不平等的社会效果，并将人们的生活置于不确定状态。因而我们更应该基于过程论视角去观察、理解与运用法律思维，把法律思维作为我们思维决策的重要方式，学会运用法律思维，而非静态地观察法律思维。

二 缓解社科与教义法学的争论

近年来，法学界关于社科法学与法教义学的争论，冲击了既往法律解释研究的立场。在传统法律解释学看来，法律解释始于文义，终于文义，遵守实证法规则的含义是法律解释的内在品质。这种立足于法教义学理论之上的法律解释理论，更加强调法的自主性、稳定性与完备性，借由概念、规则、原则、法理念等构造的法体系来实现自足。"法教义学的思想体系尤其以实在法规则为基础。其中包括现行法即立法者或法院以原则、一般规则和原理形式呈现的法律规范之总和，也包括法律续造和漏洞填补形成的规范。"①

然而社科法学看来，法律存在实然与应然的状态，社科法学关注的问题是经验面向的法律实然问题。因此，法律解释不能仅关注法律规则的条文含义，法律规则背后所要解决问题的立场，才是法学本身的问题意识。正所谓法律的生命不在于逻辑而在于经验。法教义学诉诸的法律解释具有天然的不确定性，法律解释只不过是个案场景下的一种意义阐释，因为从文本到实践，法律适用存在很多现实难题。比如法律自身的模糊性等缺陷，法律实施机制与保障制度运行状态，以及执法者、司法者运用法律的能力等因素，都会影响法律适用的结果，并会带来同案不同判、法秩序难以统一等问题。与此同时，法律解释所依据的解释标准或要素，也不具有制度规则的意义，以及必须加以贯彻的特征，解释标准或要素的选择受到解

---

① ［德］罗尔夫·施蒂尔纳：《法教义学在进一步国际化的世纪之初的重要性》，李云琦译，载李昊主编《北航法律评论》（2015 年第 1 辑），法律出版社 2016 年版，第 23 页。

释者偏好的影响。社科法学关注作为社会现象的法律运用到社会之后，法律会对社会产生什么样的影响，比如法律的作用范围，产生的社会效果，对社会秩序的影响等。它站在法律之外，以社会视角观察法律，认为法律无法像法教义学描述的那样，可以通过逻辑推理等形式来解决社会问题，毋宁说法律实践应是以问题为导向的实用主义。

苏力教授毫不掩饰地强调他对经验研究、社科法学的喜爱。"虽然我支持法教义学——鉴于其对于处理常规案件以及对于法学教育的意义，但是我没法坚信法教义学。对我而言，法教义学的最大弱点不是不适用，而是不长知识，无法以简单的统一规则系统来解说复杂问题；其中还隐含了对语词和概念的迷恋，一种柏拉图主义倾向。我更偏好实用主义，注重经世致用，相信知识源自生活，反感本本主义。"① 站在社科法学的立场上，苏力教授直接否认了"法律思维"存在的可能性。2013年苏力教授在《北大法律评论》（第14卷第2辑）发表《法律人思维？》一文，从"像法律人那样思考"切入，论证了法律人不存在独立的思维形式，即不存在法律人所特有的"法律思维"，一种法律人可以用来独立社会判断、作为真理之基础和标准。他认为法律人思维虽然与普通思维不同，但并不存在很大的差别，"法律人思维的独特性"存在疑问，比如法官、检察官、律师和法学学者们在法律思维上存在不同的立场针对性，它们虽然可以称为"家族相似"，但并非像我们所讲的那样具有"同一性"，法律共同体中实际上并不存在统一的法律人思维。甚至在一定程度上，法律人与普通人的思维并不存在天然的区别，"法盲也有法律思维"。② 事实上，早在20世纪90年代，苏力教授就曾对当时研究火热的法律方法泼过冷水。《解释的难题：对几种法律文本解释方

---

① 苏力：《中国法学研究格局的流变》，《法商研究》2014年第5期。
② 参见苏力《法律人思维？》，《北大法律评论》第14卷第2辑，北京大学出版社2013年版。

法的追问》一文中，苏力教授对当时法律解释学所倡导的解释方法进行了逐一"解构"。他认为，法律解释学并不能建构一个在逻辑层面或分析层面上无矛盾和冲突的解释理论，更无法建构一种客观的、程序化的可供重复操作、可以传授的法律解释方法。[①] 因此，法律解释无非是过多地关注了法律文本的语词，以及与其他文本之间的逻辑关系，法律思维与日常思维并不具有天然的区别与隔阂，法律人在面对法律问题时，只不过是更加关注法律语词，以及法律文本对社会的实在后果。

立足于社会经验层面，社科法学引入了不同的思维形式来观察法律，试图通过不同维度的解读，实现对法律的重新认识。比如法社会学从法律与社会的关系出发，认为法律是社会中的法律，法律必须与社会保持高度的契合度，才能实现规制社会行为的效果。在一定程度上，法律的含义并不拘泥于文本规定，裁判效果影响了法律的含义。法经济学从资源配置的角度，认为法律乃是稀缺资源，影响到了社会分配行为。它用市场竞争模型揭示立法的政治过程，用成本收益的模型评估立法的实际社会效果，[②] 强调基于后果取向观察司法裁判的合理性与可接受性，重视法律对社会矛盾的实际化解能力。

不难发现，社科法学是对传统法教义学的一种反叛，是对以往重视法律规则而轻视社会效果的重新思考。社科法学秉持实用主义的立场，在批判传统法教义学的基础上，指出司法实践不能从抽象的概念或信条出发，法教义学容易陷入法律或制度迷信当中，借用演绎逻辑解决所有的问题。与此同时，法教义学对法律体系自足性与完备性的强调，会忽视一些对裁判具有实质价值的论据，逐渐地使法律体系趋向封闭性，淹没社会变迁中的价值，使那些本应该纳

---

① 参见苏力《解释的难题：对几种法律文本解释方法的追问》，《中国社会科学》1997年第4期。

② 参见陈柏峰《社科法学及功用》，《法商研究》2014年第5期。

入法律体系的素材因体系的排斥性而未纳入法律体系，由此导致法律的滞后性。因此，法律解释，或者司法裁判，仅从法律规定本身出发，采用法教义学的方法，并不能解决法律规定与社会现实之间的紧张关系，毋宁说司法裁判需要经验分析，利益衡量，需在多要素的权衡中增强法律及法律体系回应社会实践能力，形成一种"回应型法"法治环境。①

由此可见，社科法学所强调的法律实效是法律效果与社会效果统一，不只体现在法律文本所表现出的约束力，更是指向法律的价值、政治和社会效果的权衡，在法律效果与社会效果冲突时选择后者。② 因此，在法律解释方法的选择上，社科法学偏爱于社会学解释方法。社会学解释方法以实际解决问题为目标，主张裁判的社会效果，倾向于实用主义。社会学解释方法容易突破法教义学建构的"依据法律进行思考"的思维方式，呈现出"有关法律的思考"的思维样态，将更多的要素纳入法律解释当中，在利益权衡中丢却法律自身的含义，也容易出现法律解释的恣意。社科法学所秉持的实用主义立场，致使法教义学构造的法律的确定性品格趋于破灭，进一步彰显了法律的不确定性，影响了法秩序的统一性。社科法学的问题在于过度夸大了法教义学的僵化性，摒弃了"以简单应对复杂"的法律思维。社科法学具体问题具体分析的思维路径更容易导致裁判的不稳定性，并且对裁判效果的强调也容易因主体的不同走向恣意。

事实上，社科法学与法教义学的争论核心乃是法律体系的开放与否的问题，换言之，法律体系吸纳其他规范的能力强弱问题。法教义学之所以遭遇社科法学的抵牾的原因之一，在于法教义学所构造的法律体系对外在环境保持天然的警惕，它以自足、自洽与完整

---

① 参见陈柏峰《社科法学及功用》，《法商研究》2014年第5期。
② 参见谢海定《法学研究进路的分化与合作——基于社科法学与法教义学的考察》，《法商研究》2014年第5期。

为目的，秉持理性主义，取向体系化建构，使法律体系具有某种独立的意义。"一个由规则和例外组成的体系获得了某种经雕琢后的概念归属以及部分的转义加工，由此使个案在法律上的安排得到合乎体系逻辑的结论。……即使之后人们认识到概念法学有诸多危险亦即逻辑的形式主义使得法律过于脱离社会和政治现实，而纯粹的体系逻辑也与法律的目的和利益导向相左即以目的取代了逻辑，但概念法学这种法理思想直至今日仍保持着重要影响。19 世纪那些伟大法典中的体系化，恰恰仰赖那个时代及其概念的清晰性。"① 在当下倡导目的或价值的法学理论，体系对它们依然保持一定的吸引力，因而体系思维仍然是它们思考问题的基础。

在法学的发展历程中，一方面体系思维逐步摆脱了概念思维的面向，即纯粹的逻辑演绎并非体系思维的全部；另一方面体系思维保持开放的姿态，具有问题导向，比如法官法也被认为是法教义学的一个渊源，除此之外，一些具有论证功能的素材也会被法律体系所吸收。体系思维处在法律与案件之间的位置，它让法律更加接近案件事实，并让依据法律的判决更加清晰，裁判结论越发具有说服力。案件是固定的，而法律是变化的。据此而言，体系思维具有双重运用导向：它一方面涉及需要适用的法律，其基准点乃是现行有效的法律；另一方面它以特定的参与者为导向，以现实的社会控制为目的，在立法者、法官、律师，乃至案件情境中获取法律，完成法律适用过程。② 在具体的实践中，首先它从法律规定的文义开始，通过体系性观察法律规范的位置、上下文之间的关系及与整体法秩序的意义关联，渐进式地寻找法律规范的含义。其次它强调在法律

---

① ［德］罗尔夫·施蒂尔纳：《法教义学在进一步国际化的世纪之初的重要性》，李云琦译，载李昊主编《北航法律评论》（2015 年第 1 辑），法律出版社 2016 年版，第 23—24 页。

② 参见［德］马提亚斯·耶斯德特《法律中的科学——科学比较中的法教义学》，张小丹译，载李昊主编《北航法律评论》（2015 年第 1 辑），法律出版社 2016 年版，第 55 页。

解释时，解释者应该注重由法律原则、法治精神及法治理念等构造的内在体系。相对于以逻辑关系构造的外在体系，内在体系是一个价值体系，是一个具有内在关联的价值规范体系，它使不同的规范具有了内在意义脉络。最后在法律规范缺位的情况下，它主张法律体系"适度"向社会开放，在具体的案件语境中获取法律。"随着法官法的挺进，教义学也发生了改变。只要制定法优先地铸造了法的概念，那么教义学这个概念便指称对法秩序全面的阐释关联。如Pomponius 所言，这一阐释之关联，仅从单部的法律中是无法得知的。通过'明智的'解释，法学寻求发展一个整体性的'内在体系'，一个对各个生活领域连贯、无矛盾的整体性规则。在此，核心定位点在过去是立法的规制目标。"①

三 调和形式与实质解释的分歧

"无论如何，在一个多元异质的社会中，任何基本的社会决定，无论是由法院还是立法机关做出，都不会获得一致支持。"② 对法律解释而言，只要存在法律解释，就会存在不同的解释立场，解释立场自然影响解释结论。梁根林教授指出："法律解释理论关于法律解释的目标向来就有主观解释论与客观解释论、形式解释论与实质解释论之争。"③ 主观解释论主张从法律规范的文义出发，探寻凝结于法律条文之中的立法原意，呈现出遵守规则的解释姿态，因此主观解释论也被称为形式解释论，代表了形式主义思维路径。与之相对，客观解释论强调透过法律规范的文义，获取特定语境中的法律意义，其认为法律规范的文义只是认识与理解法律规范的一个逻辑起点，法律意义需要结合语境、体系、立法目的等要素综合判断，因此客

---

① ［德］伯恩德·吕斯特：《法官法影响下的法教义学和法政策学》，季红明译，载李昊主编《北航法律评论》（2015 年第 1 辑），法律出版社 2016 年版，第 149 页。

② ［美］朱迪斯·N. 施克莱：《守法主义：法、道德和政治审判》，彭亚楠译，中国政法大学出版社 2005 年版，第 11 页。

③ 梁根林：《罪刑法定视域中的刑法适用解释》，《中国法学》2004 年第 3 期。

观解释论也被称为实质解释论，代表了实质主义思维路径。

在实践中，形式解释论忠实于法律规则，代表了克制的解释立场。形式解释论认为，法官应该秉持客观中立的解释姿态，规范自由裁量权，特别是法治建设起步阶段，确保法律的稳定性与意义的安定性对塑造法治秩序尤为重要。总体而言，形式解释论是一种"关于法官们实际怎样裁判案件和（或）关于他们应当怎样裁判案件的理论"①。然而实质解释论认为，法律解释不可能像形式解释论主张的那样，法官忠实地恪守文本含义，法律的文本含义并不真正代表立法原意。事实上，只要法官决定探讨法律的规范含义，或者寻找法律的意义，法律解释已然趋向实质解释。"进行现实分析的不是那些可能甚或必定比立法者更聪明的法律（即规范文本）本身，而是法官。……能够解释的只不过是，什么内容作为立法者的价值判断进入了（添加进）规范文本。因此，其中必定体现了评价的意志行为、立法机构的调整意志。解释的目标就是要查明法律中包含的立法者的价值判断。"② 与此同时，实质解释论关注时间变迁、情境变化，以及法律价值发展等因素对法律意义的影响，因此相比于法律的文本含义，法律的意义更具有现实意义。

在研究上，形式解释论代表了实证主义法学立场，而实质解释论则代表了现实主义法学立场。通常来讲，实证主义所要解决的问题，一是确定社会中的规范在何种情况下才能成为法律规范，二是解决法律与道德分离问题。③ 现实主义认为，实证主义无法真正反映裁判过程，因为一方面法律解释不是逻辑推理过程，它是主观建构的过程，另一方面决定裁判的依据有时并不是既存的实在法规范，

---

① Brian Leiter, "Positivism, Formalism, Realism, Book review on Anthony Sebok, Legal Positivism in American Jurisprudence", *Colum. L. Rev*, Vol. 99, No. 4, May 1999, p. 1144.

② ［德］伯恩·魏德士：《法理学》，丁晓春等译，法律出版社2013年版，第308页。

③ 参见柯岚《法律方法中的形式主义与反形式主义》，《法律科学》2007年第2期。

而是与实在法相关联的政治、道德、伦理等因素，因而实证主义主张的法律与道德分离命题不可能成立。法律实证主义与法律现实主义在20世纪上半叶曾开展过激烈的对话，主要表现为现实主义法学派对实证主义法学派价值中立立场的反叛，认为形式主义遵循的中立裁判立场和捍卫的法律确定性都是虚构的神话。而到了20世纪六七十年代，法律实证主义又开展了对法律现实主义的猛烈批判，致使法律现实主义开始反思，修正自己的法律理论，并尝试建构一种规范性的法律论证理论。比如兰德尔尝试通过法律的概念秩序、法律的融贯性与整全性、法律逻辑的合理性以及法律的可接受性等视角，构建新的裁判理论。[①] 不难发现，法律实证主义与现实主义虽然有自己的核心立场，但并不反对理论的修补与完善，虽然两者直至今日仍然纠缠不休，但都不再主张极端化命题。比如在法律解释上，法律解释不再拘泥于法律规范的文本含义，法律目的、价值以及法治原则等都对法律解释具有远程辐射效应，促使法律解释倾向于构造一种整全性、融贯性理由。

我国有关法律解释研究，在法律解释目标上亦发生了相关争论。比较有代表性的是刑法解释领域。其中，以陈兴良教授为代表的形式解释论，与以张明楷教授为代表的实质解释论就刑法解释展开了一场别开生面的讨论，对促进法律解释学发展，全面认识法律思维大有裨益。陈兴良教授从罪刑法定原则出发，认为罪刑法定原则是在成文法局限的基础上做出的一种不得已的价值选择，是以牺牲法律的实质合理性来确保法律的形式合理性。对于法无明文规定的行为，无论它是否具有社会危害性都应该排除在犯罪的法定范围之外。基于罪刑法定原则，法律解释存在"法内解释"与"法外解释"两种类型。凡是法律解释，都要从法律规范的文本含义出发，法律规范的文本含义是司法裁判的依据。只有当解释的行为在法律规范的文本含义之内，才符合罪刑法定原则。尽管严格依照法律规范的文

---

① 参见柯岚《法律方法中的形式主义与反形式主义》，《法律科学》2007年第2期。

本含义进行解释，有时并不必然符合罪刑法定原则，但刑法解释应尽量控制在法律规范的文本含义射程之内，应属"法内解释"。而当解释的行为不在法律规范的文本含义之内，法律规范只是提供了一种"最相类似"的规定，该种解释属于类推解释，它与罪刑法定原则相违背，属于"法外解释"。①

而张明楷教授认为，实质解释论屡遭批判的原因在于实质解释论可能扩张或限缩法律规范的文本含义，违背罪刑法定原则。其实，这是对罪刑法定原则的一种误读。无论坚持何种解释立场，法律解释从文本含义出发乃是法律解释的基本共识。只是成文法的局限性，使得法律不可能对所有的犯罪行为都有所规定，而且并不是所有的行为都需要严格的刑法来加以规范。有些行为虽然符合刑法规定，但并不具有可罚性，相反，一些并没有被刑法规定所涵摄的行为，实质上却具有刑法的可罚性。② 形式解释论强调忠实于罪状的立场，有时会凸显法律规定的僵化性，甚至会忽视刑法目的与法益保护。实质解释论通过犯罪的本质来指导刑法解释，在不违反罪刑法定、民主原则以及预测可能性的前提下，根据刑法目的对法律规范的文本含义作扩张或者缩小解释，以规制本应科以处罚的行为，排除不应规制行为。③

形式解释论与实质解释论之争，呈现出法律解释对待法律文本的态度，前者偏向形式思维，后者体现实质思维。形式思维与实质思维，也隐射了我国法治建设的立场之争，前者趋向形式法治，后者偏爱实质法治。形式思维认为，法治是规则治理的事业，作为裁判依据的只能是法律。"依法裁判"是法治建设的本质要求，司法裁判应该恪守规则，遵守立法机关代理人角色，保持法律解

---

① 参见陈兴良《形式解释论的再宣示》，《中国法学》2010 年第 4 期。
② 参见张明楷《罪刑法定与刑法解释》，北京大学出版社 2009 年版，第 68 页。
③ 李立众主编：《刑法新思潮——张明楷教授学术观点探究》，北京大学出版社 2008 年版，第 67 页。

释的克制姿态。司法裁判应该坚持"法无规定不为罪、法无规定不处罚"的法治精髓，限制法官的自由裁量权，确保法律解释结果只能是法律本身的含义。实质思维认为，法律规范并没有人们所想象的那样，完美无漏洞，法律的模糊性、法律的滞后性、法律的不确定性比比皆是。法治的精髓在于限制公权力、保障私权利，因而需要秉持能动姿态，创造性地解决问题。体现在法律解释上，它要求法官在裁判案件时，应当坚持有利于权利保障的原则，尽量做有利于公民权利的解释，而不需要机械地坚守法律规范的文本含义，法律规范背后的目的与法治精神是指导法律解释的理由。

公允地讲，形式思维与实质思维是法律思维的不同面向。基于立场的不同，形式思维意在阻止法官的自由解释，规制法律解释任意与擅断；实质思维意在化解纠纷，追求法律裁断的实际效果。两者最终目的趋于一致，即追求法律的善治。因而两者在思维上亦可进行协调，避免非此即彼的极端倾向。实际上，体系思维可以有效地沟通形式思维与实质思维，缓和两者之间的争论。形式解释论以文义解释为基本方法，以追求法律规范的文本含义为目标，主张任何偏离法律文本的含义，都是一种过度解释，法治反对过度解释。[①] 然而，过度强调法律规范的文本含义容易走向形式解释的极端，比如法律规范的边缘含义也被排除在文义之外。实质解释论反对形式解释论的文本主义，认为语境含义、法律原则、法律目的等因素对法律解释尤其重要，像那些不应科以处罚而实际上又被规制的行为不符合法律的目的，法律解释应该考量行为对法益的侵害性，通过利益衡量，寻找最合理的解释结论。由此可见，形式解释论与实质解释论乃是文本主义与目的主义之间的较量。然而，法律解释既不能僵化死板地恪守文本主义，比如"禁止机动车进入公园"

---

① 参见杨铜铜《法治反对解释——一种法治建设的权宜之计》，载陈金钊主编《法律方法》（第 15 卷），山东人民出版社 2014 年版，第 434 页。

"禁止将血洒在道路上"等规定,严格遵守字面含义极可能带有一些难以调和的冲突,凸显法律的不正当性;也不能漫无目的、毫无节制地运用目的解释,随意揣测立法目的。

体系思维具有"依据法律进行思考"和"有关法律的思考"两个面向,因而体系思维既有形式思维特征,又具有实质思维的属性。就前者而言,作为一种典型的法律思维形式,体系思维以法律的体系化为基础,因而以法律概念、法律规则等构造的规范体系便成为思考法律问题的逻辑起点。在这里,法律规范的文本含义具有优先适用的位序,文义解释方法便成为法律解释的起始方法。但是以法律的体系化为基础构造的法律体系具有辐射效应,法律规范需要结合语境等要素综合解释,因此即便文义解释具有优先的地位,但并不能决定文义解释具有最终的效力。体系思维不等于体系解释方法,学界通常将体系解释方式视为一种狭义的法律解释方法,并将它定位在文义解释之后使用的方法,这种认识不仅限制了体系解释方法的功能,也限缩了体系思维的作用范围。体系思维是法律的体系化的哲学基础,任何有关法律的解释都蕴含着体系思维,并隐含着维持法律的体系化的基因。就后者而言,实质思维与形式思维并不具有天然的区隔,并且形式思维中包含着实质要素。"形式主义范式中的确存在着一些实质主义因素。这些学者自觉或不自觉地试图超越自身的传统界限和认知局限,弥合个人与社会、行动与结构、个体论与整体论、个人与集体、个人理性与社会理性之间的内在矛盾。他们所主张的道德、情感、价值理性、系统行为、关系等,本身就属于实质主义的分析要素。"[①] 与此同时,与形式主义吸纳实质主义的知识传统相似,实质主义者在阐释它的理论范式时,也吸收了形式主义的一些知识要素,他们将两种知识体系置于知识连续体的两

[①] 马良灿:《从形式主义到实质主义:经济社会关系视域中的范式论战与反思》,社会科学文献出版社2013年版,第190页。

端，在一定程度上认可了对方的一些知识体系的合法性。① 即便实质思维提倡目的解释，主张法律解释的创造性与能动性，但仍以法律的体系化为前提，任何脱离法律的体系化的解释都好比无源之水无本之木。换言之，实质思维无法与形式思维相决裂，甚至一定程度上实质思维是以形式思维为基础的，只是在法律解释时，实质思维添附了更多的要素，冲淡了形式思维的逻辑面向。比如体系思维认为体系完备、自给自足的法律体系才能有效应对社会出现的问题，但是法律体系自始至终就未曾完备，因而体系思维也承认法律漏洞、法律冲突等问题。法律体系的不完备性是法治的特征之一，因而法律体系保持开放性，借由其他规范来修补与完善法律体系。在此情境下，体系思维呈现出由形式思维向实质思维渐进发展的路径。法治既需要以法律为思考前提，特定场景下又需要对法律加以检视，对那些不符合立法目的、不利于权利保障的法律进行修正或者背离。

---

① 马良灿：《从形式主义到实质主义：经济社会关系视域中的范式论战与反思》，社会科学文献出版社2013年版，第191页。

第 三 章

体系解释方法的解释资源

第一节 体系解释方法的"体系范围"界定

作为一门实践性科学,法学研究的实践性命题促成了当代法学研究的转向。"到了现代社会,随着法的内在价值冲突加剧,规范数量日益增多,体系问题已成为法学研究中的核心问题。"① 我国立法理念与司法实践深受概念法学影响,法律体系的基本架构选用规则—原则模式。这其中,立法活动以建构结构完整、体系完备、逻辑一致性、价值无冲突的法律体系为目标。特别是民主体制下,不同层级的立法机关基于宪法及立法法等授权,从事缜密的法律创制活动,形成了我国特色的一元两级多层次的立法格局。与此同时,法院依据法律、法规,参照规章等做出裁判,而在没有法律法规,或者它们模糊不清时,将最高人民法院的司法解释等作为裁判依据。由此可见,立法机关供给的法律体系具有不完备性,"依法裁判"之"法"也并不限于制定法体系。因此,为寻找适于法治的法律体系,为体系解释方法框定解释资源,需要我们转变既往研究的立场,特别是我国特色社会主义法律体系形成以后,应将目光置于司法视域,

---

① 朱岩:《社会基础变迁与民法双重体系建构》,《中国社会科学》2010 年第 6 期。

以法律实践为中心，发现与解决问题。

一 立法提供了规范性的"法律体系"

立足我国法制建设历程，中华人民共和国成立后，我国全面废除了民国时期的法律制度，亟须建构适于社会主义的法律制度。在人民代表大会制度建立之前，由中央人民政府行使立法权，制定了1954年宪法，并将立法权赋予全国人大及其常委会。但宪法制定后的很长一段时间内，不仅立法机关无法发挥职权，而且司法系统也近乎瘫痪，"无法裁判"成为当时法制的写照。党的十一届三中全会后，国家全面开启拨乱反正时代，为摆脱"无法裁判"的局面，以及实现国家的稳定与富强，亟须为社会提供各方面的法制保障。至此，我国法制建设全面恢复，大规模的立法活动重新开启。

历经立法试错，我国逐渐形成一种渐进主义的立法模式，坚持一种审慎立法的政策，先后总结出"宜粗不宜细""成熟一个、制定一个""先立单行法、后立综合法""先地方、后中央"等"摸着石头过河"的立法经验。1997年党的十五大明确提出，到2010年形成中国特色的社会主义法律体系。党的十六大重申了该目标，党的十七大提出了完善该法律体系的任务。有学者针我国的立法实践，对我国法律体系形成过程进行了初步时代划分：1978—1992年，中国特色社会主义法律体系初步阶段；1992—2002年，中国特色社会主义法律体系初步形成阶段；2002—2008年，中国特色社会主义法律体系基本形成阶段。[①] 2011年时任全国人大常委会委员长吴邦国在十一届全国人大四次会议上宣布中国特色的社会主义法律体系已经形成，具有我国法治建设的"里程碑"式意义。按照官方定义，中国特色的社会主义法律体系以宪法为统帅，以法律为主干，以行政法规、地方性法规为重要组成部分，由宪法相关法、民法商法、

---

① 周叶中、伊士国：《中国特色社会主义法律体系的发展与回顾——改革开放30年中国立法检视》，《法学论坛》2008年第4期。

行政法、经济法、社会法、刑法、诉讼与非诉讼程序法等多个法律部门组成的有机统一整体。①

不难发现，我国特色社会主义法律体系建构秉持的是立法主导的理性建构模式，它以建立一个体系完备、无冲突漏洞的法律规范体系为目标。在具体表现上，立法权被赋予了不同的立法机关，多元化的立法机关致力于构造一个体系完备的"规范网"，借助不同种类、不同层级的法律规范形式全面的实现国家治理。为此，2000年制定、2015年修改的《立法法》对我国立法权限划分进行了进一步明确。其中第7条规定，全国人大可以制定基本法律，主要包括制定和修改刑法、民事、国家机构和其他的基本法律，全国人大常委会可以制定基本法律以外的法律，在全国人大闭会期间，可以对全国人大制定的法律进行部分补充和修改。第72条规定，省、自治区、直辖市的人大及其常委会可以制定地方性法规，设区的市人大及其常委会可以根据本市的具体情况和实际需要，制定地方性法规，民族自治地方的人大可以制定自治条例和单行条例。除此之外，依据《立法法》第80—82条规定，国务院及其各部委、中国人民银行、审计署及具有行政管理职能的直属机构，与省、自治区、直辖市和设区的市、自治州的人民政府可以制定规章。可见，"一元两级多层次"立法格局趋于稳固，由宪法、法律、行政法规、地方性法规、自治条例和单行条例、规章形成的规范性法律文件体系已经形成。

历史证明，我国多元立法机关制定的规范性法律文件，为我国法律体系的形成做出了重大贡献，基本解决了我国司法实践无法可依的状态。特别是2021年1月1日《民法典》正式实施，标志着我国进入法典时代。《民法典》以权利保护为中心，系统完整地阐释了自然人、法人、非法人组织等民事主体在民事活动中所享有的人身、

---

① 国务院新闻办公室：《中国特色社会主义法律体系》，人民出版社2011年版，第10页。

财产权利，为人们生活构造了基本的制度体系。这种以理性思潮为代表的法典编纂理论再次表明我国法治进程，仍然会秉持建构主义立场，以理性方法建构法律体系。

二 "法律体系"由立法向司法视角的拓展

按照我国学者的定义，立法机关所供给的法律体系主要就是以宪法为统帅，由宪法相关法、民法商法、行政法等七个法律部门构成的法律体系。该法律体系主要指制定法体系，与苏联法律体系建构具有亲缘性，主要从国家主义的视角来建构法律体系，[①] 而非我们通常意义上所称的法治体系。与西方法治的自我演进模式不同，西方是以法源为重点形成的法律体系，不仅包括判例法形式，它还包含日益隆盛的制定法，而我国的法律体系主要由立法机关制定的法律所构建，在制度层面上排除判例等的运用。然而不难发现，这种以立法为基础构造的法律体系，将过多的精力集中在法的体系编纂上，忽视了社会基础的变迁，阻碍了法律与社会之间的关系，并且使法律体系越来越趋于封闭。具体表现在以下几个方面。

第一，以立法为主导的法律体系建构模式，是以部门法划分为标准，对法律规范进行分类，导致法律体系内容较为单一。以立法为主导的法律体系在更为精确的意义上讲，应该是"立法体系"。所谓的立法体系是指一国既存的法律规范的总和，它是以法律规范为基础搭建的法律体系。法律体系不应只表现为静态的规范总和，它应囊括一个国家的法律意识、法律传统、法律职业和法律角色等。因此，广义上的法律体系可以包含法律生活的全部要素。[②] 法律体系是根据法律的调整对象和调整方法对法律进行的整体把握与认知，

[①] 参见李拥军《当代中国法律体系的反思与重构》，《法制与社会发展》2009年第4期。

[②] 参见庞正《法律体系基本理论问题的再澄清》，《南京林业大学学报》（人文社会科学版）2003年第3期。

在此意义上，法律体系与立法体系互为内容与表现形式。立法体系是法律体系的一个维度，不足以表现法律体系的所有内容。"在内容上看，法律体系并非仅仅是国家机关颁布的制定法所构成的刚性规则体系，它也包括了由判例、教义甚至习惯法组成的制度化部分。"[①] 把法律体系限定为由立法机关创制的法律规范体系，限缩了法律体系的范围，不利于法律实践及法治的推进。

第二，以立法为主导的法律体系划分标准表现出了非逻辑性及随意性，不利于法律实践。法理学对于法律部门的划分标准主要分为两类：法律调整的对象与法律的调整方法。李拥军教授认为，这两种划分标准存在解释力不足的问题。就法律调整对象而言，法律主要调整社会关系，以其作为划分标准难以解释一些部门法的独立性，也难以描述它们之间的区别。比如民商法和经济法都是调整经济领域的经济关系，但它们被划分为不同的部门法之中，即民法商法与经济法。也许会有人说，民商法主要调整平等法律主体之间的关系，经济法主要调整不平等法律主体之间的关系，但消费者权益保护法、产品质量法等调整的是消费者与经营者之间的关系，是一种平等主体之间的法律关系，但它们被划分到经济法，而不属于调整平等民事关系的民商法当中。[②] 而就法律调整方法来讲，独立调整方法主要分为四种：宪法方法、民法方法、刑法方法和行政法方法。其他部门法方法，比如环境法方法、经济法方法等只不过是上述几种方法的综合适用而已，很难形成独立的调整方法。[③] 如果社会关系按照这几种逻辑进行简单分类，那么会忽视社会的复杂性与法律规范的有限性，导致法律部门的封闭性。

---

① 雷磊：《融贯性与法律体系的建构——兼论当代中国法律体系的融贯化》，《法学家》2012 年第 2 期。

② 参见李拥军《当代中国法律体系的反思与重构》，《法制与社会发展》2009 年第 4 期。

③ 参见李拥军《当代中国法律体系的反思与重构》，《法制与社会发展》2009 年第 4 期。

李拥军教授同时指出，我国法律部门的划分表现出了一种划分的随意性，这以权威性《法理学》教程最为明显。① 但是伴随着官方等权威机构对部门法的划分，最近十几年来又表现出划分的稳定性。而这大大限缩了法律体系的实践功能。从外部空间看，我国法律体系建构属于权力主导型的建构模式，与西方先进法治国家存在一定的代差，我国法律体系建构既模仿大陆法系国家，又吸收了判例法国家的建构模式，法律体系建构一直处在学习与借鉴之中。② 以部门法为划分标准的法律体系保持了苏联的传统，在面对社会问题或者调整社会关系时，因为部门法的划分限制，人为割裂了不同规范之间的关系，也使得在解释法律规范时，难以形成一个规范系统，仅就单个部门法规范进行适用，在问题认识、责任界定等领域凸显了局限性。从内部空间看，多元立法主体制定的法律规范冲突不断，而立法所预留的解决方式不足以化解它们之间的冲突。同时，以立法为主导的法律体系建构，忽视了司法实践中经验总结，排除了法学发展中教义学因素，导致法律体系发展趋向封闭。在立法理念上，法律体系以法秩序统一性为原则，忽视了不同地区经济发展、社会环境等实际因素的影响，法律的统一适用带来了地区间的不平等。

近几十年来，立法主导的法律体系建构模式造就了当代法律体系的特征，"具体表现为以功能设计与规范建构为路径的立法论研究范式、大规模引进域外立法材料引致的外源型研究范式、基于立法引导型建构的学术导向范式"③。但是我国特色社会主义法律体系形成后，这种以立法为中心的研究范式隐含的缺陷日益凸显，法学界一直吁求法学研究应该从"立法中心主义"向"司法中心主义"转向，改变既往的立法中心主义法学研究范式，突出法律实践对于法

---

① 参见李拥军《当代中国法律体系的反思与重构》，《法制与社会发展》2009 年第 4 期。

② 参见雷磊《融贯性与法律体系的建构——兼论当代中国法律体系的融贯化》，《法学家》2012 年第 2 期。

③ 陈甦：《体系前研究到体系后研究的范式转型》，《法学研究》2011 年第 5 期。

治的意义。原因有以下几点。

其一，立法主导下的法律体系建构侧重法律体系的逻辑向度，即以法律的外在体系化为重点，通过法的概念、规则、制度加总建构的体系，法律体系更本质地体现在它的内在关联上，法律体系是否具有一致性，司法实践是最好的检验标准。只有将法律规范运用到实践中，才能判断出法律规范是否明确、具体，与其他法律规范是否具有内在的逻辑关系，与法律体系是否具有内在的融贯。司法实践具有价值导向性，"既需要相关法域的法教义学支持（部门法理学）和法律解释技术（法学方法论）的支持，同时又需要听从发自内心的正义之声的召唤"①。只有将凝结在法律体系当中的价值释放，才能判断法律体系是否适于实践需要。

其二，法律体系建构不可能一劳永逸，法律体系需要基于实践不断修正。"法的体系尽管十分重要，但它的建构却面临着绝对理性与历史性张力。"② 法律体系源于人类理性，无论源于立法者，还是法学家们，他们对法的认识受制于意识形态、社会制度等因素影响，具有认识的相对性与不完整性。即便注重法的可预测性，但波谲云诡的社会始终推动着法律体系内在价值的变迁。而当内在价值发生变迁，外在体系也会随之发生变动。与此同时，司法实践也会基于不同的社会关系发展出不同的法律原则，而这也会影响到法律体系的调整。"传统民法以抽象的平等个人为主体原型，因此'弱者保护'成为社会法和经济法的任务；而当'弱者保护'上升为民法内在体系的基本环节之后，从概念、规范到制度构造等各个层次都必须重新梳理经济法、社会保障法以及消费者保护法与民法的关系。"③ 与此同时，立法理性存在限度，因而立法者不可能完全预测所有未来的情境，由此导致法律漏洞普遍存在。借由法律体系中的

---

① 黄卉：《法学通说与法学方法》，中国法制出版社2015年版，第4页。
② 朱岩：《社会基础变迁与民法双重体系建构》，《中国社会科学》2010年第6期。
③ 朱岩：《社会基础变迁与民法双重体系建构》，《中国社会科学》2010年第6期。

其他规范类推适用，不能解决所有的问题，因而造就了法官法对漏洞的补充功能。随着法官法的反复适用，它潜移默化地成为法律体系的一部分，充当法律规范的角色。

三 司法视角下"法律体系"适于法治需要

法学研究立场由"立法中心主义"向"司法中心主义"的转向，是从"体系前"研究向"体系后"研究范式的转换，由重在立法建构法律体系向强调司法实践完善法律体系转变。"在我国社会主义法律体系形成后，准确理解和有效实施法律就成为法治建设的重要任务，因为在体系研究中，理解论不仅是重要的而且是必要的。"①

首先，司法乃是法治社会最为重要的纠纷解决方式。体系前与体系后的划分，是以我国特色社会主义法律体系形成标准。在体系前，法治建设主要是解决"无法可依"的现象，实现法律对社会的全面覆盖。因此，法治建设强调以功能设计与规范建构为主要路径，通过大规模的立法活动构造了由不同法律部门组成的法律体系。在法律体系形成以后，司法无疑是解决社会问题的最主要形式。民主体制中，司法机关是危险最小的部门，同时也是实现法治最主要的部门。比如在宏观层面上，最高人民法院可以制定司法解释，就有关法律的具体适用问题进行解释，明确法律的具体含义及适用场景，并通过司法解释的形式实现法律的统一适用，实现同案同判的形式正义。在微观层面上，最高人民法院可以通过颁布指导性案例的形式，对个案裁判进行引导。通过较为翔实的裁判事实与精练的裁判要旨，点明案件审判重点，使其成为具有参照价值的司法准据，引导下级法院在相似案件中适用判例。法官不能因为法律没有规定而拒绝裁判，因而无论哪一层级的人民法院都拥有个案解释、漏洞补充的权力，法官可以采用类推适用、法官造法等方式解决案件，

---

① 陈甦：《体系前研究到体系后研究的范式转型》，《法学研究》2011年第5期。

实现案件纠纷的有效化解。

其次，司法实践可以调和法律体系与社会事实的关系。按照法治要求，法律应该具有可预测性，其是确保法律体系稳定性的前提之一。法律制定乃是将复杂的社会现象予以抽象规则化，实现"以简单应对复杂"。如果社会快速变迁，那么以简单应对复杂的法律规范必然会出现滞后性，进而影响法律体系的稳定性。因此，面对复杂多变的社会环境，以及立法者理性的缺陷，法律体系应当保持开放性。法律体系的开放性能够确保它不断地汲取社会养分，对法律体系进行调整与修正，保持与时俱进的特征。从外部视角看，法律体系与社会事实并不具有天然的区隔，法律规范来源于社会经验、法则，又作用于社会事实。在法律规范存在模糊、不确定性时，也通常借助经验法则来解释，当法律体系存在漏洞时，一些反复被运用的习惯等可以用来填补法律漏洞。从内部视角看，为了避免断章取义、片面理解法律，法官需要在上下文、法律部门或整个法律体系中进行解释，探寻法律的规范意义。这其中不仅包括形式上的外在体系，还包括价值上的内在体系。内在体系是以立法价值、法律原则或立法目的构建的评价体系，对于内在体系的理解与客观化，需要从法律的基本价值到次要价值，再到每个制度的价值以及每个规范的价值展开论证，而它们立论根基是来源于社会的认知。因此，法律体系既能根据社会变迁进行相应调整与修正，又能确保社会秩序的稳定，影响社会的发展。

最后，司法实践能够解决法律体系的固有缺陷。"常说的法律制度的统一性不是法官可以发现的现实存在。它是通过解释和漏洞补充从而克服评价矛盾的产物，是法院理想的法律适用目的。"[①] 因此即便理想的状态下也难以实现法秩序的统一性。作为法秩序统一性的载体，法律体系自建构开始，便被赋予了完备性、自足性、无矛

---

① ［德］伯恩·魏德士：《法理学》，丁晓春等译，法律出版社 2013 年版，第 123 页。

盾性等价值理想，但即便是概念法学也未能取得成功。比如法律规范的语词、语句，甚至标点符号使用方法在一定程度上都影响着法律体系的稳定性。司法实践的任务之一就是解决这些因法律语言使用不精确性所带来的问题。特别是对不确定法律概念或者一般性条款解释时，法官必须将目光深入法律体系的内在价值层面之中。"体系化的另一个层面就是价值层面。"① 这一价值是立法者在制定法律规范之初所秉持的价值取向，是一种体现在法律背后的立法者意图或目的。与此同时，由于立法背景、立法者的转变，不同时期制定的法律难免会"打架"，法律冲突在所难免。法律冲突乃是多个法律规范可同时适用一案件事实而各自的法效果不同，是一种"有法可依"的裁判状态，需要法官选择适用。由此可见，法律概念与法律体系、法律规范与法律体系之间的融贯，需要司法实践予以实现。

四 借由司法实践为"法律体系"框定范围

应当承认，即便是以制定法为核心的法律适用，法官仍需以充分的理由论证法律判断的妥当性，而论证资源并不一定来自制定法体系。与此同时，无论立法者是否愿意承认，法律渊源的数量庞杂且多样，远非制定法体系所能涵盖。"换言之，现行法律规范的总和即使对于法律工作者而言也显得不透彻了。新的成文法与新的法官法像潮水一样不断涌现，法律处于不断变动之中，使得在解决具体法律问题时必须重新寻找法在何处。"② 但是，法律体系不可能包含所有的社会要素，将某些要素解释成法律体系的组成部分是不可能的。

从司法裁判的实效性上看，法官在制定法体系中寻找裁判依据，

---

① 王利明：《法律体系形成后的民法典制定》，《广东社会科学》2012年第1期。
② [德] 伯恩·魏德士：《法理学》，丁晓春等译，法律出版社2013年版，第117页。

具有天然的合法性与权威性。"法学上的论证虽然是普遍性实践论证的一种,但自有其特色,既属规范论证,其论证的形式和规则均须受现行法的限制,即在有效力的法规范上作法律适用合理性的推论和证明。"① 即便法律论证寻求"情理法"兼容,法律规范仍具有绝对优先的地位。然而,人们逐渐意识到,在合法性之上存在合理性要求,在权威性之上存在可接受性诉求,因此需要在制定法之外寻求论证资源。但是,并非所有的法外因素都能进入司法裁判,只有那些具有法律渊源性质的"权威性理由"才能被援引。"法律渊源是一种权威性理由(authority reasons)。人们提供了一种权威的理由,以支持特定的立法决定、司法裁决或者其他根据情势而不是内容所作出的裁决。法律人必须、应当或者可以提供的作为权威性理由的所有文本和惯例(practice)等都是本书所采用的意义上的法律渊源。"②

到了 19 世纪末,人们逐渐认识到制定法的合法性与权威性来源并不限于国家的制定与认可,制定法、判例、习惯与学说都具有法的渊源性质,它们一起组成了最合理的当代法律渊源理论。法律渊源因时、因地而改变,并不具有一个绝对性的范围,但是就法律渊源所包含的要素,可以按照性质、效力等划分出等级结构。在司法裁判中,"所有的法院和权威机构都必须在其决策的证成或辩护中利用那些可以适用的制定法和其他规章"③。它们是具有优先效力,是预设、既存、有效的权威理由。从表现形式上看,它们是法律推理的形式论据。除此之外,尚存在法律推理的实质性论据,它们被理解为是一种道德的、政治的、经济的、伦理的、制度的、学理的或

---

① 王泽鉴:《民法思维——请求权基础理论体系》,北京大学出版社 2009 年版,第 165 页。
② [瑞典]亚历山大·佩岑尼克:《法律科学:作为法律知识和法律渊源的法律学说》,桂晓伟译,武汉大学出版社 2009 年版,第 26 页。
③ [瑞典]亚历山大·佩岑尼克:《法律科学:作为法律知识和法律渊源的法律学说》,桂晓伟译,武汉大学出版社 2009 年版,第 27 页。

其他社会因素，它揭示了法律、法令、先例或其他法律所承认的事实——合同、判决。① "当实质性依据整合入某条规则（或其他法律事实）之时，它们就具有了一个或更多的形式特征，并因此形成了一种——最常见的那种——形式性依据。因此，这种形式性依据是某些特征的实质理由和具体的形式特征之混合体。"② 与形式论据相比，它们具有次优的地位。形式论据被称为正式法源，实质论据被称为非正式法源。在特定情境下，实质论据可以具有形式论据的效力。比如存在法律漏洞时，法官可以援引实质论据填补漏洞，成为决定裁判的法律理由。即便这些理由游离于法律之外，它们仍然具有整合价值，会对法律发挥着影响作用，"就像它们塑造了法律那样，法律也塑造它们"③。

在最近几十年来，解释逐渐成为研究所有社会活动的引人注目的方法。④ "界定裁判中解释的尺度和范围，以及所有解释性活动的动态特征及其建设性地连接主观和客观的能力，将加深我们对于法律的认识，事实上，还将间接地说明法律何以成为可能。"⑤ 解释的尺度与范围的确定是法律解释的核心问题之一。就解释的尺度而言，无论秉持客观主义还是主观主义，都应当尊重制定法体系的优先地位，确保制定法适用的优先地位；而无论秉持文本主义还是目的主义，也都应该以法律文本的解释为起点，决不能进行脱离文本的任意创造。就解释的范围而讲，法律解释不可能毫无章法、无规律可

---

① 参见［美］P. S. 阿蒂亚、R. S. 萨默斯《英美法中的形式与实质》，金敏、陈林林等译，中国政法大学出版社2005年版，第2页。

② ［美］P. S. 阿蒂亚、R. S. 萨默斯：《英美法中的形式与实质》，金敏、陈林林等译，中国政法大学出版社2005年版，第6页。

③ ［美］P. S. 阿蒂亚、R. S. 萨默斯：《英美法中的形式与实质》，金敏、陈林林等译，中国政法大学出版社2005年版，第6页。

④ Charles Taylor, "Interpretation and the Science of Man", *Review of Metaphysics*, Vol. 25, September 1971, pp. 3–51.

⑤ ［美］欧文·费斯：《如法所能》，师帅译，中国政法大学出版社2008年版，第196页。

循,没有范围地援引论据,法律解释资源必须予以限定。只有那些具有法源性质的实质论据才能被法官所援引,除此之外不应该再扩大解释资源的范围,否则会为自由裁量、规则逃逸提供理由。

不难发现,司法实践改变了立法中心主义视角,基于裁判的需要找寻那些对论证有效的资源,通过合理的解释、论证、修辞等方法,将它们与制定法体系相融贯,共同论证裁判结论的合理性。与此同时,借助司法实践将具有非正式法源性质的实质论据整合到法律体系之中,无论将它们用于解释规则的含义,还是用于原则的具体化,抑或论证裁判前提的合理性,都是"以法律的名义"展开的运用。它有效地排除了法律适用的恣意,并合理地框定了法律体系的范围,避免法外因素肆意侵入法律体系,维护了法律体系的稳定性。

第二节　法律体系的要素及表现形式

法律体系的完善程度影响着法律解释。法律体系具有形式、目的与价值三个维度的意义。就形式而言,法律体系选择规则——原则构造模式,搭建起总则与分则、一般规则与特殊规则之间关系,借由全部法律规范构成的法律体系实现法律适用的平等性。就目的而言,法律体系具有内在一致的评价,以及保障法律评价一致的法律原则,它们为法律体系的融贯提供理由支撑。就价值而言,法律体系通过确保法律的安定性实现平等待人的价值理想。[①] 法律体系越完备、越融贯,从法律体系中获得支撑理由也就越完整,法律解释的空间也就越小,法律的安定性也就越能实现。与此同时,法律体系直接框定了体系解释的范围,其外在体系提供逻辑一致、无冲突的形式依据,内在体系提供实质理由支撑,借助合乎逻辑且有意义的

---

① 朱明哲:《法典化模式选择的法理辨析》,《法制与社会发展》2021年第1期。

体系推导出合理的决定。

在有关法律体系的认识上，虽然外在体系与内在体系区分主要见于私法领域，但是基于内外体系划分所带来的法律认识与实践意义，内外体系的划分也逐渐延伸公法领域。比如有学者指出，刑法的外在体系是刑法的编制体例与条文之间的关联，本质上乃是由刑法概念所构成的体系；刑法的内在体系是指刑法的原则与价值判断，本质上是刑法价值或目的所形成的体系。① 因此在法律体系运用上，体系解释之"体系"范围，即所参照体系范围包括了刑法体系乃至整个法律体系的外在和内在体系。② 这与观察法律体系的视角有关，也与我国在立法体例上采用"原则外显"的立法技术有关，当然也与人们为了更好地观察、理解与运用法律体系解决实际问题有关。

一 法律体系的构成要素

任何法律规范都不是独立存在的，任何法律规范都是"整个法律秩序"的一部分，它在一部法律的内部或与其他法律的法律规范都存在内部与外部的紧密联系。③ "体系解释实际上是法律规范体系性适用的组成部分和具体表现。"④ 法律体系不可能由碎片化的规范组成，在内部构造上，它们由一系列具有相互关联关系的要素组成。

（一）法律概念是构成法律体系的基本单元

"一直以来，我们法律人都在为概念争执。"⑤ 法律概念是构成

---

① 王海桥：《刑法解释的基本原理——理念、方法及其运作规则》，法律出版社2012年版，第174—175页。

② 贾银生：《刑法体系解释之"体系范围"的审视与厘定》，《社会科学》2020年第4期。

③ ［德］伯恩·魏德士：《法理学》，丁晓春等译，法律出版社2013年版，第65页。

④ 孔祥俊：《法律解释与适用方法》，中国法制出版社2017年版，第291页。

⑤ ［德］英格伯格·普珀：《法学思维小学堂——法律人的6堂思维训练课》，蔡圣伟译，北京大学出版社2011年版，第3页。

法律规范的基本单元，是法律体系的最微小的"原子"，是描述对象特征的一种基本形式，也是文义解释以及思考法律问题的起点。如果法律概念不清晰，那么语词、句子、规范、文本的准确性将受到限制，法律解释也会产生复数可能，甚至导致司法裁判出现不同的裁判结果。法律概念的形成体现了一种抽象化的过程，其是立法者将社会中反复出现的现象予以概括化，用最简练的字词提炼与抽象出的一种蕴含特定意义的语词形式。这一过程既让其蕴含特定意义，又赋予其特殊价值共识。而当运用这些概念时，省却了法律人的价值思考与判断，减轻了思维论证负担。定义上的任意性，不适于法律概念，法律概念连接着法律规范，关联着特定法律后果。经过法教义学的熏陶，法律人很容易识别出法律概念的含义，探知其所蕴含的价值，以概念为起点，理解与解释整个法律规范。

按照通常划分标准，法律概念分为通常概念与专业概念。前者是法律语言的基本表现方式，也是公众可以理解法律的基础。从语言学的角度看，法律语言是以日常语言的形式表达的，法律语言离不开日常语言所使用的字词、语法与构造方法。一般而言，法律语言的通俗化是实现民主价值的主要形式，因为一旦法律语言深不可测、晦涩难懂，不仅制约公众对它的认知与理解，而且容易消解法律的公开性与实施效果。倡导法律语言通俗化已成为当下法治国家制定法律所必须遵守的法治原则。无论是法律条文还是法律规范，它们都多是由日常语言组成的，包括了通常意义上的连词、虚词及其标点符号。就后者而言，立法者为了方便表达某类事物或者某一事物特征，也专门设计了一些专业性概念用来表达其与其他概念之间的不同，比如"物权""人格权"等。这些专业概念相比通常概念更具有针对性，它们通常具有一致且稳定的内涵，是法律概念中较为特殊的类型。

然而，"概念就像挂衣钩，不同的时代挂上由时代精神所设计的不同的'时装'。语词的表面含义（＝挂衣钩）是持久的，但潮流

（概念内容）在不断变化"①。无论是通常概念还是专业概念，将其放置于法律文本加以理解时难免出现不确定性。于法律解释学而言，法律文本的含义始于法律概念的理解，而没有一个法律概念是纯粹脱离文本语境的。换言之，尽管法律概念是构成法律体系的基本单元，但是对法律概念的解释仍需依托文本语境。这里的语境既可能由上下句决定，也可能受其他规范的影响，甚至同一规范中的句法结构与标点符号都会影响法律概念的解释。与此同时，法律概念并非永恒不变，法律概念也会受到历史、政治及社会环境的影响，其含义也会随着社会发展而发展。因此在解释法律概念时，"除来源的上下文之外，还存在接受或解释时的上下文。可见，对文本的理解取决于来源的上下文与理解时的上下文之间的辩证关系"②。

在这些法律概念当中，有一类法律概念尤为需要重视，即取向于特定法功能的"不确定法律概念"，它们因注重广泛的可用性而放弃了定义的明确性。诸如"夜晚""武器""良好""过失""故意""十分严重""数量巨大""公序良俗""社会主义核心价值观"等。在立法之时，由于受到法律规范数量的有限性与法律调整事项的无限性之间矛盾影响，立法者必须选择一些包含普遍与一般化评价标准的概念。比如立法者刻意采用不确定法律概念，以实现法律规范的周延性，避免出现不必要的漏洞；而有时立法者不得不采用不确定法律概念以应对复杂的社会现象，将其交由司法者在具体语境中赋予它新的含义。

不确定法律概念中，可以划分为经验性（描述性）法律概念和评价性（规范性）法律概念。比如将"夜晚""武器""十分严重""数量巨大"等描述事实的概念称为经验性概念，它们可通过一定技

---

① ［德］伯恩·魏德士：《法理学》，丁晓春等译，法律出版社2013年版，第77页。

② ［德］伯恩·魏德士：《法理学》，丁晓春等译，法律出版社2013年版，第77页。

术加以测度，是一种经由纯粹的感官知觉就能正确运用的概念，而无须对之进行精神上的理解；①而将"良好""过失""公序良俗""社会主义核心价值观"等带有价值评价的概念称为评价性法律概念。有时，经验性法律概念和评价性法律概念的区分并不明显，经验性法律概念可以向评价性法律概念转变。比如"白天""黑夜"。通常意义上讲，白天主要是指能够看到光、看到事物的一种状态，但是如何界定白天则显得尤为困难。是将太阳东升视为白天的开始，还是将黎明时分作为判断标准，其有赖于裁判者结合案件事实予以裁断，并且需要结合概念所在法律规范的立法目的加以判断。每一个概念都有其"核心地带"及"边缘含义"，因此即便核心含义是确定的，但边缘含义仍难以界定。因此，法律概念的解释并非那么容易。

除上述概念之外，法律体系中还包含了一种被称为"诊断式概念"的法律概念。该概念表达人们基于某个事实来认定另一个事实，或者如一般所称，另一个事实被诊断。比如为了确定"间接故意"这一概念，可以运用"意欲"这一诊断式概念。依此就不需要在个案中确认这个行为人是否意欲结果发生、是否同意或忍受结果的发生。②在法律体系当中，也经常出现一些援引性概念，比如"参照""依照"等，用另一概念或者规范来界定对该事实的处理结果。

法律概念之于法律体系的重要性在于，法律概念承载了特定目的，是支撑与架构法律体系的目的基石。在解释法律规范时，首先需要阐释法律概念的含义以及其所蕴含的目的。法律概念既用来描述事实，又用来探知概念所处的政治、社会与经济环境，表达规范

---

① ［德］英格博格·普珀：《法学思维小学堂——法律人的6堂思维训练课》，蔡圣伟译，北京大学出版社2011年版，第9页。

② ［德］英格博格·普珀：《法学思维小学堂——法律人的6堂思维训练课》，蔡圣伟译，北京大学出版社2011年版，第15—16页。

性价值。"法律概念与法律体系的探讨至少有下述意义：在一个比较后进的法治社会，通常具备一种特征，倾向于以比较纯粹逻辑，或者比较拘泥于法律文字的方式了解法律、适用法律，以致常常受制于恶法。当基于该认知而试图容许引用较富弹性之价值标准或一般条款来避免被法律概念所僵化的法律之恶时，却又发现该容许很容易流于个人的专断。其结果，许多法律规定本来拟达到公平正义不能实际运作，真正地实践出来。"① 由此可见，有关法律概念的理解与解释，不仅关系到法律解释的克制与能动姿态，而且影响到法律体系的稳定性。

在法学的发展历程中，法律概念自始至终占据核心地位，以概念法学最为代表。概念法学试图通过法律概念建构起"概念金字塔"，按照法律概念之间的位阶关系，抽象化程度高的概念可以推导出抽象化程度低的概念，抽象化程度低的概念是抽象化程度高的概念的具体化。即便在其他法学派看来，概念法学建构的法律体系过于死板僵化，重视概念的演绎推理可能导致机械司法现象。但是，继后的利益法学派、价值法学派等仍然将法律概念视为法律体系的基本构成单位。只是在它们看来，法律体系是一种利益表达体系或者价值评价体系，法律概念是利益或价值表达的基本形式。比如为了避免注入法律概念中的价值受到忽略或扭曲，价值法学推崇内在体系建构，凸显法律规定中的法律思想、法律原则、功能性概念以及类型。在外在体系建构上，虽然价值法学强调概念的逻辑结构，但在法律概念的构成上，其实还是将一定的实质及实用价值注入法律概念。例如权利能力、行为人意思表示等概念皆内建有一定的价值，以配合私法自治体制的运作需要。②

---

① 黄茂荣：《法学方法与现代民法》，法律出版社 2007 年版，第 58 页。
② 顾祝轩：《体系概念史：欧陆民法典编纂何以可能》，法律出版社 2019 年版，第 188—189 页。

(二) 规则—原则模式搭建了法律体系的内容框架

一般意义上,有关法律体系的观察视角存在横向与纵向之分。横向视角是以部门法为划分标准,是指法律体系由不同的法律部门分类组合而成的呈体系化的有机整体,比如我国特色社会主义法律体系是由宪法与宪法相关法、民商法、行政法、经济法等多个法律部门组成。它一般要求门类齐全、结构严密、内在协调,并实现客观法则与主观属性的有机统一。① 纵向视角是以法的要素为划分标准,它强调法律体系乃是由概念、规则与原则等要素构成的统一体,它主张任何法律规范都不是独立存在的,任何具体规范都是"整个法律秩序"之一部分,换言之,它在一部法律内部或与其他法律的许多法律规范都存在内部或外部的紧密联系。② 相比而言,后者比前者更容易使不同法律规范之间相关联。一方面,以部门法为划分标准的法律体系容易割裂部门法之间的联系,使不同类型的法律规范之间缺少体系关联,在一定程度上阻碍了概念一致性和法秩序统一性,也割裂了民行、行刑、民刑规范间的联系;另一方面,"法律秩序并非是由像沙滩上互不相连的散沙一样的具体法律规范组成的。对整个法律秩序与决策对象有关的规范进行总体性的并且尽可能不矛盾的梳理,就构成了体系。"③

通常认为,法律概念构成了法律规范,法律规范通常划分为法律规则与法律原则,法律条文不能与法律规则或原则等同。我们通常在概念不甚明了的情况下使用这些概念,对法的要素区分不明,在法律解释中也不加以区分,因而容易出现解释法律规范就是解释法律条文。按照通识法理学定义,"法律规则是规定法律上的权利、义务、责任的准则、标准,或是赋予某种事实状态依法律意义的指

---

① 张文显主编:《法理学》(第五版),高等教育出版社2018年版,第100页。
② [德] 伯恩·魏德士:《法理学》,丁晓春等译,法律出版社2013年版,第65页。
③ [德] 伯恩·魏德士:《法理学》,丁晓春等译,法律出版社2013年版,第65页。

示、规定"①。相比于法律规则，法律原则是一种灵活性的法律规则，是法律体系不可或缺的构成要素。在逻辑层面上，法律原则创立的原因乃是基于立法者理性不足及社会事实的无限性所导致的法与社会之间的矛盾，立法者以一种灵活性、模糊性及蕴含价值要素的规则形式加以规定的一种特殊的"法律规则"。之所以定义为法律原则，是为了将它与明确规定权利、义务及责任的法律规则相区分。在法理学上，尽管区分标准并不明确，但是理论界还是接受了这种二元分类标准，并指出在法律规范适用上，法律规则可以直接适用，而法律原则需根据案件事实的情境，与法律规则的关系等因素综合权衡后方可适用，甚至不少学者主张穷尽规则后才能适用原则。

在法律体系构成模式上存在着阶层构造论模式与规则—原则构造论模式两种。阶层构造论是维也纳学派的贡献，以阿道夫·默克尔（Adolf Merkl）和汉斯·凯尔森（Hans Kelsen）为代表。该模式认为法律规则是法律体系构造的出发点，法律体系是由诸多的法律规则按照一定的逻辑所搭建的规则集合体系。在理想的法律体系阶层构造模式中，法律体系当中的"基础规范"构成了法律体系的第一个阶层，也被称为"法律逻辑意义上的宪法"，低阶层的规则是法律体系的第二个阶层，而高阶层的规则可以推导出低阶层的规则。规则—原则构造论以德国当代学者罗伯特·阿列克西（Robert Alexy）的基尔学派为代表，认为法律规则与法律原则具有语义学、性质论及结构论等差别，并把法律原则从法律规则中独立出来，以强调形式上的法律规定与内在法律价值之间的区别。② 从语义学上看，法律规则是一种"确定性命令"，以一种"全有或全无"的方式被适用，而法律原则是一种"最佳化的命令"，要求某事（目的或价值）在法律与事实上可能的范围内尽最大可能地被实现，法律

---

① 张文显主编：《法理学》（第五版），高等教育出版社2018年版，第116页。
② 参见雷磊《适于法治的法律体系模式》，《法学研究》2015年第5期。

原则具有"分量"的向度，在不同情境中以不同的程度实现。在性质论看来，规则被认为是"现实应然"，而原则被认为是"理想应然"。现实应然强调在考量各种现实可能性之后直接依照其规定去做，不论是否存在相对立的要求，而理想应然是一种抽象的、尚未涉及经验与规范世界之有限可能的应然，它只有考虑到经验可能条件以及所有其他相关原则，才能转化为现实应然。可见原则是一种目标规范，而非行为规则。从结构论上看，法律规则证立需要实质原则与形式原则的支撑，不仅要求内容的正确性，而且主张来源上的权威性，而法律原则的证立只需要自身分量（内容正确性）即可。[①] 原则之于法律体系的重要性在于它是涉足价值权衡的，法律体系不仅需要形式化的规则体系，它还需要涉及评价性要素的价值体系。

阶层构造论以高位阶的规范推导出低位阶的规范的形式，为法律体系实践提供了形式化理由，即提供一种在逻辑上无矛盾的法律体系实现法治的形式正义，是在确保法律安定性的前提下对司法实践给予一致性的评判，实现法治的一般性价值。相比以法律规则为核心的阶层构造论，规则—原则构造论不仅追求法律实践中的形式正义，它还解决法律实践中的价值无矛盾性问题，实现法律体系内在价值的融贯性，进而追求一种形式与实质兼容的法律体系模式。显然，规则—原则构造论更适于法治的法律体系。在现阶段的法理研究中，法律体系的规则—原则构造论模式已成为当下法律体系构造的通说。

二 作为依形式逻辑建构的抽象化的外在体系

法律体系这一概念在不同的意义上被使用，比如阿列克西指出，基于观察法律体系的内在和外在面向，法律体系可以区别为作为程序的体系和作为规范的体系。作为程序的体系，法律体系乃是一个

---

① 参见雷磊《适于法治的法律体系模式》，《法学研究》2015年第5期。

基于规则且受规则指引的行动体系，透过这些行动，规范被创设、证立、解释、适用和执行。作为规范的体系，法律体系乃是一个规范创设的过程——无论这个是一个什么样的过程——之结果或产物的体系。① 在私法领域，人们更喜欢用外在体系和内在体系来描述法律体系。自黑克以来，在批判概念法学的基础上概括出外在体系与内在体系的区分。黑克认为，外在体系是现实体系，是通过法律概念分类与编排形成的秩序体系；内在体系隐藏在外在体系的背后，它们是立法者在对各种利益冲突进行分析评判的基础上逐渐抽象出来的，它是解决利益冲突的法律体系。尽管利益法学主张的内在体系仅停留在解释论层面，但是内在体系预设了外在体系的存在，内在体系将私法统一为一个融贯的整体，为人们认识私法外在体系，维护法秩序统一提供了方法论支撑。②

（一）体系化思考依赖于法律体系自足性

以法律概念、法律规则等组成的法规范体系框定了外在体系范围。"人们常常将规范之间的相互联系称为'法律体系'。对整个法律秩序的与决策对象有关的规范进行总体性的并且尽可能不矛盾的梳理，就构成了体系。"③ 借由外在体系的可概观性和可理解性，外在体系为法律解释提供了最佳的参考范围，即最佳解释，要前后对照。这种以法律实践为目标的体系构造，建立在法律体系的自足性基础之上。

外在体系自足性首先意味着法律体系存在层级化结构，对法律规范的解释依赖于其所处位置。一是依据作为整体的法秩序，来解释法律规范的含义；二是立足部门法体系，来解释法律规范的含义；

---

① ［德］罗伯特·阿列克西：《法概念与法效力》，王鹏翔译，商务印书馆2017年版，第24页。

② 参见方新军《融贯民法典外在体系和内在体系的编纂技术》，《法制与社会发展》2019年第2期。

③ ［德］伯恩·魏德士：《法理学》，丁晓春等译，法律出版社2013年版，第65页。

三是依据一个被设想为具有实质意义上的体系性、连贯性、完整性的法律，来解释法律规范；四是根据法律规范在层级化法律中的位置，来解释法律规范。① 比如法律规范的上下文可以确定某段文字应作何解，同样地，法律规范的意义脉络也有助于个别字句的理解。② 在表现形式上，借由外在体系解释体现了解释学循环，即理解部分需要借助整体，而理解整体又需从理解部分开始，以此循环往复。比如在刑法领域，虽然不同的罪名被规定在不同的规范之中，但是不同罪名之间可能就行为主体、行为手段、罪过内容、侵犯的法益、犯罪对象等方面存在相似性，要想正确理解法律规定，就必须考虑"家族相似"的规定。可见，运用外在体系进行解释主要是借助其他相关法律规范来确定解释对象的含义，"使法条与法条之间，法条前后段间，以及法条内各项、款间，相互补充其意义，组成一完全的规定，确具意义"③。

其次，作为体系解释依据，外在体系应该具有完整性。法律体系的完整性乃是法教义学致力达成的目标，一方面，法教义学试图通过建构一个完备的、自洽的、形式上无矛盾的规范体系来引导人们行动，借由缜密的形式逻辑，推演出确定的裁判结论；另一方面，解决法律秩序当中规范之间的矛盾与冲突，维护规范规定之间的意义一致，也是法教义学的重点任务之一。一个完备的法律体系不应该出现规范的矛盾，法律规范之间在规定上应该具有连贯与一致性。

于法律解释而言，借由法律体系搭建的解释语境，可以为正确

---

① 参见姜福东《反思法律方法中的体系解释》，《哈尔滨工业大学学报》（社会科学版）2013 年第 3 期。

② 参见［德］卡尔·拉伦茨《法学方法论》，陈爱娥译，商务印书馆 2003 年版，第 204 页。

③ 杨仁寿：《法学方法论》，中国政法大学出版社 2012 年版，第 143 页。

解释规范提供相应的语言标准、逻辑标准与目的标准。① 借由外在体系进行解释，实质上是将法律规范置于法律体系当中，通过上下文、整体文本，以及不同规范之间的位阶关系等所构造的语境来阐释法律规范的具体含义。比如在最高人民法院指导性案例 5 号"鲁潍盐业公司诉苏州市盐务管理局盐业行政处罚案"中，法院在关于苏州盐务局对鲁潍盐业公司未经批准购买、运输工业盐的行为做出行政处罚是否正当问题上，首先基于法律规范的位阶关系，认为苏州盐务局对盐业违法案件进行查处时，应适用合法有效的法律规范。其中《立法法》第 79 条规定了法律规范之间的效力位阶，法律、行政法规的效力高于地方性法规和规章，苏州盐务局的具体行政行为涉及的行政许可、行政处罚，应该按照《行政许可法》《行政处罚法》的规定实施。其次在法律规范的具体内容上，《行政许可法》第 15 条第 1 款、第 16 条第 3 款规定，在已经制定法律、行政法规的情况下，地方政府规章只能在法律、行政法规设定的行政许可事项范围内对实施该行政许可做出具体规定，不能设定新的行政许可。法律及《盐业管理条例》没有设定工业盐准运证这一许可，地方政府规章不能设定工业盐准运证制度。最后在法律的裁量范围上，《行政处罚法》（2021 年修订）第 14 条规定，地方政府规章可以在法律、法规规定的给予行政处罚的行为、种类和幅度的范围内做出具体规定，《盐业管理条例》对盐业公司之外的其他企业经营盐的批发业务没有设定行政处罚，地方政府规章不能对该行为设定行政处罚。外在体系犹如"规则之网"，它是以一定的逻辑方法对各种生活事实层面抽象所得出的法的概念、制度加以建构的体系，并体现为对素材的加工编排所形成的处理结果。② 它运用抽象化技术将各种行为与责任、权利与义务等事无巨细地囊括在内，并为它们安排了相应的位序，

---

① ［德］齐佩利乌斯：《法学方法论》，金振豹译，法律出版社 2009 年版，第 75 页。

② 朱岩：《社会基础变迁与民法双重体系建构》，《中国社会科学》2010 年第 6 期。

为问题的解决时刻准备着法律规范。因此依据外在体系进行解释基于这样的思想："具体规范建立在规范整体（债权、物权法）的统一调整方案的基础之上。"① 虽然法律解释学认为，法律解释始于文义，终于文义，但是法律解释仍需与其他法律规范结合起来解释，防止断章取义与体系违反。

（二）外在体系要求解决法律漏洞问题

外在体系功能发挥建立在这样的假设之上，即法律规范体系应具备完整性，法律规范所构建的"规则之网"完备且无漏洞。但是，一方面作为立法集体理性活动所产生的法律文本，不可避免具有模糊性、开放性与滞后性等局限，因而不能与事实形成恰当的对应关系；另一方面法律体系自始至终不可能是封闭的，毋宁说它是开放的。无论是法律体系取向潘德克吞式总则—分则模式，还是借助原则—规则模式构造法律体系内容，甚至是极端化的概念法学建构的概念金字塔都无法实现法律与道德分离，更不可能排除法律规范中的价值判断与利益衡量。

外在体系遭遇的难题在于法律漏洞。任何法律体系都存在漏洞问题，即便是高度法典化国家，也无法避免立法者疏忽或刻意回避、时代变迁等所带来的漏洞。借由外在体系的完整性假设，将法律规范与其他规范关联起来，一方面能够避免孤立地解释法律规范，通过相关联的法律规范构筑的语境更好地理解、解释与适用；另一方面即便在存在法律漏洞的情况下，借助相关规范、类似规范等类推适用，实现法律体系内续造，避免因法外因素的引入影响法律体系的稳定性。

因此，法律漏洞有时并不会对法律体系产生实质性冲击。法官可以借由外在体系提供的类似规范，将其填补，并使法律体系趋于完善。填补漏洞的方式有多种，比如类推、当然解释、目的性限缩、

---

① ［德］伯恩·魏德士：《法理学》，丁晓春等译，法律出版社 2013 年版，第 317 页。

事物的本质及法官造法等。这其中，类推与当然解释存在相似之处。当然解释思维路径为以小推大、以大推小，即举轻以明重、举重以明轻。比如《民法典》第1012—1017条规定了公民、法人的姓名权和名称权，其中第1012条、第1013条分别规定自然人享有姓名权、法人与非法人组织依法享有名称权，第1014条规定任何组织或者个人不得干涉、盗用和假冒。实践中，经常出现基于营利目的冒用他人的姓名权和名称权，而不以营利目的冒用他人的姓名权也不被法律所允许。因此，只要存在冒用的形式，无论基于何种目的，都属于对他人权利的侵犯。第1015条规定了自然人姓氏选取规则，其中原则上应当随父姓或者母姓，除非有其他特殊情形。但是该条只是解决了公民姓氏选取规则，并没有对姓名之"名"进行规定。比如实践中，既出现了"北雁云依"，又出现过"赵C"，前者适用于《民法典》第1015条，而后者是否适用则需加以考虑。在我国，姓名蕴含着特殊的传统意义，既有血缘传承，又有文化基因。基于类推适用方法，其中的姓氏选取乃是基于公序良俗的考量，而名字也不应该随意选择，也应该符合我国传统取名习惯，并受公序良俗原则限制。此外，第1017条规定了有关混淆姓名和名称的处理规则，即参照适用姓名权和名称权保护的有关规定，虽然采用指示规定方式，但总体上在姓名权和名称权的规定上形成了一个相对完整的体系。类推与当然解释都不是建立在形式逻辑上的法律适用方法，两者都是借助法律体系中相似规定进行的推理活动。杨仁寿认为，体系解释方法包含了限缩解释、扩张解释、反对解释（反面推理）及当然解释四种解释方法。[①] 而反对解释与当然解释也属于漏洞填补的方法。[②] 因此，即便法律体系存在漏洞，但是并不意味着无法借由法律体系中的规范加以填补，借由体系解释方法与漏洞填补方法，依然

---

① 参见杨仁寿《法学方法论》，中国政法大学出版社2012年版，第150—158页。
② [德] 伯恩·魏德士：《法理学》，丁晓春等译，法律出版社2013年版，第366—370页。

可以使法律体系趋于完整。

三 作为法秩序价值评价上一致性的内在体系

借由外在体系进行解释属于狭义的体系解释，它是学者们普遍遵循的解释路径。比如有学者认为，体系解释是根据刑法条文在整个刑法中的地位，联系相关法条的含义，阐明其规范意旨的解释方法。体系解释的目的在于避免断章取义，以便刑法整体协调。① 合理运用体系解释可以使法条与法条之间，法条前后段之间，以及法条内各款、项之间相互补充其意义，组成一个完整的规定，以此确定其含义。② 但是，亦有学者注意到，"惟法律体系仅属法律之外的形式而已，利用体系解释如过于机械，拘泥于此项形式，忽视法的实质目的或法意，亦非妥当"③。法律体系乃是由外在体系和内在体系共同构成。内在体系涉及法秩序的内在意义关联、目的的融贯，它集中体现为法的基本原则的价值网络，取决于人类社会发展中形成的伦理价值和经济基础。④ 从法的基本原则到次要原则，从法律的立法目的到法律规范的具体目的，从法秩序价值到每个法律制度价值，内在体系证实了将基础法律伦理原则涵盖到法律之中的必要性，并使法律素材各组成部分之间在内容上具有论证关系。"法律秩序包含着被隐藏起来的物质的秩序系统，也即金字塔式的法律价值评价。法律适用对这个实质的、内部的'价值评价系统'的揭示越多，就越接近立法目的。"⑤ 与此同时，内在体系关注法律规范之间的逻辑关联，既包括不允许法律规范之间存在抵触与不一致，也不允许法律规范之间存在评价上的不一致。

---

① 张明楷：《注重体系解释实现刑法正义》，《法律适用》2005年第2期。
② 吴允锋：《罪群式经济犯罪规范与体系解释》，《江西社会科学》2009年第3期。
③ 杨仁寿：《法学方法论》，中国政法大学出版社2012年版，第144页。
④ 朱岩：《社会基础变迁与民法双重体系建构》，《中国社会科学》2010年第6期。
⑤ ［德］伯恩·魏德士：《法理学》，丁晓春等译，法律出版社2013年版，第65页。

王泽鉴教授指出，法律的内在体系（innere Systematik），是指法律秩序内在构造、原则及价值判断。在解释方法上应该注意两点：一是为维护法律用语的同一性，同一概念应该作相同解释，二是需使下位阶的法不与上位阶的法发生矛盾。① 德国法学家普珀教授也指出，体系解释应该遵守四个要求：无矛盾要求主张法律不存在自相矛盾，不赘言要求主张法律不说多余的话，完整性要求主张法律不允许规定漏洞，体系秩序要求主张法律规定的编排都是有意义的。② 其中不赘言要求与完整性要求反映在借由外在体系解释上，而无矛盾要求与体系秩序要求则属于借助内在体系进行解释的要求。可见，"法律适用者必须将法律（与整个法律秩序）理解为相互联系的内容与价值评价的统一"③。体系解释一方面不允许出现明显的评价矛盾，另一方面借由内在体系的实质性目的化解不同规范之间的冲突与矛盾。

首先，借由内在体系化解规范冲突，实现内在价值一致性，必须认清矛盾的类型。恩吉施指出，不同矛盾类型都有自己特殊的范围和特殊的方法论含义，主要包括五种矛盾类型：制定法的技术矛盾、规范矛盾、价值矛盾、目的论矛盾及原则矛盾。④ 制定法技术冲突主要涉及相同的概念在同一法律部门或者不同法律部门之间的意义不一致性。比如就"占有"而言，民法中通常称为"有权占有"和"无权占有"，而刑法中则强调"非法占有"。规范矛盾主要是指不同法律规范之间存在的矛盾性。这些规范既可以是同一位阶，也

---

① 王泽鉴：《民法思维：请求权基础理论体系》，北京大学出版社2009年版，第177页。

② 参见［德］英格博格·普珀《法学思维小学堂——法律人的6堂思维训练课》，蔡圣伟译，北京大学出版社2011年版，第56页。

③ ［德］伯恩·魏德士：《法理学》，丁晓春等译，法律出版社2013年版，第67页。

④ 参见［德］卡尔·恩吉施《法律思维导论》，郑永流译，法律出版社2004年版，第199—207页。

可以属于不同位阶。价值矛盾主要是指同一法律部门或不同法律部门之间存在的价值冲突。比如刑法的立法目的既要求打击犯罪，同时要求疑罪从无，保障被告人权利。目的论矛盾主要是指规范的手段与规范的目的之间的冲突。原则矛盾则是法律规范不可避免的，恩吉施将其称为不和谐，比如既强调法律的正义性原则，又强调法律的安定性原则，安定性原则与正义性原则在某些情境下存在冲突。行政法领域，既强调合法性原则，又主张效率性原则，两者一定程度上也难以兼容。一般而言，制定法技术矛盾与规范矛盾，可以通过外在体系解决，而价值矛盾、目的论矛盾及原则矛盾则需要借由内在体系化解。

其次，化解法律规范之间的矛盾，需要考量法律规范的层级结构与实质目的。"内部存在矛盾的法律秩序将损害对一切公民的、统一的法律标准的要求，并因此损害法律平等的要求。"① 法律体系的无矛盾性与一致性可以借由法律解释实现。法律体系不仅是一个逻辑体系，它同样发展出了一个层次分明的价值判断内在体系。实践中，人们常常引用位阶较高的法律原则来纠正被法律适用者视为不尽如人意法律价值标准，并限制特定具体规范的效力范围，或者使确认并紧接着补充法律漏洞成为可能。② 我国法律规范的位阶，宪法处在最高位阶，合宪性解释方法是以宪法规定为依据判定下位法是否与宪法规定和精神相违背的解释方法，它属于特殊的体系解释方法。此外是法律—行政法规—部门规章—其他规范性法律文件的相对等级位序。体系解释方法着眼于解释对象在整个部门法体系乃至整个法秩序中的地位，一方面避免割裂解释对象与相关法律规范的逻辑关系，另一方面通过对法律意义脉络与立法目

---

① ［德］伯恩·魏德士：《法理学》，丁晓春等译，法律出版社2013年版，第316页。
② ［德］伯恩·魏德士：《法理学》，丁晓春等译，法律出版社2013年版，第320页。

的的探寻，获取符合规范意旨的含义。最高人民法院曾对规范之间的冲突问题出台过相关司法解释，比如《关于审理行政案件适用法律规范问题的座谈会纪要》[法（2004）96号]中曾归纳了11种关于下位法违反上位法的情形，① 虽然它针对行政法规范适用问题，但是对其他部门法规范解释也提供了思维指引。比如不同位阶法律规范之间、同位阶法律规范之间，都有相应的体系解释规则。实质上讲，借助内在体系进行解释已经涉及体系解释"促成个别法律规定间事理上的一致性"的功能维度。② 通常，决定法律规范之间关系的往往不是逻辑，而是实质目的考虑，"也就是说，对一个规范的解释应该尽可能使其与整个法秩序追求的目的和正义观念保持一致，以使同等情况同等对待"③。

最后，内在体系为法律适用提供价值标准。内在体系使法秩序成为一个价值融贯的体系，借由内在体系既可以为外在体系的建构提供价值基础，亦能在外在体系存在漏洞时提供补充资源。有关内在体系的构成要素，法律原则无疑占据重要位置。内在体系作为一种价值论或目的论体系，作为"普遍的法律原则"之秩序体系，实

---

① 这11种类型主要是：（1）下位法缩小上位法规定的权利主体范围，或者违反上位法立法目的扩大上位法规定的权利主体范围；（2）下位法限制或者剥夺上位法规定的权利，或者违反上位法立法目的扩大上位法规定的权利范围；（3）下位法扩大行政主体或其职权范围；（4）下位法延长上位法规定的履行法定职责期限；（5）下位法以参照、准用等方式扩大或者限缩上位法规定的义务或者义务主体的范围、性质或者条件；（6）下位法增设或者限缩违反上位法规定的适用条件；（7）下位法扩大或者限缩上位法规定的给予行政处罚的行为、种类和幅度的范围；（8）下位法改变上位法已规定的违法行为的性质；（9）下位法超出上位法规定的强制措施的适用范围、种类和方式，以及增设或者限缩其适用条件；（10）法规、规章或者其他规范性文件设定不符合行政许可法规定的行政许可，或者增设违反上位法的行政许可条件；（11）其他相抵触的情形。参见《关于审理行政案件适用法律规范问题的座谈会纪要》[法（2004）96号]。

② [德]卡尔·拉伦茨：《法学方法论》，陈爱娥译，商务印书馆2003年版，第204页。

③ [德]齐佩利乌斯：《法学方法论》，金振豹译，法律出版社2009年版，第77页。

际上是一种内在价值体系，有关不同价值判断之间是否具有一贯性，不应从逻辑上判断，而应基于价值论或目的论做出。① 作为内在体系的构成要素，法律原则不仅具有补充、验证实证法正义之机能，亦能作为裁判依据直接用于司法裁判。"虽然法律原则通常具有主导法律思想的特质，其不能直接适用于裁判个案，毋宁只能借助其于法律或者司法裁判的具体化才能获得裁判基准；然而也有一些原则已经凝聚成可以直接适用的规则，其不仅是法律理由，毋宁已经是法律本身。"② 以法律伦理为基础建构的法律原则，是立法目的的直接体现，对于法律适用具有远程的辐射效应。在实践中，法官们常常援引法律原则，一方面用来引导法律解释思维，纠正法律规则适用的僵化，以及弥补法律漏洞；另一方面法律原则也被法官视为证成裁判结论正当性的依据，借由其蕴含的价值判断来实现裁判结论的可接受性。

第三节 法律体系的"体系"解释模式

毋庸置疑，在进行体系解释时，"对体系的考察应当是全方位的考察，法律的体系就是由具有内在逻辑联系的制度和规范所构成的、由具体内在一致性的价值所组合的体系结构。这种考察不仅仅针对相关法条的关系，而且要针对特定法律内部的相关制度之间的关系甚至整个法律体系"③。

---

① 顾祝轩：《体系概念史：欧陆民法典编纂何以可能》，法律出版社 2019 年版，第 187 页。
② ［德］卡尔·拉伦茨：《法学方法论》，陈爱娥译，商务印书馆 2003 年版，第 353 页。
③ 王利明：《法律解释学导论——以民法为视角》（第 2 版），法律出版社 2017 年版，第 298 页。

一 基于法律体系逻辑关系的结构解释

"建构概念清晰、位序适当、逻辑一致的法律公理体系,对于所有的法学家都有难以抵御的魅力。"① 而这也奠定了传统体系解释方法的作用方式,即以法律体系为载体,通过整体与部分之间的视线往返进行结构性解释。

(一) 体系解释的具体逻辑结构

按照体系化的基本原理,"立法必须表现为一个整体。对单个规则的理解应当产生这样效果:单个规则借此可以与立法的整体两相契合,从而得到更好的理解"②。事实上,法律体系的建构便是搭建不同规范之间的逻辑关系,即不同规范按照前后关系、位阶高低、部门法类别等分门别类地秩序化安排,继而为法律解释提供理解语境。比如我国的法律体系,首先在表现形式上,法律体系是"现行的全部法律规范按照不同的法律部门分类组合而形成的一个呈现体系化的有机联系的统一整体"③。它又以法所调整的社会关系和调整方法为根据,划分为不同的法律部门,并整体上形构出法律体系轮廓。其次在建构目标上,法律体系致力于"完备性",它"不仅是指形式意义上的数量充足、结构完整,而且更指向在实质意义上对当今中国社会特点和需要的回应"④。最后在位阶关系上,宪法具有最高的效力位阶,一切法律、行政法规、地方性法规不得抵触宪法;法律次之,法律位阶高于行政法规、地方性法规及规章;行政法规的效力高于地方性法规及其规章;地方性法规效力高于其本级和下级政府制定的规章。

---

① 舒国滢:《寻访法学的问题立场——兼谈"论题学法学"的思考方式》,《法学研究》2005 年第 3 期。

② [德] 萨维尼:《萨维尼法学方法论讲义与格林笔记》,杨代雄译,法律出版社 2008 年版,第 88 页。

③ 张文显主编:《法理学》(第三版),北京大学出版社 2007 年版,第 126 页。

④ 张志铭:《转型中国的法律体系建构》,《中国法学》2009 年第 2 期。

因此，在进行解释时需要考量以下逻辑结构：其一，同一法律的不同规范之间。一方面表现为通过法条内部的补充与限制关系进行解释；另一方面表现为根据法条所处的位置结合上下文或者其他法条进行解释。前者如《刑法》第13条关于犯罪的认定需根据"但书条款"理解条文内部的转折关系；后者如《刑法》抢劫罪与强奸罪都有"胁迫"规定，不同罪名处于不同语境，需参照其他条款具体阐释。其二，同一法律部门的不同规范之间。在同一法律部门中解释，主要涉及同一法律部门中不同法律规范之间的位阶高低、时间新旧、一般与特殊关系，即解决法律冲突问题。比如在我国民法典尚未完全出台前，民事行为审判既需依据《民法总则》，还需依据各民事单行法，当《民法总则》与各单行法原则性规定不一致时，应当采用新法优于旧法规则适用《民法总则》。其三，不同法律部门的不同规范之间。依据不同法律部门进行解释意在打通法律部门之间的隔阂，借助其他法律部门相关规定为解释提供参考，或为类推适用寻找依据。比如当下有关刑民、刑行、行民交叉的认定、法律适用等问题较为普遍，特别是新兴领域的崛起使各种法律关系边界较为模糊，这便需要在不同的法律部门、不同责任之间进行体系性考量。其四，依据法律秩序进行解释。依据法律秩序进行解释是指法律制度被推定为一个体系，依据这一法律体系可以推断出法律规范的含义，同样借助这一法律体系亦能弥补法律漏洞，以及为不确定法律概念、一般性条款等进行价值补充。比如在"北雁云依"案中，法院关于"公序良俗"的解释便体现了依据法秩序解释的理念。"公序良俗"属于不确定法律概念，其内涵与外延带有不确定性。在不同语境下，公序良俗具有不同的含义，法院必然借助法律体系，对公序良俗的概念进行合理界定。

（二）体系解释方法运用的层次展开

法律规范之间、法律规范与法律部门之间、不同法律部门之间，以及由法律部门构成的法律体系之间，为体系解释方法搭建了逻辑结构。

第一，依据概念体系进行解释。澄清法律规范的含义，需要借助法律概念的理解。在以法律概念、法律规则、法律原则搭建的法律体系中，法律概念无疑具有基础性地位。法律概念是构建法律规范的基本要素，同样也是理解法律规范的起点。比如《工伤保险条例》第14条规定的工伤认定情形，其中"工作时间""工作场所""工作岗位""工作时间前后""预备性或收尾性工作""上下班途中"等概念构成工伤认定的标准。而如何理解这些法律概念则成为是否构成工伤的关键。比如在"中宁县人社局与蔡某等劳动、社会保障行政确认案"中，各方当事人对蔡某甲因履行工作职责，导致同事万某不满而受到伤害的事实无异议，但问题在于蔡某甲系上下班途中遭到万某的蓄意伤害。根据《工伤保险条例》第14条第3项与第6项规定，蔡某甲虽系履行单位赋予的管理职责而遭受被管理人员报复致亡，其死亡原因与履行工作职责存在因果关系，但是事故应符合"工作时间"与"工作场所"的限定，而上下班途中只有遭到非本人主要责任的交通事故等才能认定为工伤。然而，法院根据《工伤保险条例》第1条"为了保障因工作遭受事故伤害或者患职业病的职工获得医疗救治和经济补偿，促进工伤预防和职业康复，分散用人单位的工伤风险，制定本条例"，以及第14条的规定，认为工伤的核心条件是因工作遭受事故伤害，工作时间可以放宽到上下班期间，地点也可放宽到工作场所之外。[①] 因此可见，法院结合《工伤保险条例》第1条立法目的条款，对"工作时间"和"工作场所"进行了扩大解释。

第二，依据条文体系进行上下文解释。法律规范由不同的法律条文构成，因而理解与解释法律规范必须置身于法律条文构成的体系当中，即所谓的上下文解释。比如在"中国新型房屋集团与北京中铁建物资贸易公司等保证合同纠纷案"中，关于一般保证责任与连带保证责任的区分问题，法院认为，《担保法》第17条第1、2款

[①] 参见宁夏回族自治区中卫市中级人民法院（2018）宁05行终9号行政判决书。

规定："当事人在保证合同中约定，债务人不能履行债务时，由保证人承担保证责任的，为一般保证。一般保证的保证人在主合同纠纷未经审判或者仲裁，并就债务人财产依法强制执行仍不能履行债务前，对债权人可以拒绝承担保证责任。"该条是法律对一般保证的约定方式、承担责任的条件做出的规定，是法律对一般保证做出的定义。根据体系解释方法，该条第1款规定了一般保证的约定形式，即"不能履行债务"，第2款规定了承担一般保证责任的条件，即在主合同经审判或仲裁，并就债务人财产依法强制执行后仍不能履行的，一般保证人应当承担保证责任，因此，第1款规定的"不能履行债务"当然指向了第2款规定的情形，这也是一般保证责任与连带保证责任的本质区别。①

第三，依据章节体系进行整体解释。所谓的最佳解释，要顾及整体。如果说上下文解释侧重法律规范的条、款、项之间，那么整体解释则更加偏重编、章、节，即将多个法律规范联系起来进行解释。"从部门法系统的内部结构来看，规则与规则之间一般是并列成立或者选择成立的结构，而原则与规则之间，总则规范与分则规范之间，以及上位法规范与下位法规范之间的'统帅结构（或者说包含结构）——前者在更抽象的范围内包含了后者的意义，后者在前者的意义空间内，协调的生产关于某一点具体事务的意义'。"② 比如在"无锡中昊机械制造公司与合肥通恒机电设备公司买卖合同纠纷案"中，关于合同条款解释问题，法院认为，对合同条款的理解，应当结合合同订立的背景、其他条款进行整体解释，以确定合同条款的真实意思。合肥通恒机电设备有限公司与无锡中昊机械制造有限公司签订《工矿产品购销合同》中约定的签订地点为"安徽合肥"，意思不明，但该合同系双方通过传真的方式签订，合肥通恒机

---

① 参见北京市高级人民法院（2016）京民终66号民事判决书。
② 疏义红：《法律解释学实验教程——裁判解释原理与实验操作》，北京大学出版社2008年版，第110—111页。

电设备有限公司接收传真的地点在其公司内，由此可确定合同约定的签订地应为合肥通恒机电设备有限公司所在地。该合同第8条约定："协商不成，交签约地人民法院诉讼。"上述约定系双方当事人的真实意思表示，且不违反级别管辖和专属管辖的规定，合法有效。因合肥通恒机电设备有限公司所在地在合肥市庐阳区，故本案应由合肥市庐阳区人民法院管辖。①

事实上，关于依据法律条文构造的体系进行解释，在由总则与分则构造的部门法当中尤为明显。比如对刑法条文的理解，既要根据刑法条文所处的位置进行上下文解释，亦需参照刑法总则的规定判断条文的解释是否违背刑法基本原则。其中，在对刑法条文进行上下文解释时，尤为需要注意例示规定与兜底条款的解释问题，而根据刑法总则进行解释时，则需考虑刑法条文解释的扩张与限缩解释。在民法体系中，总则对分则的影响更加明显，基于总则的原则性规定，可能改变、修正或者背离分则的规定。

第四，依据不同法律或部门法体系进行解释。依据不同的法律或者部门法体系进行解释，意在打通不同法律之间的关系，将解释对象置于更为宏观的体系当中，寻找恰当含义。比如在产品侵权的问题上，既可依据《消费者权益保护法》进行维权，亦可根据《民法典》规定的侵权责任主张权利。在工伤保险领域，既可依据《工伤保险条例》主张工伤权利，亦可根据《劳动法》的规定享受工伤保险待遇。不同的法律之间就同一问题进行了规定，而这些规定可能构成一个完整的规范体系。

依据不同法律或部门法体系进行解释，尤为需要关注不同法律规范之间的关系。按照法秩序统一性要求，不同规范之间应该和谐无矛盾，而一旦出现规范间矛盾，便会产生冲突漏洞。一是参照不同的法律规范进行解释。这里的法律规范采用广义的概念，包括狭义的法律、行政法规、地方性法规、规章等。比如在"王某某与天

---

① 参见安徽省六安市中级人民法院（2015）六民二终字第00424号民事裁定书。

津市公安交通管理局河西支队东风里大队行政处罚案"中,① 关于原告王某某认为被告河西支队东风里大队关于做出 200 元罚款适用简易程序的规定是否合法问题,法院认为,被告天津市公安交通管理局河西支队东风里大队基于查明的事实,依据《道路交通安全法》第 114 条、第 93 条第 2 款的规定对原告做出罚款 200 元的处罚决定,适用法律正确,裁量适当。② 关于本案适用法律条文的解释应使用体系解释方法,参照公安部《道路交通安全违法行为处理程序规定》第 41 条的规定,③ 被告天津市公安交通管理局河西支队东风里大队适用简易程序处理原告的违法停车行为,罚款金额最高应包含 200 元,且在法定处罚幅度范围内,故原告认为被告天津市公安交通管理局河西支队东风里大队若适用简易程序,其罚款数额不得超过 50 元及对其顶格罚款 200 元属于处罚畸重的主张无法律依据,不予支持。

二是判断不同法律规范之间是否存在上下位阶、制定先后、一般与特别关系,并根据冲突解释规则选择适用法律规范。即当两个法律规范的字面含义都能适用于待决案件,但两个法律规范不能同时适用且法效果不同,那么法官必须解决该矛盾问题。比如在"项某某与贵州省从江县人民政府行政确权案"中,关于本案的争议焦点是否属于行政复议前置的情形。法院认为,《森林法》第 17 条规定:"单位之间发生的林木、林地所有权和使用权争议,由县级以上

---

① 参见天津市河西区人民法院(2019)津 0103 行初 29 号行政判决书。
② 《道路交通安全法》第 93 条第 2 款规定:机动车驾驶人不在现场或者虽在现场但拒绝立即驶离,妨碍其他车辆、行人通行的,处二十元以上二百元以下罚款,并可以将该机动车拖移至不妨碍交通的地点或者公安机关交通管理部门指定的地点停放。公安机关交通管理部门拖车不得向当事人收取费用,并应当及时告知当事人停放地点。第 114 条规定:公安机关交通管理部门根据交通技术监控记录资料,可以对违法的机动车所有人或者管理人依法予以处罚。对能够确定驾驶人的,可以依照本法的规定依法予以处罚。
③ 《道路交通安全违法行为处理程序规定》第 41 条的规定:对违法行为人处以警告或者二百元以下罚款的,可以适用简易程序。对违法行为人处以二百元(不含)以上罚款、暂扣或者吊销机动车驾驶证的,应当适用一般程序。

人民政府依法处理。个人之间、个人与单位之间发生的林木所有权和林地使用权争议,由当地县级或者乡级人民政府依法处理。当事人对人民政府的处理决定不服的,可以在接到通知之日起一个月内,向人民法院起诉。"其后颁布的《行政复议法》第 30 条规定:"公民、法人或者其他组织认为行政机关的具体行政行为侵犯其已经依法取得的土地、矿藏、水流、森林、山岭、草原、荒地、滩涂、海域等自然资源的所有权或者使用权的,应当先申请行政复议,对行政复议决定不服的,可以依法向人民法院提起行政诉讼。"根据法律的效力等级原则,后法优于前法、特别法优于普通法、特别条款优于普通条款。《行政复议法》作为行政复议制度方面的特别法和后法,对于行政复议前置的规定,其效力优先于《森林法》中的有关规定。本案中,从江县政府的处理决定是对自然资源做出的确权行政行为,项某某等 8 人认为该行政行为侵犯其合法权益,属于《行政复议法》第 30 条规定的情形,属复议前置案件。项某某等 8 人未经行政复议直接向人民法院提起行政诉讼,不符合法定起诉条件。①

第五,依据法秩序进行推定解释。一般而言,根据法律规范在法律体系中的位置,以及由编章节条款项构造的解释语境,能够推断出法律规范的具体含义,并结合其他解释方法的运用,实现推断含义与法律体系的协调融贯。而特殊情况下,依据法秩序进行推定解释具有弥补法律漏洞的功能。这里的法秩序不限于法律的范畴,一些效力较低的行政规范性文件、司法解释、公共政策等,都可以成为弥补法律漏洞的有效渊源。比如在"喻某某与长沙华宝智能游乐设备有限公司确认劳动关系纠纷案"中,关于原告喻某某主张被告长沙华宝公司对其承担用工主体责任问题,法院在认定被告是否承担用工主体资格时,没有依据《劳动合同法》等法律法规,而是依据效力较低的《关于确立劳动关系有关事项的通知》[劳社部发(2005)12 号]认定。法院认为,从规章解释的角度,《劳动关系通

---

① 最高人民法院(2018)最高法行申 4087 号行政裁定书。

知》第 4 条系指用人单位将自己业务的组成部分发包的情形方得适用。一是根据体系解释方法，无论是成立事实劳动关系抑或承担用工主体责任，均属于劳动法律关系范畴，参照《劳动关系通知》第 1 条第 3 项可知，劳动者提供的劳动是用人单位业务的组成部分、劳动者成为用人单位成员是适用劳动法律关系的前提性要素。《劳动关系通知》第 4 条中"招用的劳动者"之表述，亦说明该条款应在不具备用工主体资格的承包人与所招用的劳动者间具备一定管理与被管理、从属与被从属等"准劳动"关系特征时方得参照适用。二是根据目的解释方法，《劳动关系通知》第 4 条的主旨系为防范建筑施工、矿山企业等主营业务具备相当危险性的用人单位以对外发包业务的方式规避用人单位本应承担的法定责任，因而对类似规避法律、侵害劳动者合法权益的行为法律后果依法予以矫正，该规范意旨并不契合本案情形。三是从价值衡平的角度，具备用工主体资格的机关、事业单位及企业必然会有一些不属于其业务组成部分的特定性、临时性事务，专此招聘员工既无必要也不经济，应可通过承揽、劳务等方式交由其他组织或自然人来完成，如果将上述《劳动关系通知》第 4 条扩大适用，则势必限制企业经营应有的灵活性及自由职业市场的成长空间，相反不具备用工主体资格的组织或自然人却无须顾忌承担用工主体责任的可能后果，将导致不同主体同类行为法律后果的显著差异。据此，喻某某主张华宝公司对其承担用工主体责任，既无事实依据亦无法律依据，法院不予支持。①

第六，依据合宪性解释规则对法律解释结果进行合宪性控制。狭义上的合宪性解释是指根据法律的位阶原则，宪法具有最高的效力，因而任何法律解释结果都不能与宪法规定相冲突。一般而言，宪法作为我国的根本大法，属于原则性规定，其具体内容由下位法进行规定。比如在法律的制定过程中，有关法律规定是否违背宪法规定已经进行了合宪性审查，因而法律规定一般不与宪法相冲突。

---

① 湖南省长沙市中级人民法院（2019）湘 01 民终 6449 号民事判决书。

但是，在法律适用中，法律解释总会出现能动与克制的姿态，过于严格或过于宽松的解释都可能违背宪法规定。因此，法官在进行法律解释时，应时刻注意法律解释的结果不能与具有远程辐射效应的宪法相冲突，否则构成抵触而导致违宪。广义的合宪性解释认为虽然法律解释应该符合宪法的相关规定，但是基于我国宪法不能司法化的传统，因此合宪性解释方法可以理解为法律解释不能与上位法的规定相抵触，而相关的上位法可以直接溯源到宪法规定。其目的是借助合宪性解释的基本规则实现法律解释在上下位法之间的协调与融贯。

比如在"杨某某等与深圳市鹏荣源公司劳动纠纷案"中，《广东省工伤保险条例》第65条规定：劳动者达到法定退休年龄或者已经依法享受基本养老保险待遇的，不适用本条例。前款规定的劳动者受聘到用人单位工作期间，因工作原因受到人身伤害的，可以要求用人单位参照本条例的工伤保险待遇支付有关费用。双方对损害赔偿存在争议的，可以依法通过民事诉讼方式解决。关于该条第2款是否赋予达到法定退休年龄的劳动者通过民事诉讼的方式请求工伤保险待遇的问题，法院认为涉及字面解释、目的解释与合宪性解释。在具体运用上，首先应作字面解释，如果条款的字面含义非常清晰，不存在模糊和不确定之处，则应当按字面确定条文的意思，不存在进一步解释的空间。如果条款的字面含义存在两种以上的理解，则作符合该法律目的和与上位法相一致的解释。该条例第65条第2款涉及劳动纠纷和民事纠纷的区别，民事纠纷是平等主体之间的人身关系和财产关系的纠纷，受民法所调整；劳动纠纷则发生在非平等主体之间，应先经劳动仲裁程序，不服仲裁裁决的，可以提起诉讼。该款第一句规定劳动者可以要求用人单位按工伤保险待遇支付费用，第二句规定可以通过民事诉讼方式解决，没有明确载明可以通过民事诉讼请求工伤保险待遇，故第二句存在两种解释的可能：一是用人单位拒绝按工伤保险待遇支付费用的，劳动者可以通过民事诉讼请求用人单位按工伤保险待遇赔偿；二是双方无法就支付工伤保险待遇达成一致时，劳动者可以提起民事诉讼请求民事赔偿。第一种解释将第一句规定的工伤保险待遇作为劳动者法定的权利，第二句载明的通过民事诉讼方式解决，是对该权利的保护方法的规定。第二种解释没有将工伤保险待遇作为达到退休年龄的劳动者的法定权利，而是将焦点集中在第二句的前半句"对损害赔偿存在争议"上，将损害赔偿区别于工伤保险待遇，损害赔偿限于民事的赔偿，双方如果不能协商一致按工伤保险待遇支付费用，劳动者可以通过民事诉讼请求民事赔偿。由于条款的字面存在两种解释，因此应当对条款作进一步的解释以确定其含义。按合宪性解释，该条例是广东省人民代表大会常务委员会所制定，其内容应当与全国人民代表大会及其常务委员会制定的法律相一致。工伤保险待遇规定于全国人民代表大会常务委员会制定的《劳动法》第70条和第73条，该法第79规定劳动争议先经劳动仲裁，不服仲裁裁决的可向法院起诉。因此全国性的基本法律规定了工伤保险待遇的争议应先经劳动仲裁。侵权导致的损害赔偿规定于全国人民代表大会常务委员会制定的《侵权责任法》，规定了医疗费、护理费、交通费、误工减少的收入、死亡赔偿金等不同于工伤保险待遇的赔偿项目，对损害赔偿存在争议的，可以直接向法院提起民事诉讼。因此《广东省工伤保险条例》第65条第2款是否赋予达到法定退休年龄的劳动者直接提起民事诉讼请求工伤保险待遇，上述作肯定回答的第一种解释，与《劳动法》和《侵权责任法》的规定不一致；而作否定回答的第二种解释，与上述全国性基本法律的规定相一致。①

综上所述，基于法律体系逻辑关系的结构解释存在六个层次，并且呈现出由狭义体系向宏观体系拓展的渐进解释路径：概念→条文→章节→部门法→法秩序→合宪性控制，即依据概念体系进行解

---

① 参见广东省深圳市中级人民法院（2018）粤03民终473号民事裁定书。

释、依据条文体系进行上下文解释、依据章节体系进行整体解释、依据不同法律或部门法体系进行解释、依据法秩序进行推定解释，以及依据合宪性解释规则对法律解释结果进行合宪性控制。

二 基于法律体系内在价值的意义关联解释

以法律体系的逻辑关系为基础的结构解释，追求的是法秩序纯粹规定意义上的统一性，因而经常将价值判断问题排除在解释之外。因此不能过分地高估结构解释功能，因为法学乃至司法裁判几乎不可能排除价值评判，法学关切的不尽是逻辑上的推论，毋宁是取向于价值导向思考方式，"经常只有追溯到法律的目的，以及（由准则性的价值决定及原则所构成之）法律基本的'内在体系'，才能真正理解法律的意义脉络"①。当下，"法秩序被设计得越来越协调、深思熟虑的、无矛盾的法律的（和法官法）价值判断体系。远比'外部体系'更加精确、更加细致，价值判断体系指导着法律裁判问题的解决"②。外在体系的有限性，致使法律规范经常出现冲突、漏洞、冗赘与歧义，进而需要借助规范之间的意义关联进行修补，比如填补法律漏洞、一般性条款的价值补充与不确定法律概念的具体化。

事实上，不同规范之间存在着相互支持与证立，以内容的融贯、层级的融贯与理念的融贯为基础搭建了法秩序。内容的融贯是指以体系化的形式搭建起不同规范间的逻辑关联，它们彼此关联，助力相互理解。层次的融贯是指不同层级之间的法律规范应该逻辑自洽、价值相容，尽量避免规则冲突与原则的抵触。理念的融贯是证立法秩序正当性的价值基础，要求支持法律体系存在的政治理论和道德

---

① ［德］卡尔·拉伦茨：《法学方法论》，陈爱娥译，商务印书馆2003年版，第207页。
② ［德］伯恩·魏德士：《法理学》，丁晓春等译，法律出版社2013年版，第318页。

信念体系应该是稳定的、一致的、融贯的。① 其中内容的融贯是外在体系的基础，而理念的融贯则是内在体系的核心，也是衡量法秩序统一性另一重要标准。"在以法律为主要法源的法域中，法秩序不仅是外部一致、透明的法律规则的集合，基于权利平等的要求，它们也是价值判断尽可能没有矛盾的内在体系，是'目的性'和'价值性'的法律原则体系。"② 一方面，由法律原则所建构的"内在体系"同样要求层级融贯，"联邦宪法法院将整个法律秩序理解为一个层次分明的价值判断的内部体系、一个受到各方面约束的法律价值判断标准的层级秩序"③。其中的宪法基本权利具有最高的价值标准，具有最为基础的价值判断意义及辐射效应，下位法所服务的法律目的及其背后的法伦理都是以上位法为依据。另一方面，法律原则在实践中既相互协作又互相限制，经常被用来纠正不尽如人意的法律价值标准，矫正不妥当的法律规范的含义，甚至被用来弥补法律漏洞。④ 而这便搭建起了法律规则与法律规则、法律原则之间的意义关联，因而在法律解释时不能忽视规范背后所承载的意义脉络。

按照外在体系与内在体系的划分，内在体系是隐藏在外在体系之中的法律体系，是由法律原则、价值等构造的内在联系，对外在体系建构提供价值基础，也对法律适应具有引导功能。一般而言，内在体系隐藏在法律体系内部，但是在"内在体系外显"的立法体制下，法律原则、立法目的等以法律条文的形式予以规定，与法律概念、法律规则等成为法律体系的基本构成要素。"在内在体系的理论兴起之后，大陆法系国家的民法典开始出现对有限法律原则的列举，《瑞士民法典》第 2 条列举了诚实信用原则和权利不得滥用原

---

① 参见雷磊《融贯性与法律体系的建构——兼论当代中国法律体系的融贯化》，《法学家》2012 年第 2 期。

② ［奥］恩斯特·A. 克莱默：《法律方法论》，周万里译，法律出版社 2019 年版，第 64 页。

③ ［德］魏德士：《法理学》，丁晓春等译，法律出版社 2013 年版，第 318 页。

④ 参见孔祥俊《法律解释与适用方法》，中国法制出版社 2017 年版，第 308 页。

则，第 4 条列举了公平正义原则。"① 我国的立法例，无论是民法典编撰为代表的私法，还是以现行刑法等为代表的公法，都以列举的方式概括了法律原则。其中，《民法典》第 3—9 条分别规定了合法权益保护原则、平等原则、自愿原则、公平原则、诚实信用原则、公序良俗原则、绿色原则等。《刑法》第一章总则部分也列举了平等原则、罪刑法定、罪刑相适应等原则。在采用总则与分则的立法模式下，立法者总会在总则部分规定各种法律原则，用来引导法律规制的适用。

除此之外，立法目的条款的规定，无疑是除列举法律原则之外，内在体系外显最典型的标志。《民法典》第 1 条开宗明义，规定民法典的基本目的：为了保护民事主体的合法权益，调整民事关系，维护社会和经济秩序，适应中国特色社会主义发展，弘扬社会主义核心价值。《刑法》第 1 条释明：惩罚犯罪与保护人民。立法目的条款的辐射范围及于整个法律文本，并对法律适用起着方向指引作用。立法目的条款是立法意图的直接表达，也是引导与检验法律解释是否妥当的标准。比如在工伤保险案件中，法官或者依据立法目的条款作出有利于职工权益保护的解释，或者运用立法目的条款进行价值宣示，或者将"符合立法目的"等语词作为判断法律解释是否妥当的依据。如有的法院从《工伤保险条例》的立法目的出发，将提前上下班也解释为"上下班途中"；② 有的法院认为工伤认定应遵循立法宗旨，对"死亡"做出有利于工伤职工的解释；③ 有的法院认为在无法确认交通事故当事人的责任时，负有工伤认定法定职责的社会保险行政部门应根据《工伤保险条例》等法律法规的立法目的，秉持有利于劳动者权益保护原则做出是否构成工伤的认定。④ 可见，

---

① 方新军：《内在体系外显与民法典体系融贯性的实现——对〈民法总则〉基本原则规定的评论》，《中外法学》2017 年第 3 期。
② 参见四川省宜宾市翠屏区人民法院（2017）川 1502 行初 112 号行政判决书。
③ 参见贵州省毕节市大方县人民法院（2018）黔 0521 行初 267 号行政判决。
④ 参见江苏省连云港市中级人民法院（2017）苏 07 行终 229 号行政判决书。

立法目的条款对法律解释起到引导作用。

实践中，以立法目的的司法适用为例，可以概括出以下几种基于内在体系的适用样态。

第一，借助形式化的外在体系推断法律规范的立法目的，进而引导法律适用方向。外在体系搭建起了不同规范之间的逻辑关系，即不同规范按照时间前后、位阶高低、部门法类别等秩序化安排，为法律解释提供理解语境。一是根据法律条文的位置、上下文、法条标题等文本依据判断法律规范的立法目的。比如法院在解释《工伤保险条例》第35条职工因公致残被鉴定为一级至四级伤残的，是否可以解除或终止劳动关系时，参照第36条规定指出，《工伤保险条例》只赋予了五级至十级工伤职工可以主动提出解除劳动合同的权利，对于一级至四级工伤职工并无明确，从立法目的体现，一级至四级工伤职工劳动关系不得解除或终止。① 二是参照不同的法律规定，根据不同法律的位阶关系获得立法目的。比如有的法院认为，我国工伤保险法律法规体系事实上是由《社会保险法》《工伤保险条例》，以及包括国务院社会保险行政部门、最高人民法院在各自职权范围内所制定的有关工伤保险的规定等所共同构成的。② 所以在解释"上下班途中"时，有的法院亦参照低位阶《最高人民法院关于审理工伤保险行政案件若干问题的规定》，认为上下班途中除考量合理路途外，还需参照上下班合理时间因素，职工擅自离岗系对单位利益的损害，若将其视同为正常下班，并让单位承担该有害行为所带来的风险，显然对单位缺乏公平。③ 三是结合法律规范冲突规则，排除不符合立法目的的规范适用。比如第三人侵权导致工伤的，《云南省〈工伤保险条例〉实施办法》规定工伤保险待遇统一采用"补足"方式核付，法院认为其增加了对职工享受工伤保险待遇的限制，

---

① 参见湖南省常德市武陵区人民法院（2017）湘0702民初1400号民事判决书。
② 参见江西省南昌铁路运输中级法院（2017）赣71行终28号行政判决书。
③ 参见广东省东莞市中级人民法院（2016）粤19行终131号行政判决书。

且不符合《社会保险法》《工伤保险条例》等法律、行政法规的立法目的，导致工伤亡职工以及近亲属依法享有的获得工伤保险待遇的权利受到了减损。根据《立法法》第 82 条第 5 款的规定，结合上位法优于下位法的原则，社会保险经办机构应当优先适用《社会保险法》《工伤保险条例》等上位法的规定。①

第二，基于可观察的内在体系探寻立法目的，实现立法目的的融贯运用。一是根据立法目的的传递性，获知立法者一贯的目的。在法规范体系中，下位法所服务的法律目的及其背后的法伦理都是以上位法为依据，上下位法之间的立法目的亦存在层级的融贯。比如《社会保险法》是为了规范社会保险关系，所建立的基本养老保险、基本医疗保险、工伤保险等制度，其是《工伤保险条例》的上位法，因而后者的立法目的不能与前者相冲突。所以有的法院在解释不予认定工伤的规定指出，《工伤保险条例》第 16 条第 2 项规定，与《社会保险法》第 37 条第 2 项规定并不相违背，二者在立法本意上是一致的。② 二是结合法律原则进行判断。事实上，以法律原则为主要架构的内在体系与法律规范的立法目的具有天然关联，存在相互支持与证立。一方面法律原则的价值追求是立法目的的具体化，比如弱者保护原则与保护受伤职工的合法权益的立法目的相契合；另一方面法律原则亦可发挥指导立法目的适用的效果，比如法院在分析侵权损害赔偿和工伤保险补偿的关系时指出，两者在立法目的、请求权基础等方面均有不同，当事人获得的两种赔偿既不违反侵权损害赔偿的"填平原则"、也不属于营利，并无不当。原审法院依据司法解释与工伤保险的立法精神，保护了因公受伤个人的合法权益，并不违反民法公平原则。③

---

① 参见云南省昆明市五华区人民法院（2019）云 0102 行初 41 号行政判决书。
② 参见江西省吉安市中级人民法院（2019）赣 08 行终 25 号行政判决书。
③ 参见吉林省高级人民法院（2015）吉民提字第 23 号民事判决书。

第四节　适度开放法律体系引入辅助性解释资源

尽管在表现形式上，外在体系力求法律体系的完整性，内在体系要求价值评价的一致性，进而使法律体系趋向于完整性与圆满性，但是法律体系仍然存在碎片化、分散化问题，而且这种机械的法律适用观也难以解决复杂的社会治理难题。"价值法学认为法律体系是开放属性，唯其如此，法律阐释始有其纵横。相对于闭锁体系观点的认为法律体系自身圆满，开放体系观点是承认法律体系的不完整。然而在法秩序一致的要求下，即须面对该不完整问题。"① 因此，法律体系的开放性是一个事实问题，而非一个理论问题。

一　开放法律体系基本内涵

法律体系开放与否问题，系以法律体系是否存在欠缺为前提。事实上，即便是高度理性化的概念法学也从未实现过法律体系的完备性、独立性、自洽性。比如作为法律体系微观构造要素的法律概念存在着模糊性、不确定性、多义性，法律规则及法律语言存在着不同程度的"波段宽度"，法律规则体系存在缺漏以及经常发生冲突。因此，法律体系从来不是一个封闭的体系，毋宁说它自始至终都是一个开放的体系。开放的法律体系既包括由立法者理性创制的制定法体系，也包含社会变迁过程中所衍生的各种规范，比如一些社会惯常的行为规范、交易习惯等通过提炼、总结与加工逐渐进入司法者的视域，为裁判提供论据。

站在法律自我演进的角度，自然法学始终认为存在一个永恒的超越实在法的自然法观点，法官只是发现与宣示埋藏于习惯法中既存的规范。在判例法国家，法律只不过是对既往裁判的一种总结，

---

① 黄建辉：《法律阐释论》，新学林出版股份有限公司 2000 年版，第 107 页。

是对先前问题的一种尝试性解答。在制定法国家，立法者理性也不足以应对所有的社会问题，所建构的法律体系也难以满足社会变迁的需要，法律漏洞难以避免。站在理性法律体系建构立场，法律体系要想满足自足性、完备性必须满足以下几个特点：一是保证所建构的法律体系逻辑上具有无矛盾性，法律规范之间不应该出现形式规定与内在评价上的冲突；二是建构的法律体系应该保持独立性，即与外界社会处于隔离状态；三是建构的法律体系应是自足、充足的，高位阶法律规范可以推导出低位阶法律规范，低位阶法律规范制定依据可以追溯到高位阶的规范，直至最终"基础规范"；四是建构的法律体系是不赘言的，即法律规范之间保持着相对独立的地位，一个规范不应该包括另一个规范，每个规范都有其自身应有的范围。①

然而，法律体系自足性与完备性建立在一系列的假设之上，是一种"理想图景"，法律体系中存在诸多"违反计划的圆满性"。较为"封闭"的法律体系在实践中难以应对诸如法律漏洞等困境，必然导向"开放"的法律体系。法律体系封闭与开放代表着对法律体系的认知态度，秉持开放法律体系是对现有封闭法律体系的一种矫正，希望通过打通法律规范体系与社会规范体系之间的隔阂，适当引入法外因素，弥补法律漏洞，实现法律体系的完整性。

秉持开放法律体系的姿态是站在实践角度对法律体系的一种矫正，司法实践不可能严格地按照立法供给的法律体系缜密地逻辑推理，更何况实证法体系存在许多问题。司法实践存在着一套以裁判者为核心的法律语言体系、法律渊源体系、法律方法体系，以及思维规则体系，这些一直沿用的司法实践的经验与技巧，完成了法律问题的解答。"为了使法律与社会、法律规范与其他社会规范有更高的契合度，更多法律人愿意接受多元的法律渊源理论，在更为宽泛

---

① 参见舒国滢《寻访法学的问题立场——兼谈"论题学法学"的思考方式》，《法学研究》2006年第3期。

的视域内发现针对个案的法律。"① 为寻找解释的"最佳答案",在犹如迷雾般不透彻的规范系统中做出选择,不仅需要逻辑分析,更需要目的性考量,一方面援引以事物本质、公共政策、道德伦理标准、社会惯习、合同、契约、先例、正义标准、法理、学说等为代表的非正式法源,搭建起一个综合的、立体的裁判规范体系;另一方面结合裁判经验、规范目的及价值判断等综合考量,探寻符合语境的规范意义。

二 引入非正式法源提供辅助性解释资源

虽然法秩序统一性是立法者致力追求的目标,但在司法立场上,法秩序统一性应该是法律解释所产生的一种体系性结果。法律体系是否融贯以及在多大程度上融贯只能交由司法实践来实现,因而法律适用承担着法律再体系化任务。

一般而言,如果不重视法律的体系性,法律便可能在解释的过程中成为知识碎片,导致逻辑连贯性及内在意义一致性的缺失;而聚焦法律体系又会割裂法律与社会的关系,趋向一种封闭且排外的思维。特别是当文本模棱两可、法律体系存在漏洞,不收集文本外的资料会导致裁判的僵化,而毫无限制地引用文本外资料又带来自由裁量的扩张。② 因而在承认法律体系存在漏洞的前提下,寻求法律规范与其他社会规范之间的一致性、恰当性尤为关键。体系思维反对法律体系的封闭性,而是秉持一种"开放体系"的姿态,强调法律体系在特定场景下"适度"向社会开放。所谓的"适度"向社会开放,是指只有那些能够作为裁判依据的非正式法源才能引入法律体系,而非所有的社会规范都可以吸纳法律体系当中。否则缺乏边

---

① 陈金钊:《体系思维的姿态及体系解释方法的运用》,《山东大学学报》(哲学社会版) 2018 年第 2 期。

② See Michael S. Straubel, "Textualism, Contextualism, and the Scientific Method in Treaty Interpretation: How Do We Find the Shared Intent of the Parties", *Wayne Law Review*, Vol. 40, No. 3, Spring 1994, pp. 1192-1194.

界的法律体系会在与社会、政治、经济之间的权衡中失去独立性，裁判也会在利益衡量、价值判断等难以测度的情境中走向恣意。体系思维带有问题导向意识，它一方面通过在法律体系寻找裁判依据，通过体系性考察规范之间的关联关系，把握规范的含义；另一方面在法律规范缺位等情况下，通过援引非正式法源等作为裁判依据，弥补法律漏洞，丰富法律体系内容。

对于法律渊源的认识，理论界存在不同的立场。一种观点认为，法律渊源这一概念具有共识性定义，即主权国家内有效力的法律表现形式，而在司法实践中，法律渊源这一概念经常被误用，比如"作为合同的法源"等。法律渊源是一个具有特定含义的概念，并且加上"有效力"三字来区分历史上的法律、已经废止的法律及其未来的法律。[①] 比如有学者举例指出，《民法总则》第 10 条关于法源问题的规定：处理民事纠纷，应当依照法律；法律没有规定的，可以适用习惯，但是不得违背公序良俗。其中的"习惯"并不具有法律渊源的意义。尽管历史上的很多习惯都被法律体系所吸收，但其并不会改变社会上诸多习惯的性质，只有一些习惯被法律吸收，才能成为法律规范，具有法律渊源的性质。同样的道理，《民法通则》第 6 条规定：民事活动应该遵守法律，法律没有规定的，应当遵守国家政策。这也是关于法源性质的规定，其中的国家政策与习惯具有同样的性质，即在法律规范缺位的情况下，国家政策和习惯等可以作为民事活动的一些基本规范和依据，但它与习惯一样，并不具有法律渊源的性质。无论是执政党的政策还是国家的一些政策，只能经由立法机关以法律规定的形式加以吸收，才能具有法律渊源的地位。在立法实践中，很多政策已经被法律规定所吸收，成为法律渊源。比如社会主义核心价值观已经被《民法总则》第 1 条目的

[①] 参见刘作翔《司法中弥补法律漏洞的途径及其方法》，《法学》2017 年第 4 期；刘作翔《"法源"的误用——关于法律渊源的理性思考》，《法律科学》2019 年第 3 期。

性条款所吸收。①

对于像习惯和国家政策等是否以"作为法律裁判依据"断定其法源性质，有学者给予了否定性答案。首先，如果这种法源定义能够成立的话，那么《民法总则》中第10条关于法源规定的习惯也可以称为法源。其次，国家政策与党的政策具有不同的性质，党的政策是一种独立的规范类型，但也不属于法律渊源。再次，国家政策等属于在法律规范缺位的情况下，弥补法律漏洞的一种规范类型，而非法源。最后，无论是国家政策还是习惯都是贯穿于执法、司法及守法等过程中的规范类型，并不限于司法裁判当中，是一种多元纠纷的解决规范。这些规范之所以被司法实践所适用，原因在于它们具有法律性规定。比如，习惯可以作为弥补法律漏洞的方式是因为《民法总则》第10条加以规定；司法解释能够弥补法律漏洞是因为1981年《关于加强法律解释工作的决议》及《立法法》第104条之规定，并且司法解释可以直接作为裁判依据；指导性案例虽然没有直接的法律依据，却具有司法依据，2010年11月26日发布的《关于案例指导工作的规定》及2015年4月27日发布的《〈关于案例指导工作的规定〉实施细则》可以作为指导性案例弥补法律漏洞的依据；等等。②

另一种观点认为，法律渊源的原本含义是指法的源泉，由于学界对该概念界定始终存在流变性，并未言明法源究竟是指规范性的法律文件，还是用于司法实践的具体性依据，因此造成了很多误解。我们通常在学习法理学的时候，将法律渊源视为法律的表现形式，因此法律渊源也就是指宪法、法律、行政法规、地方性法规、规章等。显然，这一划分标准是依据法律制定主体不同进行的。但是该划分标准仍然存在问题，比如在我国，宪法和基本法律都是由全国人民代表大会制定，为何又要区分为宪法和法律呢？其中内涵的划

---

① 参见刘作翔《司法中弥补法律漏洞的途径及其方法》，《法学》2017年第4期。
② 参见刘作翔《司法中弥补法律漏洞的途径及其方法》，《法学》2017年第4期。

分标准是法律位阶关系，即宪法是一切法律制定的依据，具有最高的法律效力。当涉足法律位阶这一划分标准时，又会发现比如地方性法规和国务院部门规章在我国法律体系构造中的效力关系也处在不确定状态，两者发生冲突时，却应该交由国务院进行裁决，地方性法规和部门规章的制定主体不具有同质性。因此，这一划分标准也是混乱的，只是大体上根据制定主体不同进行的划分。这种制定法渊源可以称为实质法源。除此之外还有形式渊源，主要是指能够作为法官之法的裁判规范（个案规范）。实质渊源是立法之法，是立法者制定的一般性的法律规则，形式渊源是司法之法，是融一般法于个案的具体性法律。①

有学者认为，司法实践中所构建的是具体裁判规范，这一规范不仅包括以实质法源为代表的制定法规范，还包括依据具体案件事实引入习惯等构建的形式渊源。该学者指出，对于法律渊源的认识可以通过英国法学家沃克所著的《牛津法律大辞典》中关于"法律渊源"的界定予以认定。沃克罗列了法律渊源的五种含义：一是指法的历史来源；二是指影响法律、促进立法及推动法律变革的一些理论或哲学原则；三是指法律的形式渊源，如议会以立法形式发布宣告、高级法院的法律解释、权威性法学著作、习惯、公平、正义的法律观念等；四是指文件渊源，即对法律规则做出权威性说明的文件；五是指文字渊源，也就是法律文献。② 沃克认为："从研究方面看，第一和第二个渊源更有意义，它可以让人认识该原则的真正范围和含义。从实践方面看，第三和第四个渊源的重要性更大，一条所称的规则，除非它来自实质渊源，且能在文件渊源里找到关于

---

① 参见陈金钊《法律渊源：司法视角的定位》，《甘肃政法学院学报》2005 年第 6 期。

② 参见［英］戴维·M. 沃克《牛津法律大辞典》，李双元等译，法律出版社 2003 年版，第 1048—1050 页。

它的陈述，否则是没有法律强制力或效力的。"① 实质渊源只是向人们提供了法的政治、经济与文化等所谓完整的科学来源，这些法律形式如果不与司法判案结合在一起，就不能称为法律渊源。因此，在看待法律渊源这一问题时，应该从司法的视角予以观察，法律渊源就是司法实践中可供裁判者构建裁判规范的法律形式。比如合同等可以以非正式法源的形式作用于司法裁判当中，起到正式法源的辅助性作用，并且当正式法源缺位的情况下，非正式法源可以经由法官作为裁判依据。非正式法源对于辅助解决制定法等正式法源的僵化性，克服严格执法的弊端具有积极意义。把非正式法源引入司法裁判当中，有效确保了法律的稳定性，增大了实现法治的可能性。一方面，通过引入非正式法源形式，能够解决立法表达不能的技术性困境，使法律体系当中蕴含各种价值，为实现裁判正义提供依据；另一方面，引入非正式法源能够解决"无法可依"的状态，使社会事实纳入司法调整范围内，缓解法律适用僵化，解决制定法漏洞等困境。②

综上所述，有关法律渊源的认识体现了立法立场与司法立场的争论。从维护法秩序的角度看，立法立场下的法律渊源对于依法裁判具有重要的意义。站在司法立场下，法律渊源侧重法律的实践意义与问题导向意识，对于缓解法律适用僵化以及解决法律漏洞等问题具有积极意义。魏德士指出，法律渊源这一概念具有多种含义。从广义上讲，法律渊源是指对客观法产生决定性影响的所有因素，比如法学文献、行政实践、法院实践和国民法律意识等都属于法的渊源，把这些因素视为法源可以帮助法官正确认识现行法。在法理学中，更多学者使用狭义的法律渊源概念，只要那些对于法律适用

---

① ［英］戴维·M. 沃克：《牛津法律大辞典》，李双元等译，法律出版社2003年版，第1049页。

② 参见陈金钊《法律渊源：司法视角的定位》，《甘肃政法学院学报》2005年第6期。

具有约束力的法律规范才称为法律渊源。① 结合法治中国建设语境，本书采用司法立场的法律渊源概念，一方面司法立场的法律渊源把制定法视为法律的正式法源，是司法裁判中首先适用的法律形式；另一方面，当以制定法为代表的正式法源缺位，非正式法源可以作为正式法源的有益补充，经由法官的解释、论证等环节进入司法裁判，弥补正式法源的不足。

三 多元法源规范实现解释的合理性

正式法源以制定法为代表，即体现为一种权威性法律文件，而非正式法源以事物本质、公共政策、伦理标准、社会惯习、合同、契约、先例、正义标准、法理、学说等为代表，是一种审判参考的依据。需要注意的是，非正式渊源不仅限缩了法官选择解释资源的范围，而且能通过所限定的范围节制法官的自由裁量权，杜绝毫无规律的创造。此外，过度依赖正式法源所建构的裁判规范，一定程度上会限缩法官的思考范围，并且严格遵守法律的文本含义可能带来僵化的、荒谬的解释结果，也需要借助非正式法源所提供的正义标准等实质资源来进行引导、监督与修正，从而实现法律规范的目的。体系解释方法有时依据外在的、形式性的法律体系进行解释，有时则需借助由公共政策、法理、规范目的与价值判断等实质论据所构造的综合的、立体的规范体系来解释。特别是当下法律规范众多，不同时间、不同位阶的法律规范交叉存在，如何在犹如迷雾般不透彻的法律规范体系中做出选择，不仅需要逻辑分析，更需要目的性考量。因而"体系解释很少可以与目的解释分开"②。

法治是一个系统工程，法治的实现既需要政治、经济体制、机

---

① 参见［德］伯恩·魏德士《法理学》，丁晓春等译，法律出版社2013年版，第98—99页。

② ［德］卡尔·恩吉施：《法律思维导论》，郑永流译，法律出版社2004年版，第92页。

制等诸多因素的配合；也需要法律与其他社会规范之间的默契。① 社会规范是生成与完善法律规范必不可少的资源。社会规范体系供给非正式法源至少具有两种意义：一是作为一种规范体系或价值理念矫正正式法源的缺陷，在正式法源模糊不确定时，可通过非正式法源加以解释，澄清含义；二是当正式法源存在漏洞时，可直接借助非正式法源加以填补，保证法规范的体系完整性与价值统一性。② 因此，非正式法源在实现法律解释合理性上具有重要意义。那么，何为法律解释的"合理性"？

首先，从最低限度上讲，"合理性"包含了"合法性"的维度。如果把合法性视为形式法治倡导的维度，那么合理性可以代表实质法治的主张。

需要注意的是，这里的"合法性"之"法"并不限于制定法。无疑，这里的"法"是一种宏观意义的法，其包含了立法者创制的制定法，也包括了司法实践中所总结出的判例，法学研究中形成的"通识性"法理，甚至蕴含了法治要义的法治精神等都可以成为司法裁判的依据。

其次，在一些简单案件中，依照法律规范的文本含义便可满足法律解释的合法性，这也满足了合理性诉求。而当法律文本出现复数解释时，法官必须选择一种最恰当、最适合的解释含义，此时，法律解释的合理性便不能简单地定位在法律规范的文本含义之上。文本含义只是一种可能含义，而隐藏在文本背后的立法意图，才是法律规范的真正含义。合理性就是要破解机械司法与违背立法原意的法律适用，通过参照其他的法律规范，发现法律规范的意义脉络，重塑适于个案的解释结论。最后，合理性意味着特定场景下的"最佳答案"。最佳答案的获取包含了价值判断与利益衡量等法律方法的

---

① 陈金钊：《体系思维的姿态及体系解释方法的运用》，《山东大学学报》（哲学社会版）2018年第2期。

② 参见孔祥俊《法律解释与适用方法》，中国法制出版社2017年版，第36页。

综合运用，既可能依据法律规范得出，也可能是基于个案所重构的裁判规范。

在开放体系看来，化解社会矛盾的依据除法律规范体系外，还有道德规范体系、伦理秩序体系、政策规范体系等辅助性社会规范体系。所谓的社会规范体系，是指法官可通过适当方式将其转化为裁判依据的规范体系。社会规范体系相比法律规范体系缺乏适用的强制性，具有选择适用性，是在法律规范体系存在漏洞或者适用法律规范体系难以获得恰当解释结论时，才可援引的规范体系。"众所周知，实在法制度必然是不完整甚至支离破碎的，法律规范的含义有时也模糊不清。有些理念、原则和标准同正式的法律渊源相比可能更加不明确，但不管怎样还是给法院裁判提供了某种程度的规范性指导，而只有诉诸这些理念、原则和标准，才能克服实在法制度所存在的那些缺点。"[①] 诸如政策、习惯、事物本质、合同、公平正义理念、道德伦理等都可以通过一定形式影响司法审判。

基于司法实践立场，法律体系从来不是一个封闭的体系，毋宁说它自始至终都是一个开放的体系。这一体系，既包括由立法者创制的制定法体系，也包含社会变迁过程中所衍生的各种规范。随着社会的发展，制定法自身的局限性不断地被放大，制定法与社会的隔阂越来越大，立法者不可能通过立法形式预知或彻底堵住漏洞问题。为有效解决社会纠纷，一些社会惯常行为习惯、交易规范等逐渐进入法官的视域，通过提炼、总结与加工，法官们将其发展为新的裁判依据。而一些不合乎社会发展规律，影响裁判公正与可接受性的法律规范，逐渐地被法官所弃用，通过拒绝引用、说理论证等方法将其排除适用范围。

[①] 孔祥俊：《法律解释与适用方法》，中国法制出版社2017年版，第35页。

第四章

体系解释方法的运用规则

体系思维是体系解释方法的思维形式，法律体系为体系解释方法框定了解释资源框架，而体系解释规则则是体系解释方法具体适用的逻辑规则。本章将引入更微观的解释工具——法律解释规则。那么，法律解释方法与法律解释规则存在何种关系，以及法律解释规则的属性是什么；作为一种类型的解释规则，体系解释规则的种类有哪些，以及体系解释规则如何展开适用等问题，将是本章讨论的问题。

第一节 法律解释规则的界定

法律不重诵读，而重理解。[1] 尽管法律解释方法的正确性源于其能迅速地发现可适用的规范，[2] 是发现规范真意的手段，恰当运用法律的前提，但它并不直接决定规范内容，而只是告知理解规范内容

---

[1] 郑玉波：《法谚》（一），法律出版社2007年版，第17页。
[2] Mark Greenberg, "What Makes a Method of Legal Interpretation Correct: Legal Standard vs. Fundamental Determinants", *Harv. L. Rev. F*, Vol. 130, No. 4, February 2017, pp. 110–111.

应该遵守的路径。法律解释方法、理论以及学说,是法律职业者基于经验创制的实践知识,因而不能解决所有的问题,无往不利。事实上,不同的解释方法趋向了不同的解释结果,"甚至可以夸张地说,有多少解释方法,就有多少法律制度"①。因而法律解释,需要更为具体的应用准则予以引导。

法律解释规则是法律解释方法的基本构成要素,它为法律解释提供确切的思维路径指引,并为法律解释过程提供精细化的操作准则。倡导法律解释规则的研究,目的在于解决法律解释方法研究哲学化、复杂化之倾向,凸显法律解释规则的实践意义。为清晰地认识法律解释规则,需要从概念厘定、性质之辨、功能定位及研究旨趣等角度展开。

一 概念廓清:法律解释的具体适用规则

从逻辑学的角度看,"避免语义不清和模棱两可最有效的方法就是定义术语"②。尤其是"逻辑性的人造术语在法理学中的适用困难重重。为实现对概念的准确适用,就必须对这些概念进行定义"③。对法律解释规则进行定义就是释明其含义,找到其所处位置,避免使用上的术语混乱。同时,在立足当下法律解释实践的前提下,辨明法律解释规则的性质,可以清晰地界分其与法律解释方法的联系与区别,探寻法律解释规则的本土含义。

"法学者是实践着的语言学家。如果在解释'方法'的问题上达成基本一致,那么这种一致很明显将使'检验'、监督以及关于法

---

① [奥]恩斯特·A. 克莱默:《法律方法论》,周万里译,法律出版社2019年版,第7页。
② [美] D. Q. 麦克伦尼:《简单的逻辑学》,赵明燕译,北京联合出版公司2016年版,第45页。
③ [德]伯恩·魏德士:《法理学》,丁晓春等译,法律出版社2013年版,第89页。

律适用结果的讨论更加容易。"① 现实是，对法律解释规则进行界定，达成认识一致性，不可忽视现有法律解释模式下的法律解释方法。当前有学者将法律解释所借助的技巧，称为法律解释方法，也有学者将其称为法律解释规则，致使两者概念杂糅，混乱使用。因此有必要将两者相对比，从概念的内涵、表现形式等角度厘清两者之间的区别与联系，进而界定法律解释规则的含义，达到正本清源目的。

从语词使用上看，不同的国家、学者对法律解释需要借助的技巧、工具、方式、方法等存在不同的称谓。② 在德国，萨维尼在总结罗马法及中世纪意大利法中法律方法时提出了法律解释四个"基本要素"，即语法要素、逻辑要素、历史要素、体系要素，这通常被称为"法律解释要素"，也常常被认为是法律解释的"准则"，③ 拉伦茨直接将其称为"解释的标准"。④ 麦考密克与萨默斯将法律解释方法称之为法律解释的论点（argument），⑤ 张志铭教授在《法律解释操作分析》一书中延承了这一称谓，将法律解释方法称为法律解释论点。⑥ 梁慧星教授在介绍日本法律解释理论时，将法律解释工具、技巧统称为法律解释方法，⑦ 我国台湾学者杨仁寿也将其称为法律解

---

① ［德］伯恩·魏德士：《法理学》，丁晓春等译，法律出版社2013年版，第302页。
② 参见杨铜铜《大陆法系法律解释方法分类考察》，载陈金钊主编《法律方法》（第17卷），山东人民出版社2015年版，第98页。
③ 参见［德］伯恩·魏德士《法理学》，丁晓春等译，法律出版社2013年版，第301—302页。
④ 参见［德］卡尔·拉伦茨《法学方法论》，陈爱娥译，商务印书馆2003年版，第200页。
⑤ D. Neil MacCormick and Robert S. Summers: *Interpreting Statutes: A comparative Study*, Dartmouth Publishing Company Limited, 1991, pp. 515-516.
⑥ 参见张志铭《法律解释操作分析》，中国政法大学出版社1999年版，第104页。
⑦ 参见梁慧星《民法解释学》，中国政法大学出版社1995年版，第213页。

释方法,① 谢晖、陈金钊、葛洪义、郑永流②等大部分学者都接受了这一称谓。对此,我国也存在一本研究法律方法的专业集刊《法律方法》,其中的法律解释方法被译为"interpretation method"。③ 可见,我国学者通常将法律解释的工具或技巧称为"法律解释方法"。

"解释规则"多来源于英美语境。对于制定法解释,英国存在三大传统解释规则,即字义解释规则(Liberal rule)、黄金规则(Golden rule)及除弊规则(Mischief rule)。④ 其中"rule"通常被译为"规则"。⑤ 除"rule"被翻译为"规则"外,"canon"也通常被翻译为"规则",⑥ 比如 federalism canon(联邦主义规则),⑦ 亦有翻译为"规准",⑧ 取其"规律""法则"之意。此处的"rule"和"canon"可取为同义,即"规则"。解释规则也有一部分来源于与罗马法解释有关的法谚、格言及推定,诸如 No surplusage canon 与 Noscitur a sociis canon 被译为不赘言解释规则与整体解释规则,⑨ 又如我们常见的专业含义解释规则来源于 Verba artis ex arte(Terms of art

---

① 杨仁寿:《法学方法论》,中国政法大学出版社 2012 年版,第 138 页。

② 参见谢晖《诠释方法——通向法律的真理之路》,《学习与探索》2001 年第 5 期;陈金钊、尹绪洲《法律的文义解释与词典的使用——对美国司法过程中词典使用的述评》,《法商研究》1996 年第 3 期;葛洪义《法学方法论》,中国人民大学出版社 2013 年版,第 88 页;郑永流《法律方法阶梯》,北京大学出版社 2015 年版,第 24 页。

③ 《法律方法》由华东政法大学陈金钊教授主编,现已连续出版 33 卷,并多次被评为 CSSCI 集刊。

④ Alfred Phillips, *Lawyers' Language: How and Why Legal Language is Different*, Taylor & Francis e-Library Press, 2003, pp. 100-102.

⑤ 参见蒋惠岭《目的解释法的理论及适用》(上),《法律适用》2002 年第 5 期。

⑥ 参见吕玉赞《解释的普通法及其法典化规范》(上),载陈金钊主编《法律方法》(第 19 卷),山东人民出版社 2016 年版,第 137-145 页。

⑦ William D. Popkin, *Statutes in Court: the History and Theory of Statutory Interpretation*, Duke University Press, 1999, p. 200.

⑧ 参见[美]弗里德里克·肖尔《像法律人那样思考:法律推理新论》,雷磊译,中国法制出版社 2016 年版,第 184 页。

⑨ 参见王利明《法律解释学导论:以民法为例》,法律出版社 2009 年版,第 261 页。

ought to be explained from the art)。①

如果不加以细致区分，仅从语词的称谓上讲，我国所采用的法律解释方法与英美法律解释规则似乎没有实质性差别，都是法律解释时所需借助的工具，但当我们涉足两个概念的内涵时，就会发现两者存在区别。法律解释方法不仅要确定裁判的大前提，还要构建大前提与案件事实之间的关系。法律解释方法包括了解释路径、解释规范、解释论点和解释理由四个方面。②而解释规则主要针对法律规范的解释问题，是针对法律规范文本的概念、语义、条文之间的关系等发展出来的具体适用规则，比如法谚、推定等可直接针对法律文本展开适用。《现代汉语词典》就"方法"和"规则"两个概念解释时指出，"方法"是关于解决思想、说话、行动等问题的门路、程序等，而"规则"是规定出来供大家共同遵守的制度或章程，或者是规律、法则。③可见，"法律解释方法"与"法律解释规则"在内涵上存在差异，"法律解释方法"为解释法律规范提供程序性指导，"法律解释规则"是"司法发展出来的经验法则"，④是更为具体、可操作的准则。从形态上看，方法是动态和变化的，而规则是静态和稳定的。法律解释方法把解释规则和具体的情境因素结合起来，而法律解释规则是针对特定情境下所要遵守的经验法则，主张相似情形相同解释。⑤

从表现形式上看，法律解释方法的提炼与总结根源于其对外所展现的形态。所谓的形态是指"事物的形状与外表"，法学形态是指

---

① 参见郑玉波《法谚》（一），法律出版社 2007 年版，第 18 页。
② 参见张志铭《法律解释操作分析》，中国政法大学出版社 1999 年版，第 72—73 页。
③ 参见中国社会科学院语言研究所词典编辑室编《现代汉语词典》，商务印书馆 2001 年版，第 353、474 页。
④ ［美］安德瑞·马默：《解释与法律理论》，程朝阳译，中国政法大学出版社 2012 年版，第 14 页。
⑤ 参见陈金钊《法学话语中的法律解释规则》，《北方法学》2014 年第 1 期。

具体的表现形式或法学之内部结构的组合形式，是由各种要素组合而成的，这些要素包含了价值、起源、作用、原则及方法等。① 在法律解释过程中依据不同的解释形态提炼出了不同的解释方法，比如文义解释方法针对法律文本字面含义进行解释，强调解释时应该保持克制姿态，服从文本客观展现的价值；体系解释方法注重在解释法律文本时应该照顾上下文、整个文本或者法秩序的要求，侧重整体性思考等要素。基于不同的解释形态，也总结出了目的解释、历史解释及社会学解释等诸多方法。

法律解释规则比法律解释方法更为简洁、微观与具体，它是在众多判例中总结出的一个个鲜活的可重复性适用的解释规则，它包括了规则、法谚及其相关推定，是一种具体的思维引导规则。每一种方法都包含更为具体的"规则"，不能将"规则"再次视为"方法"。比如王利明教授指出，目的解释方法的适用应该遵守"立法者意图的阐释最大化""考虑法律规则的特定目的""省略之规定视为故意省略"（casus omissus pro omisso habendus es）、"法律不作区分、则解释不必区分"（Uni les non distinguit, nec nos distinguere debemus）、"尽量作有效解释"（utres magis valeat guam preat）、"发展性规则"等规则。② 法律解释方法的外延更为宽泛，每一种法律解释方法包含了针对不同的语境、解释资源适用的规则。比如在进行体系解释时，需要遵守意义一致规则（Consistent meaning canon）、明示其一排斥其他规则（Expressio unius est exclusio alterius canon）、上下文解释（Noscitur a sociis canon）、同类规则（Ejusdem generis canon）、整体规则（Whole text canon）、无赘言规则（No surplusage canon）、相同事项规则（Pari materia canon）等。③

---

① 参见何勤华《中国法学史》（第一卷），法律出版社2006年版，第29—30页。
② 参见王利明《法律解释学导论——以民法为视角》，法律出版社2009年版，第321—323页。
③ William D. Popkin, *A Dictionary of Statutory Interpretation*, Carolina Academic Press, 2007, pp. 17-18.

综上所述，法律解释规则与法律解释方法之间存在区别，法律解释规则不是纯粹意义上的英美制定法解释规则，也非欧陆主张的制定法解释方法，学者们已把两者置于不同的话语系统，归属于不同的概念位阶，使两者之间存在种属关系。特别是当方法高度发达、相互交织时需要一套简洁的方法论及较为清晰的思维规则指导解释活动。有学者在研究法律解释规则时指出，法律解释方法的抽象化、复杂化倾向需要用简明的规则表达出来。[①] 一方面，法律解释规则可以破除法律解释迷宫，为法律人提供确切化的思维路径，并以此回应法律解释的实践性品格；另一方面，法律解释规则的适用有益于消解我国司法实践中过于注重社会效果而忽视法律效果的"政策困境"，通过法律解释规则的适用实现约束解释思维、限制任意解释的功效，"达到为法治实现提供技术支持以及维护法律解释学之方法论地位的目的"[②]。

因此，我们认为，法律解释规则是法律解释方法适用的一般性要求，更为具体的思维规则及操作准则，它是理解、解释及适用法律规范的基础，是针对不同问题、不同情境下可直接适用的解释准则，它是司法实践经验性总结，在思维上指引着法律人理解、解释及适用法律规范。

二 性质之辩：法律解释方法的构成要素

尽管实践总结出文义解释、体系解释、历史解释、目的解释、社会学解释等方法，但与自然科学相比，解释方法并不具有自然科学方法的稳定性，以及借助准则与数据进行重复性验证的可能性。"法学的研究方法虽有种种，但都是理智的内在运用，没有工具可供观测与实验，没有数据可以劝服他人，不能重复客观验证一个法学

---

① 参见陈金钊《法律解释规则及其应用研究》（上），《政法论丛》2013年第3期。
② 李亚东：《我们需要什么样的法律解释学——法律解释规则理论研究》，《法学论坛》2015年第4期。

观点或理论的正确性。"① 因而每一种方法都不并准确并往往引发争论。"关于这类问题的争议导致了众多的制定法解释方法，且各有既定的判决相支持，然而每一种解释方法也都是有其致命的弱点。"② 法律解释方法的选择受到解释主体、规范体系、解释语境、主观认识及价值判断等多重因素的影响，甚至解释方法选择乃是解释策略的目的，一种用于掩盖裁判意识形态、支撑解释结论的工具。③ 比如体系解释方法，有时它采用形式化的结构解释，趋向于语言学解释风格，有时又关涉规范的意义脉络，考量立法意图，趋向于实质性解释。显然，一个核心内涵不那么精确并且需要考量多种要素的解释方法是不可靠的。

可见，法律解释方法是一种引导解释的路径，它除了告诉我们解释时应该注重哪些要素，其他的并未提供给我们。比如"不管是文义解释或逻辑解释，都要尊重生活经验，同时也要恰当的价值判断。生活经验当然不是司法者个人的，而是普遍的社会生活经验，所以法律才不至于失去客观性。价值判断也不是司法者个人的，而是要设身处地，觉知众人之心，所以不会流于主观，不会落入负面的情绪，而是'互为主观的'"④。与此同时，法律解释很难摆脱解释理论与政策偏好的影响，尤其当涉及主观解释时，方法的选择往

---

① 林东茂：《法学方法，即非方法，是名方法》，载林山田教授退休祝贺论文编辑委员会编《战斗的法律人：林山田教授退休祝贺论文集》，元照出版社2004年版，第60页。

② ［美］凯斯·R. 桑斯坦：《权利革命之后：重塑规制国》，钟瑞华译，中国人民大学出版社2008年版，第126页。

③ Sara C. Benesh, Jason J. Czarnezki, "The Ideology of Legal Interpretation", *Washington University Journal of Law & Policy*, Vol. 29, No. 1, 2009, pp. 113-132.

④ 林东茂：《法学方法，即非方法，是名方法》，载林山田教授退休祝贺论文编辑委员会编《战斗的法律人：林山田教授退休祝贺论文集》，元照出版社2004年版，第57页。

往是后果主义的背书，解释结论更容易滋生价值偏见。① 关于法律解释方法功能的追问，尤其体现在法律解释方法的适用位阶及优先顺位上，自萨维尼制定法解释经典四要素提出以来，时至今日，有关法律解释方法适用位序的探讨只是提供了一张方法论清单，至于案件中到底采用哪种解释方法仍然是混沌的、自说自话的。解释学表明，每一种解释方法都有其存在的哲学基础及其适用的依据，每一种解释方法某些情境下都有优于其他解释方法优先适用的理由，但是仍然无法在制定法解释中获得一个众口称是、客观统一的操作流程。②

因此，即便针对解释要素总结出了较为具体客观的解释方法，但是对法律解释方法认知仍存在困境。各种解释方法仍属于一个"类"概念，在这个看似不言自明但又不甚精确的类概念上去理解与适用法律解释方法又是不确切的。这也就是为什么通过形态识别后把逻辑解释称为体系解释，把历史解释称为主观目的解释，把伦理解释、社会学解释视为客观目的解释的原因之一。甚至有学者认为只存在文义解释一种方法，其他解释方法是文义解释结果的证立，③ 因为文义解释方法相比于其他解释方法来言，具有更为具体的解释要求，精细化的解释规则。比如平义含义规则、字典含义解释规则、常义解释规则、专业含义解释规则等直接为文义解释方法适用提供了思维与技术性支持。对于其他解释方法来讲，解释方法所包含的法哲学、法理念、法价值等诸多要素始终处在流变之中，使解释者不得不把目光流连于其他规范甚至整个法秩序当中去寻找解释依据。解释资源的多样性使法律解释不再单独聚焦一个要素，多元要素的参与会使法律解释结果出现复数性，甚至出现相互冲突的

---

① Ward Farnsworth, Dustin Guzior, Anup Malani, "Policy Preferences and Legal Interpretation", *Journal of Law and Courts*, Vol. 1, No. 1, Spring 2013, p. 137.

② 苏力:《解释的难题：对几种法律文本解释方法的追问》，《中国社会科学》1997年第4期。

③ 参见苏晓宏《法律解释还是法律解释的证立?》，《求是学刊》2014年第6期。

解释结果，而在相互冲突解释结果都可适用的前提下，是无法化解社会纠纷的。

对法律解释规则来讲，它多是一些法谚的总结、具体的操作要求及思维准则，它种类庞杂、数量众多，不可能将每一种解释规则都单独定义为一种方法。① 这需要对众多解释规则进行分类，以清晰法律人的认知。分类就是把各种具有相似属性的解释规则根据某些相似或相同的属性将它们集成一个较大类的逻辑方法。通常认为，法律解释规则内容更为具体，核心含义比较明确，更具有问题针对性。法律解释方法多是对解释过程中所使用方法形态的一种总结与概括，相比解释规则，它具有更为广阔外延。法律解释方法外延可涵摄解释规则，不同的法律解释规则依解释形态可归类于不同的解释方法。②

划分两者之间种属关系，原因是法律解释规则相比法律解释方法，分布更加杂乱无章碎片化，它散落于制定法解释的各个角落，需要进行重新梳理与归类，把一些形态相似的解释规则系统化、类型化，编织出更为具体清晰的解释规则目录，方便解释者进行查找与适用。尽管解释规则存在一般与特殊之分，即普遍适用的规则与特殊领域适用规则之分，但总体上依据所展现的思维规律，仍可将其划归到一类法律解释方法之中。比如宽容规则（Rule of Lenity）常用于刑法解释领域，③ 保障被告人权利的实质性特征决定了它属于目的解释方

---

① 比如卢埃林就制定法解释曾总结28对及延伸与反延伸出19对解释原则（规则）。参见［美］卡尔·N. 卢埃林《普通法传统》，陈绪刚等译，中国政法大学出版社2002年版，第618—632页。

② 在王利明所著的《法律解释学导论：以民法为视角》及孔祥俊所著的《法律解释方法及判解研究》等书中，都将各种解释规则视为法律解释方法适用时所遵守的规则，法律解释方法是法律解释规则的上位概念。参见王利明《法律解释学导论：以民法为视角》，法律出版社2009年版，第三章；孔祥俊《法律解释方法及判解研究》，人民法院出版社2004年版，第七、八章。

③ William D. Popkin, *Statutes in Court: the History and Theory of Statutory Interpretation*, Duke University Press, 1999, p. 204.

法。这种种属划分担负着定性鉴别的功能，对众多解释规则进行系统化、类别化及有序化处理可对具有相同属性的解释规则有一个直观认识。

划分两者的种属关系，带有回应司法实践的目的，是为了发展与完善我国现存的法律解释方法体系，为法律规范在复杂的社会关系中理解、解释与适用寻找可操作化的准则，是为了解决相似案件相似判决、同一法律规范同一解释，为司法裁判推理建构更加确定性大前提等问题，缓解法律规范与社会之间紧张关系。规则是简明化的"方法"，是为了扭转法律解释学研究的哲学化及法律解释过程的复杂化倾向，为解释者提供一套运用自如的法律解释技巧。

三　功能定位：提供思维引导及操作规范

法律解释学研究表明，我们对法律规范含义的明确性追求，实质上只是寻找一种最佳的可能含义而已。"许多人徒然地期望发现文本的法律含义'真正'是什么。这种寻找毫无结果，文本并没有'真正'含义。"[①] 法律文本含义会因解释主体、法律概念、语言及语境的不同出现不同的解释结果。法律解释方法适用并非一种制度性要求，只具有思维引导性，而非适用强制性。这种法律解释的实践认知打破了传统理论对法律解释方法适用位序的探讨，它将法律解释方法定位于法律人解释法律时所应遵循的思维方法。因法律解释方法是由众多的解释规则所建构，使得法律解释规则也在应然意义上具有思维引导性，而其也成为法律解释方法适用时所应遵守的思维规则。

从法律解释规则自身用语上看，"法律解释规则"其实不符合"规则"的定义，"因为它们只是针对同一问题的不同解决办法。无论是这些规则本身还是其他某个地方，对于某一特定的情况应当适

[①] ［以］巴拉克：《民主国家的法官》，毕洪海译，法律出版社2011年版，第117页。

用哪一规则都没有给我们任何指示。它们之中任何一个都可能被适用，也可能不被适用"①。从这一角度上看，法律解释规则具有思维规则属性。首先，对于法律解释规则来讲，它不具有"规则"明确适用要求，只起到思维指引性，它用于引导解释者面对法律条文时该如何进行思考。其次，法律解释规则缺乏适用的强制性。与规则强制适用不同，法律解释规则适用具有选择性，不同的法律解释规则可能单独或同时适用于某一条文的解释，解释者只是在众多解释结果中选择一种恰当的含义。再次，法律解释规则对于解释者具有价值导向性与规劝性。它在一定程度上告诫解释者应多采用符合时代法治语境的解释规则，因为解释涉及权力分立及民主问题，必须对解释活动予以足够重视。最后，法律解释规则适用具有规避性。不同的解释者往往采用有利于自己、规避不利于自己的解释规则，比如行政诉讼中，行政相对人多采用缩小解释，严格限制行政权的扩张，保障公民的权利，而行政机关则多采用扩大解释，以彰显其行政执法的合法性。

从思维属性上来讲，法律解释规则是法治思维基本的构成要素。法治思维区别于其他思维形式，最本质的特征在于它有相对独立的思维形式，无论是依据法律的思维，还是有关法律的思维，都需要借助法律解释规则予以实现。以简单应对复杂的法治思维特质决定了需要借助简单、简洁、简约、简明、清晰易懂、便于操作的解释规则予以适用。法律解释规则是理解、解释及适用法律规范最微观的要素，它引导法律人在面对法律规范时该如何进行思维，无论是尊重立法原意，还是强调法律的客观目的，都需要法律解释规则。

研究法律解释规则的意义在于为法律解释方法的适用提供具体思维引导及操作规范，为法律解释提供简洁方便使用的解释规则，以便法律人快捷有效地展开工作。解释规则不仅为法律人提供直接

---

① [英]迈克尔·赞德：《英国法：议会立法、法条解释、先例原则及法律改革》，江辉译，中国法制出版社2014年版，第301页。

的思维引导，它还在解释时提出具体要求，有效回避了解释的能动性思维，减轻了解释结果的论证负担。

四　研究旨趣：本土下的法律解释学完善

一般来说，当我国法律解释实践中普遍适用法律解释方法时，为什么还要倡导法律解释规则研究？显然，对这一问题解答，需回归到我国司法实践中。有学者指出："目前基层法院很多法官在方法的运用上，基本处于自发状态而不是自觉状态，法律方法的理论研究与基层的实际需求有很大的距离。法官们常常抱怨法律不够用，理念不好用，方法不会用，政策老变化，因而期盼上级法院能为基层搞些经久实用的裁判规则，并能提供一些固定的办案思路和方向。"① 然而，固定的办案思路与方向，必然导致司法裁判的僵化。司法实践中不可能出现完全一样的案件事实，所谓的"同案同判"只能称为"类案类判"。为化解我国司法裁判的僵化及实现"类案类判"，必然要为法官提供一套运用自如的方法论，展开本土化的理论建构。② 通过实践总结，每一种法律解释方法实际上都包含了不同类型的解释规则，即便法官们采用同一种解释方法，也会因解释规则不同导致相异的裁判结果。为此，在清晰界定法律解释方法的前提下，需要对法律解释方法所蕴含的解释规则加以提炼，以使当面对相似案件时，采用相同的解释规则，得出一致的解释结果。尽管从语词的用法上，制定法国家的法律解释方法和判例法国家制定法

---

①　陈金钊：《法学话语中的法律解释规则》，《北方法学》2014 年第 1 期。

②　关于法律解释规则的本土化研究，学界已经形成了一些重要的文献。比如陈金钊：《法律解释规则及其运用研究》（上、中、下），《政法论丛》2013 年第 3、4、5 期，《法学话语中的法律解释规则》，《北方法学》2014 年第 1 期，这些文章对法律解释规则的理论进行了阐释；吕芳：《法律解释规则本土化研究的趋向与路径——法律解释规则研究的考察（2012~2017）》，载陈金钊主编《法律方法》（第 22 卷），中国法制出版社 2017 年版，该文章在梳理法律解释规则领域主流研究的特点、剖析现有研究中存在的问题的基础上，探讨了实现解释规则本土化研究的路径。

解释规则区别不大，但我们仍在语词的内涵与表现形式上进行了区分，目的是立足于现有法律解释方法体系，对两者进行区分，建构方法位序下的规则，以此为法律解释规则找到所属的序列，为我国法律解释实践提供规制指引，丰富与完善法律解释学理论。

一方面，倡导法律解释规则研究，旨在回应法律实践之品格，为法律解释实践提供可操作的操作准则。作为一门实践科学，法律适用也应该立足实在法之上，通过规范性释义达至释明法律规范之目的。然而，在法律解释实践中，因操作规则之不明，致使法律人采用"体系外的"视角来观察法律规范，多采用目的解释、社会学解释等能动性解释方法，呈现了一种"后果取向"的解释径路。站在"体系内的"观察需要解释者以法律规范的文本含义为出发点，通过对文本含义的阐释，获知法律文本的含义及其立法者的规范意旨，实现法律解释的客观性，以此确保法律的稳定性。而在操作规则不明情况下，解释思维容易走向任意，导致多元解释后果，法律稳定性难以维持。为此，为确保法律的一般性，维护法律的稳定性及意义安定性，就需要一套用于引导解释的思维规则体系。①

另一方面，"工欲善其事，必先利其器"，法律解释规则研究体现了一种"精细化"的作业，倡导了一种"工匠精神"。在当下对法律解释方法达成共识的前提下，应该对法律解释方法所蕴含的解释规则展开探讨，精细化地打磨法律解释方法这一解释工具，为法律解释提供更加微观、具体的适用规则，用以引导解释思维，实现法律适用及裁判结果的相似性，保障法律规范的普遍适用性、结果的平等性。上文已提及，法律解释方法是一个"类概念"，其本身蕴含了不同形式的解释规则，而实际上正是这些解释规则在法律解释

---

① 陈金钊教授认为，法律解释规则是基于法治目标的实现，运用法学原理说明法律意义和思考事实之法律意义的思维规则；是司法活动进行决策思维中的经验智慧；在一定意义上是法律职业道德守则。参见陈金钊《法律解释规则及其应用研究》（上），《政法论丛》2013年第3期。

实践中发挥着作用。因此，在厘清法律解释方法基本原理、内涵、价值导向的前提下，应该致力于总结与提炼每一种解释方法所蕴含的解释规则。其实，法律解释方法或规则构成了法律人解释法律的思维性"前见"，① 在解释实践中得以贯彻。探讨与研究这些解释"前见"，也就成为法律人的研究旨趣。特别是，当我们把法律解释规则界定为思维性规则以后，如何化解它们之间的冲突也必然成为接下来研究的重点。如今，还有许多学者停留在法律解释方法适用位序上的探讨，即主张法律解释方法的排序问题，并将其视为法律解释研究的困境。② 其实，法律解释规则研究早已意识到这一"难题"或者"适用悖论"，不再拘泥于这一"至今仍在讨论、至今仍无定论"的问题，法律解释规则将法学研究目光聚焦于法律实践当中，用一套简洁、具体、明确、可操作的规则为释明法律规范含义提供工具。

第二节　法律解释规则的认识论

通过上文对法律解释规则的含义界定、性质之辨、功能定位及研究旨趣的分析，可以对法律解释规则形成一个初步性认识。在两者关系阐释中，我们意识到法律解释规则是法律解释方法的具体适用规则，是法律解释方法的构成要素，一种引导解释的思维性规则。然而，当前我国法律解释规则研究依然存在许多误区，对其进行纠偏以全面认知法律解释规则将是接下来所要讨论的重点。

---

① 参见李亚东《我们需要什么样的法律解释学——法律解释规则理论研究》，《法学论坛》2015 年第 4 期。

② 参见李可《法律解释方法位序表的背后》，载葛洪义主编《法律方法与法律思维》（第 8 辑），法律出版社 2012 年版，第 143 页；李可《法律解释方法位序表的元规则》，《政法论丛》2013 年第 4 期。

一　法律解释规则主要是思维性规则

我国学者对法律解释规则的重视源于法律解释学研究的哲学化，越来越复杂的理论研究致使法律解释脱离实践，成为法学研究中的"玄学"。法律解释学回应实践的属性亟须提升。通过研究发现，学者们对法律解释规则研究的侧重点出现了偏差，最为代表的是"法律解释规则是法律解释方法适用的位序"及"法律解释规则是法律解释方法的元规则"两种观点。

首先，将法律解释规则视为法律解释方法适用的位序展现了学者们对化解解释方法选择适用难题的关怀，意在为方法适用排出先后顺序，但它赋予了解释思维的指令性，而实际上，法律解释规则具有的是思维引导性。实践表明，法律解释的思维过程因缺少规则或程序式的限制，难以在法律解释方法的选择上达成共识，每一种法律解释方法的适用带来的解释结果，在一定程度上都有存在的道理，致使无法呼应同一法律文本应作相同解释的实践诉求，导致法秩序难以实现统一性。与此同时，法律解释方法适用的语境及其解释过程所针对的解释资源需要加以厘定，泛化的解释论难以引导解释思维。

这些法律解释的困境，成为法律解释学致力解决的问题，以致出现了法律解释规则是法律解释方法适用的位序论点。梁治平教授精到地指出："有一点很清楚，在面对不止一种可以采用的方法时，我们无法由方法本身了解到，究竟应当选择这种方法或排序还是另一种方法或排序。"[①] 桑本谦教授更是确切地指出，迄今我们所了解的各种解释方法只能为我们提供一种方法清单，它不能告诉我们在针对个案时应该采用何种解释方法。[②] 法律解释方法之间是否存在一

[①] 梁治平：《法律解释学与法律解释的方法论》，载梁治平主编《法律解释问题》，法律出版社1998年版，第92页。

[②] 参见桑本谦《法律解释的困境》，《法学研究》2004年第5期。

定的顺位安排，解释者面对法律文本应率先采用何种解释方法，成为该问题的核心。

基于此，有学者认为法律解释规则是法律解释方法适用的位序，它的存在可以为解释者提供一个程序化的操作指南。早在法律解释学引介之初，梁慧星教授就曾指出，法律解释方法有数十种，但是解释结果只需一种或几种支持解释结论，不同解释方法的采用造成了成见不一、众说纷纭的现象，严重影响了法律适用的安定性。为此，各种解释方法之间是否存在某类规则用以确定各种方法之间的位序，或者说确定各种解释方法适用应遵守的大致规律是法律解释方法研究迫切需解决的问题。[1] 刘平在其所著的《法律解释：良法善治的新机制》中指出，对各种解释方法的适用进行规则性、程序性的排序并非毫无价值。排序的价值和意义，除了从简单到复杂的成本效益考量外，更体现了一种对法律稳定性、对法治理念和可预测性的追求。因此需要设计一种解释规则确定不同方法的位阶层级和运用时的优先排序。[2] 也有人认为，法律解释规则是在法律解释过程中，运用各种法律解释方法所应当遵守的位阶顺位，法律解释规则适用应首先从法律解释的目标入手。[3]

可以说，这些认识呈现了对解决法律解释困境的尝试，但将法律解释规则视为法律解释方法适用的位序依然存在问题。第一，上述对法律解释规则的研究明显地赋予了法律解释规则思维指令性属性。所谓的思维指令性，是指解释时，必须按照法律解释规则提供的法律解释方法适用位序予以开展，法律解释方法的选择存在优先规则。而实际上，法律解释活动受制于立法者、法律文本、解释者及其语境等因素。站在立法者的立场上，应该采用原旨主义论，即

---

[1] 参见梁慧星《论法律解释方法》，《比较法研究》1993年第1期。

[2] 参见刘平《法律解释：良法善治的新机制》，上海人民出版社2015年版，第139—145页。

[3] 参见刘新慧《法律解释规则研究》，《黑河学院学报》2014年第6期。

法律解释活动应该以揭示立法者所欲表达的意思为中心；站在文本主义立场上，应坚持严格优先论，即法律文本所载明的意义才是法律解释的中心，任何超越文本语义的解释都可能存在对法律文本意义的增添或减损；站在解释者立场上，法律解释应该坚持主观解释论，即解释活动应该以探明法律目的为核心，即便立法者意思并未表达它，但为契合案件事实，解释者可以赋予法律文本新的含义；而站在语境因素下，解释者可能坚持语境优先论，即解释法律文本含义时，应该关切现实语境，探讨该种情况下法律文本应该表达何种意义。因此，基于不同的解释理念，法律解释方法之间很难具有一个确切的位序安排，将法律解释规则视为法律解释方法的适用位序的尝试并不值得过度关注。第二，虽然将法律解释规则视为法律解释方法的适用位序凸显了学者对法秩序统一性的关注，但法律解释规则并非作用于此，而是引导解释者的解释思维，试图通过同一解释规则适用获至同一解释结果，以此达到法秩序的统一性。法律解释学已然表明，即便采用同一解释方法也未必能够获得同一解释结果，因为每一种方法之下包含了诸多解释性要求，而这些解释性要求就是法律解释规则。法律解释规则是针对法律文本解释的规则，提供的是具体化的解释路径。即面对同一法律文本，即便解释者存在法治理念之别，但如若选择同一解释规则，就可以产生相同的解释结果，相同解释结果必然会达至法秩序的统一性。第三，首先由法律解释目标入手的适用要求属于对法律解释规则的误用。实践中，法律解释的共识性标准是从文义开始，法律解释规则是解释者在选择解释立场后针对法律文本解释具体选择的适用规则。同时，该研究思路会导向循环论证，即法律解释是以解释文义要素为目标，还是以解释法律的目的要素为目标，属于法律解释基本原理研究。现在的法律解释学研究已经跨越了对法律解释的基本概念、原理、解释的必要性、解释的意义等研究，走到了法律运用规则研究阶段，该阶段主要研究法律思维规律，包括法律发现规则、法律解释规则、法律推理规则、法律论证规则及法律修辞规则等，凸显的是对法律方法论实用品格的探讨，是对法律方法细化性研究，主要围绕各种思维规则的含义及其适用规律展开研究。①

其次，以法律解释方法排序为抓手，研究者们提出了"法律解释的元规则"，试图通过建构法律解释元规则为法律解释方法及法律解释规则适用提供可操作化的程序规则，而实际上法律解释元规则只能作为法律解释规则适用的指导性原则，或者作为解释理念指导解释，因为法律解释规则的适用是直接针对法律文本而展开。最为代表的是《法律解释方法位序表的元规则》及《论法律解释元规则》两篇文章。前者认为，由于法律解释方法的适用受到解释方法本身的形式维度、价值维度及事实维度等因素的影响，难以形成一个方法位序表，并且不同因素的影响力存在差别，需要在综合考虑这些因素的前提下提炼一个"可接受性元规则"，这个元规则并非一个单纯的程序性指令，也并非一个纯事实性描述，而是一个综合了规范与事实、效力与实效、价值与现象等多种因素的方法论上的基本范畴。② 后者提出，法律解释活动是无法摆脱目的追求的，法律解释方法的适用位序无法用方法本身来解决，需要用原则来化解，应用原则统驭方法，法律解释元规则是良法原则，法律解释元规则系统是由一系列符合良法原则的法律原则构成的，比如公平正义原则、法律面前人人平等、诚实信用原则等。③

以上观点表明，用于指导法律解释方法适用的法律解释元规则，无论是将其定义为可接受性，还是将其认定为良法原则，其理论预设在于：其一，通过法律解释元规则的建立引导法律解释规则适用，对不同的解释规则之间的位序进行排序，使其具有"方法论"意义，即在进行法律解释时，法律人应该明确具体思维路径及操作规范；其二，通过法律解释元规则确认不同解释结果的效力问题，在不同

---

① 参见陈金钊《法学话语中的法律解释规则》，《北方法学》2014 年第 1 期。
② 参见李可《法律解释方法位序表的元规则》，《政法论丛》2013 年第 4 期。
③ 参见雷绍玲《论法律解释元规则》，《广东社会科学》2009 年第 3 期。

的解释结果中选择效力位阶最高的一种；其三，通过法律解释元规则的建立契合法治建设的背景，符合法治建设的要求，满足对"可接受"问题的追求，实现"良法善治"，在一定程度上缓解裁判僵硬、司法公信力不足等问题。

　　需要注意的是，以上研究对于拓展法律解释学大有助益，但对法律解释元规则的探讨偏离了法律解释的实质。第一，法律解释的实质是针对法律文本的含义而展开，解释法律文本需要解释原则及解释理念指导，属应然层面，但真正作用于解释实践的是法律解释规则，法律解释规则是针对文本含义展开的活动，属实然层面，其本身就带有很强的方法论属性。第二，将法律解释元规则视为可接受性或者良法原则，表达了学者对法律解释结果确定性的追求，通过元规则的建立化解解释方法之间的效力冲突，进而厘定法律解释方法的适用位序，但实际上，法律解释规则的适用以探明法律文本含义为目标，存在非此即彼及配合协作的状态，对于解释后的文本含义是否涵摄案件事实，以及适用是否会出现僵化、荒谬结果才是法律解释元规则所要解决的问题。同时，将法律解释元规则视为可接受性或者良法原则，在法律适用中，依然会被法律人所坚守的法治理念所打破。迄今为止，文义解释优先，或者目的解释具有终极意义是法律解释研究的初步共识。对法律解释规则来讲，文义解释优先并不能告诉我们到底是常义解释规则优先，还是字面含义规则优先。对目的解释具有终极意义来讲，目的解释方法涉及利益判断及价值权衡，比其他解释方法涉及更多要素，包含更多的解释规则，各种解释规则如何运作依然需要法律人结合案件事实进行选择，而选择所需的依据及要求又是多种多样的。只能是在笼统的意义上讲，法律解释规则研究应该注重不同类别解释规则的适用位序问题。第三，建构法律解释元规则所表现出的对法治的希冀，也是法律解释规则所欲达至的目标，但法律解释规则是通过释放法律文本含义建构裁判大前提，以此涵摄案件事实，通过法律推理得出结论的形式解决案件纠纷的，是通过一个个案件的公正解决堆砌法治根基的。

换句话讲，法治得以形成并不在于法治理念多么先进，而在于是否可以通过法律解释释明法律文本含义，以法律适用实现个案正义的形式塑造法治秩序。

综上所述，法律解释规则适用很难具有规则的指令性特征，它实际上隐含或内化于解释思维当中，为正确理解解释文本含义设定各种限制、约束，从而为司法裁判提供形式规则基础。① 它是法律解释的限制性规则。公允地讲，将法律解释规则视为法律解释元规则或适用位序并非一无是处，它的意义在于指明法律解释规则的适用不是任意的，法律解释规则的选择应该受到某些隐藏于法律人思维中的规则限制。法律解释活动既受解释方法的引导，又受到解释规则的约束。其实，法律解释规则研究的目标很清楚，就是通过对法律解释过程的研究，提炼出各种简单的操作方法。解释规则越简单，越容易被人们所掌握，使法律解释沿着既定的解释规则前行，实现法治以简约应对复杂的思维路径。适用简单的法律解释规则对于实现法律的稳定性及意义的安定性，维护法秩序的统一性意义重大。

二 法律解释规则侧重于发现与提炼

特定阶段内，国家对法治的态度决定着法学研究的方向。2011年我国特色社会主义法律体系形成之后，标志着开启了由立法中心主义向以法律适用为中心的法学研究立场转向，特别是党的十八届三中全会以来全面推进法治中国建设背景下，法治建设应更加侧重微观法治的研究。这需要更为细腻的方法与之相配合。法律解释规则研究是对当下法治建设的回应，意在通过提炼与总结司法经验与规律，为法律解释提供简约化的规则引导。法学研究者应该具有"工匠意识"，对发现与提炼的解释规则进行精雕细琢，以适应实践需要。现如今，学者们对法律解释规则的提炼依然存在一些问题，需要予以矫正。

---

① 参见魏治勋《文义解释的司法操作技术规则》，《政法论丛》2014年第4期。

首先，发现的解释规则应该是一些可资适用的"准则"，而非那些具有宏观意义的原则。以简约应对复杂的法治思维体现了对简洁运用规则的诉求，简单、可资操作的解释规则便于法律人开展解释工作，以一种不言自明即可适用的规则减轻论证负担。但研究中，还是有将法律解释原则视为法律解释规则的情况。比如有学者指出，法律解释规则包含了合法性规则、文义解释规则、体系解释规则、目的解释规则及合理性规则。合法性规则是指法律与法律判断之间的逻辑关系，强调的是法律解释、判断、推理、论证、修辞与法律之间的逻辑一致的涵摄关系。合理性规则是指法律解释一方面要求合理性，另一方面要解决论证不充分的问题，合理性规则强调的是融洽处理法律与法律外因素之间的关系，赋予法律与事实相一致的意义。[1] 实际上，现在法律方法论体系研究已细化为诸如法律发现、法律解释、法律推理、法律论证等方法。我们通常意义上讲的法律解释针对的是法律文本的解释，而对于解释结果是否合理及其是否具有可接受性，是法律论证及法律修辞方法所要解决的问题。合法性解释规则应该定位于法律解释的原则，因为任何法律解释都应该具有合法性，即便法律规定出现了荒谬不正义，也可以借助目的解释等实质性解释规则实现合法性。同时，将法律解释的合法性及合理性视为解释规则违背了以简约应对复杂的法治思维形式。法律解释是否具有合法性及合理性是对解释结果的判断，解释结果是由具体操作规则适用得出的。合法性及合理性解释规则是不能引导解释者具体开展解释活动的，因此它违背了法律解释规则可操作性要求。"对于一个理性人来说，如果他借助于简单的或可靠的方法已经得出了解释结论，他就不会再用复杂的或者不可靠的方法来进行解释。"[2] 我们强调法律解释规则重在司法经验或规律中发现，目的就

---

[1] 参见陈金钊《法律解释规则及其应用研究》（中），《政法论丛》2013年第4期。
[2] 王利明：《法律解释学导论——以民法为视角》，法律出版社2009年版，第612页。

是找寻那些可重复适用具有可靠性规则。比如经常适用的文义解释方法，除上文提及的解释规则外，还有语法规则、词法规则、句法规则等。

也有学者指出，要想维系法律解释的操作和思维活动，需要从实践中所孕育并伴随经验不断发展的"解释法则"。所谓的解释法则是指以法律内容为目标，而不是或者不仅仅是释明法律文本的语言意义，是一种法律的规则，而不是语言规则。解释法则并非任何一种具体的法律解释方法，也并非是具体争议和案件允诺的解决方案，毋宁是关于解释活动的规则，是一种二阶的法律推理。解释法则能够担保法律解释活动的规范性，也为任何一种解释方法之运用提供了正当性证明。[1] 可以讲，该研究与本书有异曲同工之处，即真正指导解释思维、规范解释思维的是那些具体的解释规则或规准，而这需要在实践中予以发现与总结。这里，需要明确的是，将法律解释规则视为法律的规则并不恰当。"英美法系法律解释规则是在长期实践中不断归纳和发展起来的。这些'规则'不是实体法上的规则，因此没有法律的效力，不是必须强制使用的。"[2] 通常认为，法律解释规则一类涉及制定法语词之间的关系，另一类涉及制定法语词及外部资料之间的关系，前者可称为语言学规则，后者称为实质性规则。[3] 而两者都是思维性规则。同时，法律解释结果的恰当性证立一方面来自解释规则的适用，另一方面来自法律方法的综合适用。在简单案件中，基于法律解释的明晰性原则，适用解释规则只要阐明法律文本的含义即是确保法律意义安定性，因为确保法律文本含义的适用是实现法治前提。在疑难案件中，适用法律解释规则并不必然得出恰当之含义，需要结合其他法律方法综合适用，在特定场景

---

[1] 参见张洪新《法律解释的缺环》，《天府新论》2018 年第 1 期。
[2] 郭华成：《法律解释比较研究》，中国人民大学出版社 1993 年版，第 56 页。
[3] 李亚东：《论法律解释的语言学规则》，载陈金钊主编《法律方法》（第 17 卷），山东人民出版社 2015 年版，第 112 页。

下，亦需解释者的价值判断与利益权衡用以证立结论。在不确定裁判状态下，法律解释结果的正当性证立需要采用后果主义论证、融贯性论证及一致性论证等论证形式，而这已超出法律解释规则作用范围。该处的解释法则实际上是指司法决策中，法官该选择何种解释理论或者说允许何种类型的司法决策技巧用以选择解释规则的适用。①

其次，对法律解释规则研究应侧重发现而非创造，采用"普通—个案"进路。有学者认为，在进行法律解释时为防止被民众舆论及政治绑架而滑向恣意决断需要为裁判者提供一套由除弊规则、融贯性规则及发展性规则提供的"解释规则体系"。② 这一规则体系目的在于为法官提供行之有效的裁判"标准"或"准则"。通过考察发现，除弊规则是英国制定法解释常用的解释规则，除此之外，还有文义规则及黄金规则。而发展性规则实质上是属于目的解释方法的一种规则，③ 融贯性规则有创造嫌疑。融贯性多适用于法律论证领域，在法律解释时可以将其视为法律解释原则，直接发展为解释规则值得商榷。法律解释规则产生与发展在于它的长期反复适用性，是在司法实践中的一种发现而非创造，是一种司法经验的总结。比如基于实践，我们尚能总结出有利于被告人解释规则（刑事法令严格解释以利于公民）、有利于行政相对人解释规则（行政法领域解释应该注重保护弱势群体的权利）等规则。就"解释规则体系"来讲，它错置了法律解释规则及法律解释方法之间的位阶关系，将解释规则视为解释方法的上位概念，依然还是在说明当文义解释结果不足以采用时该采用何种解释规则的问题。单就"体系"来讲，"体系"是建立在分类基础之上的，无论是融贯性规则还是发展性规

---

① 参见张洪新《法律解释的缺环》，《天府新论》2018 年第 1 期。
② 参见宋保振《激活"休眠法条"的法律解释》，《学术交流》2016 年第 3 期。
③ 参见王利明《法律解释学导论：以民法为视角》，法律出版社 2009 年版，第 323 页。

则都是融合了诸如文义解释、体系解释甚至目的解释等诸多方法，分类标准选择不明致使解释思维难以清晰。创造性发展解释规则沿用的是"个案—普通"的思维路径，它最大的问题在于缺乏实践试错，是针对个案解释过程的一种描述或提炼。

在理论研究中承认"范式"的地位与作用，原因在于"范式"是可供模仿与反复实践适用的一种模式，它能为理论与实践提供普遍意义的参考。法律解释规则的发展、提炼、总结正是基于"普通—个案"的思维进路，它是在众多"家族相似"案件中对所采用的相似裁判规则的精髓概括。因此，即便法律解释规则是在个案中产生，但要想具有普遍适用性意义，还需要相似案例的反复试错，直至面对案件它能直接被采用而不需要过多思考与论证。本书认为，法律解释规则研究是为我国现阶段法律解释方法研究的困境寻找出路，它本身就带有特殊的时代意义。法律解释规则是法律解释活动规律及特征的高度共识性概括，它是更为具体、程序化的思维规则，它简化了法律人思维过程，减少了法律人论证负担，增强了解释结果正当性。而创造性发展法律解释规则及其体系，其实是对法律解释方法的放弃，它将法律解释方法与解释规则视为规则体系的组成部分，将法律解释规则与法律解释方法等同，这种研究进路复杂了解释过程，违背了法律解释规则具体适用的要求。法律解释规则的实践适用，要么放弃既存的法律解释方法，要么对法律解释规则进行本土改造，但绝不能在同等意义上并行两套解释工具体系。法律解释方法是笼统的，但法律解释规则是具体的，不同类别的法律解释规则可以作为不同法律解释方法适用时具体遵守的规则。

综上所述，法律解释规则研究意在发现与提炼适于法治的解释规则。同时，适用解释规则也不是机械死板地予以遵守，适用一个规则应该注意与之相反规则的消解作用。从逻辑上讲，每一项法律解释规则都存在一个与之相反的规则。如对法律文本含义解释，有的主张按照字面含义解释，有的主张常义解释，有的主张限缩解释，有的则主张扩张解释。在一定程度上讲，研究法律解释规则一方面致力于尽可能多地发现既存解释规则供解释者选择，另一方面致力于对发现与提炼后的解释规则予以分类，厘清不同解释规则的思维路径，防止相反类别的解释规则同时适用。

三 法律解释规则含一些制度性规则

通常来讲，法律解释规则包含了必须遵守的规则、可以选择的规则以及优先适用的规则。[①] 制度性解释规则是指在解释法律文本时按照法秩序要求所必须遵守的一些解释要求。比如遵守权力分立制度要求，司法机关对立法机关应该保持尊重，解释应该保持克制与谦抑，尊重法体系秩序化要求。这些制度性规则一方面由法律进行专门性规定，另一方面由其背后的法理所支撑。制度性解释规则对分权与民主价值的捍卫，是使司法机关充当立法机关的代理人角色，特别是一些敏感性涉及政治领域的问题，遵守制度性解释规则是最优解释策略，它能在很大程度上减少司法机关的论证负担及所受政治性诘难。制度性解释规则还包括避免违反宪法规则（Avoidance of unconstitutionality canon）、明确废止解释规则（No implied repeal of statute canon）、不作为规则（Inaction canon）、重新制定规则（Reenactment canon）、尊重代理机构规则（Deference to agency canon）、遵循先例规则（Super stare decisis canon）等。[②] 我国《立法法》第五章"适用与备案"章节中也规定到了大量的制度性解释规则，如特别法优于一般法解释规则，新法优于旧法规则，法不溯及既往规则等，除此之外，还规定了不同位阶法律规则冲突解决规则等。

尽管制度性解释规则被冠以"制度性"，但它们仍然具有思维属

[①] 参见陈金钊《法律解释规则及其运用研究（中）——法律解释规则及其分类》，《政法论丛》2013 年第 4 期。

[②] William D. Popkin, *A Dictionary of Statutory Interpretation*, Carolina Academic Press, 2007, p. 17.

性。正如学者指出那样，尽管这些规则也被称为解释规则，但实际上其中许多规则与解释本身无关，仅仅与解释的便利与否有关。① 一是这些制度性解释规则之所以存在，很大程度上是基于实质性政策而确立的。比如避免违反宪法规则，有时也称为合宪性解释规则，是指解释制定法的过程中应避免出现违反宪法规定的解释。该规则要求所有法律适用都必须遵守，因为所有的解释活动都不能违背宪法原意，但在具体适用时却不能明确告诉我们该如何解释法律规范，它只能在事后作为一种检验及监督法律解释是否违反宪法的规则。二是僵化死板适用这些解释规则并不能圆满解决案件。如新法优于旧法解释规则，它多作用于法律发现（法律检索）的过程中，告诉我们在进行法律规范查找时，如果同时存在新法与旧法，应该采用新法，但无法告知新的一般规定与旧的特殊规定之间冲突该如何适用，以及选择后的规范该如何解释。这些解释规则除了强调了一个普通采用的路径外，并没有告诉我们什么新的东西。② 三是制度性解释规则的适用离不开其他解释规则的配合。比如特别法优于一般法解释规则适用，它首先起到法源识别功能，根据该规则要求，对某类事实的特殊性规定应优先一般性规定而适用，但：（1）若特殊性规定属于下位法，而一般性规定属于上位法，特殊性规定与一般性规定在行为模式与法效果存在抵触性冲突，则应该采用上位法优于下位法解释规则，适用一般性规定；（2）无论是适用特殊性规定还是一般性规定，选择后的法律文本具体含义解释都应该优先适用文义解释规则；（3）在文义解释规则难以阐释清楚法律文本含义时，则可通过其他解释规则的配合适用获得文义。

因此，法律解释规则主要是那些思维性规则，这些思维性解释

---

① 参见苏力《解释的难题：对几种法律文本解释方法的追问》，《中国社会科学》1997年第4期。

② 参见苏力《解释的难题：对几种法律文本解释方法的追问》，《中国社会科学》1997年第4期。

规则不仅可为法律人解释法律提供具体思维指引,在一定程度上也起到约束法官解释思维的作用,有时还具有检验解释结果是否遵守相应解释规则的功能。那些制度性解释规则,实际上多发挥着解释理念的作用,它是法律制度本身的要求,是对法秩序一致性、无矛盾性、融贯性的实质性考量,指明法律解释不能违反制度性规则的要求。可以讲,制度性解释规则在一定程度上是关于解决法律适用冲突问题的具体操作规范,有时也可用于填补漏洞,诸如明确废止规则等也起到了法源鉴别功能。法律解释规则研究虽以这些思维性规则展开,而这些思维性规则一旦被立法所采纳,则转变成法律人必须遵守的制度性规则。法律人一个努力方向,就是通过发现与提炼,形成共识性解释规则,通过立法形式转变成法律规则,供解释时直接适用,减少选择论证负担。

总之,法治的根基不仅需要制度架构,更需要简洁、具体、可操作的规制维持运行。法律解释规则是撬动法治的杠杆。

第三节 体系解释规则适用注意问题

法律解释的对象是那些蕴含着意义的法律文本。关于法律解释工具或者技巧,司法实践中常常按照其表现的形态总结出文义解释、结构解释(体系解释)、目的解释、立法意图和立法史料、法律过程等解释方法。① 然而,这些解释方法具有不可靠性。以文义解释为例,法律规范的文本含义表现为不同的维度,究竟是主张法律文本的字面含义,还是提倡法律文本的通常含义,在不同的语境下所采用的具体策略是不一样的。当文义解释和结构方法(体系解释)不足以解决问题时,通常采用目的解释方法,但目的解释方法不能解

---

① 参见[美]凯斯·R.桑斯坦《权利革命之后:重塑规制国》,钟瑞华译,中国人民大学出版社2008年版,第127—148页。

决制定法解释的难题，有时目的解释再现了文义解释的难题。比如制定法的目的常常是歧义或者模糊的，立法者及其立法史料是难以对其做出精确判断的。依赖制定法目的解释可能导致包容性过度的问题，法院有时候脱离制定法的语境提取目的，并且利用它来禁止制定法。① 这些包容性因素太多的解释方法，在面对法律规范文本解释时必然会因为解释因素的争论而显得无力。

一　明确体系解释规则的类别

法律解释的历史与法律实践的历史同样久远，有法律的适用，必然伴随着法律解释。"每一次对文本的确认，都是一种解释——可以说，你无法逃脱解释。"② 那么，解释到底解释什么？有学者认为，法律解释就是使法律规定隐含的东西显现出来，使不清楚的东西变得清楚。③ 显然，法律规定或法律规范的文本含义是法律解释主要标的，阐释清楚法律规范的文本含义便是法律解释的主要任务。

首先，法律文本是法律解释的起点，而法律概念则是理解法律文本的起点。因此，体系解释规则的司法运用也必须从解释法律概念开始。

其次，在法理学中，我们习惯地将法律解释称为法律规范解释。而从构成要素上看，法律规范可能是由诸多法律条文构成的，一个法律条文也可能包含多个法律规范。法律规范解释，在不严谨的意义上说，也可以称为法条解释。在此，是把法律条文视为法律规范的基本构成要素，而不论法律条文包含几个法律规范。因此，针对具体的法律条文展开的解释，也就是我们通常意义上所讲的法律解

---

① 参见［美］凯斯·R.桑斯坦《权利革命之后：重塑规制国》，钟瑞华译，中国人民大学出版社2008年版，第141页。

② ［美］马丁·斯通：《聚焦法律：法律解释不是什么？》，载安德雷·马默主编《法律与解释》，张卓明等译，法律出版社2006年版，第43页。

③ 参见陈兴良《法律解释的基本理念》，《法学》1995年第5期。

释，即把不清楚的条文含义解释清楚。因此，体系解释规则涉及法律条文解释。

再次，法律是一种体系性存在，法律规范之间存在着形式上与内在的关联性，因此，消除法律规范之间的可能矛盾，便也是体系解释的任务之一。从法律规范的冲突类型上看，主要表现为不同位阶法律规范之间与同位阶法律规范之间。"对于司法裁判者而言，面对诸种类型的法律规范冲突，必须审慎地从中选择出作为自己裁判依据的法律规范，进而正确的裁决案件，否则，就有可能危及裁判由以存在的正当性。"[①] 从规范意义上讲，根据我国《立法法》相关规定，将法律体系中的法律冲突分为"不一致"与"抵触"两种类型。基于我国法律规范冲突的表现类型，"不一致"主要发生在同位阶法律规范之间，"抵触"则发生在不同位阶之间。因此，借助体系解释规则化解规范之间的抵触与不一致，是实现法秩序统一的重要任务。

最后，法律规范虽然具有权威性及优先适用的位序，但是司法裁判中依然存在着许多社会规范适用的情境。体系解释作为文义解释与目的解释之间的桥梁，换言之，体系解释作为形式性解释与实质性解释之间的调节器，既要保证法律解释的合法性，又要追求法律解释的合理性。在主张裁判文书说理的情况下，体系解释应该担负起连接法律规范之间、勾连法律规范与社会规范之间意义的重任，找寻最佳解释结果。我们通常意义上把这些影响裁判的规范称为非正式法源。那么，以制定法为代表的正式法源与以社会规范为代表的非正式法源之间是否存在冲突？特别是，当制定法缺位时，诸多非正式法源到底应该采用哪一个，也是体系解释规则所需解决的问题。

因此，体系解释规则可以分为四类：法律概念解释、法律条文含义解释、法律规范冲突解释及法源适用解释。

---

① 刘志刚：《法律规范的冲突解决规制》，复旦大学出版社2012年版，第2页。

二 注意相反解释规则的影响

"如果对制定法解释的传统认识是不充分的，那么应该如何解决这个问题呢？我们或许可以在一个不太可靠的地方找到一些帮助。在解释制定法的时候，法院常常依赖解释准则。"① 然而这些解释规则也并不那么可靠。法律解释规则作为一种"规则"，其并不具有规则适用的强制性，它只是代表了一种引导解释思维的路径。而正因为它是一种思维路径，因此有学者认为在思维上可能存在与之相反的解释规则。"现实主义者试图推翻制定法的解释准则，最重要的例子就是卡尔·卢埃林著名的努力：他试图证明，对任何一项准则而言，都存在一个同等重要的准则指向相反的方向。要求遵守文义平义的准则，有法院应该实现法律精神的原则相对；对违背普通法的制定法应该予以限缩解释的观念，有应该扩充解释的修正案的原则相对；制定法每一个字词和条款都应该有效的观念，有如下原则相对：当字词和条款与制定法的其他部分相抵牾时，就应该将这些字词和条款弃而不用。卢埃林争辩说，很多解释准则都遇到了能够成功废除它们的对应准则。"②

体现在法律解释中，为了判断解释结果是否合理恰当，通常借助其他解释规则来检验，这其中就包括相反的解释规则。比如在文义解释时，我们常采用通常含义解释规则，用来保持法律语言与日常语言的亲缘性，而在专业术语或者具有特定含义的术语面前，则要放弃通常含义解释规则。法律解释不能要求解释者在解释法律时，同时采用两个完全相反的解释规则。法律解释需要采用共识性解释方法与规则，即那些在司法实践中已得到证实，并且无须过多论证

---

① [美] 凯斯·R. 桑斯坦：《权利革命之后：重塑规制国》，钟瑞华译，中国人民大学出版社 2008 年版，第 167 页。

② [美] 凯斯·R. 桑斯坦：《权利革命之后：重塑规制国》，钟瑞华译，中国人民大学出版社 2008 年版，第 167—168 页。

便可运用的解释规则。这些解释规则秉持同一解释立场，追求共识性的、可接受的解释结果，指引解释者去阅读法律文本，帮助他们在具体的案件中确定法律的文本含义。指出每一个解释规则都有相反的解释规则并非没有意义，其意义在于制定法解释并非一个机械的过程，不同的语境下应该采用不同的解释规则，避免思维相反规则的同时运用，而且应该采用立场相同的解释规则，共同致力于解释目标的获取。

三 形式解释向实质解释渐进的路径

上文已经提及，法律解释规则是法律解释方法的构成要素，是法律解释的基本准则。法律解释规则从属于法律解释方法的性质决定了其适用必然要以法律解释方法的选择为前提。对于各种解释方法及法律解释规则的具体适用，不同的解释者基于不同的立场会给出不同的答案，为此我们就需要立足于当下法治建设语境，寻找适合当下的法治建设立场，为法律解释提供一种清晰的解释路径。

学界按照法律解释过程中解释者所使用方法的形态，总结出了数十种解释方法。然而，这张解释方法清单无法提供确切的解释路径。为此，我们需要转向法律解释规则的运用，借助这些思维规则来引导法律解释。但是不同类型的解释规则在思维上存在差异性与相悖性，这就需要为这些解释规则提供一个相对明确的运用路径。而这就指向了法律解释规则适用位序问题。

有关法律解释规则的适用位序，其实是建立在法律解释方法适用的位序基础之上。法律解释方法位序问题，已然是学界经久不衰的论题，只是站在不同解释立场上，学者们至今没有达成共识。德国普珀教授指出，我们在不同的解释方法之间可以提炼出某种优先规则，虽然这个规则不完整，而且不会一直是清楚单义的：所有对法条的解释都要从文义开始。如果一个具体个案很清晰地不被包含到法条的文义中，则不能适用文义解释。如果目的论解释还是倾向这个法条的可适用性，就只能通过类推的途径才能适用，只要不存在禁止类推的情形。如果具体个案清楚地被包含到条文文义中，但目的性衡量的结果反对该法条的适用，那么可以采用目的性限缩来限制，使其不适用这个案件。① 法律解释方法并非任意使用，是有大致的规律可循的。拉伦茨把法律解释标准适用的位序大体可以简化为字义解释—法律意义脉络解释—主观目的解释（立法意图解释）—客观目的解释—合宪性解释。② 但这只是大致的顺位。

但是为法律解释方法排出一个明确的优先顺位是不可能的，更遑论为法律解释规则建构一个明确的方法论位序。③ 因此，在法律解释方法与法律解释规则适用的位序问题上，我们遵守着"类"分类的概念，把法律解释方法分为形式与实质性解释方法。通常，形式性解释方法所涵盖的解释规则就是形式性解释规则，也被称为语言学解释规则，实质性解释方法位序下的规则就是实质性解释规则。

一般认为，因法律解释涉及民主与权力分配问题，法律解释必须关注法律文本的含义，它是尊重立法者意志的前提性条件。只有特定情况下，才允许法律解释对文本含义的适当背离。形式性解释规则采用文本主义进路，强调从制定法的语言文字、规范结构查找法律规范性含义，以及借助规范所处位置、规范之间关系、规范与法秩序逻辑关系等角度发现规范性含义。实质性解释规则是借助立法者意图、解释者目的来矫正语言学解释规则产生的荒谬解释结果，通过历史解释、社会学解释、伦理解释、司法政策及价值权衡等实

---

① 参见［德］英格伯格·普珀《法学思维小学堂——法律人的6堂思维训练课》，蔡圣伟译，北京大学出版社2011年版，第83页。

② ［德］卡尔·拉伦茨：《法学方法论》，陈爱娥译，商务印书馆2003年版，第220—221页。

③ 王泽鉴教授也不认为各种解释方法具有一定的固定不变的位阶关系，亦不认为解释者可以任意选择一种解释方法，每一种解释方法各具功能，但亦受限制，并非绝对；每一种解释方法的分量，虽有不同，但需相互补充。参见王泽鉴《法律思维与民法实例》，中国政法大学出版社2001年版，第240页。

现解释的可接受性。由此可见，首先，形式性解释规则与实质性解释规则分类契合了学界对形式法治与实质法治观的界定。依托形式逻辑上的法治思维形态是形式法治表现特征，而立足于权利保障、法益保护、人文关怀上的法治思维形态彰显了实质法治的内在诉求。一个国家特定时代对法治的态度影响着法律解释活动。在形塑法治秩序，确保法律一般性的诉求下，法律解释多采用形式性解释规则，注重法律文本的含义，确保法律的稳定性、一般性、可预测性等价值；而在关注人们内在诉求，满足政治需要，实现社会和谐的诉求下，法律解释多采用实质性解释规则，注重法律实际化解社会矛盾效果，追求更为理想可适应时代发展的法治价值。法律解释就是通过个案形式引领社会发展，塑造法治秩序。

其次，形式性解释规则与实质性解释规则分类，其实是解决法律解释规则适用位序的权宜之计。法律解释方法具体适用顺位已被实践证明不具有可行性，而位列解释方法范畴之下的解释规则适用位序更难以界定。但这并不意味着法律解释规则适用具有随意性，法律解释思维活动受制于法律文本、法律目的、解释立场及法治理念等诸多因素。形式性解释规则与实质性解释规则的分类，是将具有相似思维属性的解释规则划归到一类，趋于形式解释立场的解释规则划归到语言学解释规则范畴，而趋于实质解释立场的解释规则划归到实质性解释规则范畴。一方面，形式性解释规则因其针对文本语言含义展开，展现了一种克制主义解释思维形态，既是对法律一般性价值的捍卫，又是对形塑法治秩序的追求，相对于实质性解释规则具有相对优先适用位序；另一方面，实质性解释规则是在形式性解释规则适用得出荒谬解释结果的情况下适用的解释规则，起到对形式性解释规则纠偏的作用，既可有效地约束解释者任意解释，亦可在兼顾语言学解释规则适用情况下，综合适用各种解释规则以获得妥当性结论。这一相对适用位序，并非为每一个解释规则排出精准位序，只是在关注当下中国法治建设背景下，按照法治要求来安排位序，因为不经历形式法治建设的阵痛，而直接趋向实质法治诉求的愿景，会失却法秩序，丢失法律的一般性，导致法律的不稳定性，走向解释权被任意使用，自由裁量与价值判断泛滥的无序状态。

(一) 配合形式性解释规则优先适用

一般而言，形式性解释规则由文义解释规则与体系解释规则组成。其中，法律解释始于文义，决定了文义解释规则具有优先适用的顺位。但法律解释同时主张，最佳的解释要前后对照，按照法律体系进行整体解释，因此，体系解释应与文义解释一起使用。一方面，采用文义解释方法及其规则就能释明法律规范文本含义时，体系解释方法及其规则起到对文义解释的检验功能，判断文义解释结果是否与上下文相对应，是否符合法律体系要求；另一方面，当文义解释不足以释明规范含义时，通过体系解释方法及其规则的配合使用，获得合理解释结果。

相比于实质性解释规则，形式性解释规则具有相对优先适用的顺序。形式性解释规则将目光集中在法律文本上，是"根据法律"进行解释，以一种教义学进路指引文本阅读，维护法律文本权威，展现法律的形式性意义。形式性解释特征契合了传统法律解释学理论，[①] 而实质性解释规则探寻的立法者之意图或法律规范之目的，是"围绕法律"进行解释，是在文本基础或文本基础之外寻找规范含义的解释规则，展现的是法律的实质性意义。

适用形式性解释规则需注意：(1) 选择适用解释规则时，应注意同一类别的解释规则、不同类别的解释规则在思维上差异性；(2) 在进行法律解释时，应关注解释对象与其他法律规范之间的逻辑关系，进行体系解释；(3) 解释规则之间有时冲突，呈现为

---

① 有学者指出：在解释者与解释对象的关系方面，传统解释学认为解释者应摒弃自己的价值判断，将自己完全客观化，深入立法者的立场或者法典的结构中去理解法律的客观意义，寻找客观的、确定的解释结果，因此，法律解释的语言学规则也被认为是一种价值中立的解释工具。参见李亚东《论法律解释的语言学规则》，载陈金钊主编《法律方法》(第17卷)，山东人民出版社2015年版，第113页。

非此即彼的关系，只能选择一种适用，有时相互协作，共同协力确定含义。具体而言，基于解释规则思维差异性，同一位序（类别）的解释规则之间可能存在冲突或互补关系。比如针对法律规范语词的"内涵"，要么采用平义解释规则，要么采用专业含义解释规则，抑或采用通常含义解释规则；而要想获知法律规范语词的"外延"，不仅需要借助通常含义解释规则，有时还需借助句法规则、字典解释规则的辅助，通过分析法条的语法结构，借助字典获得含义。要想获得解释对象的语境含义，文义解释方法和体系解释方法范畴下的解释规则之间存在相互补充的关系，是一种相互配合的适用状态，不仅需要针对法律文本展开文义解释，还需要考察法条所处的位置、上下文之间的逻辑关系，通过体系解释规则适用阐释文本含义。

体现在实例中，最高人民法院指导性案例 3 号"潘玉梅、陈宁受贿案"，案件焦点集中在潘玉梅、陈宁的行为是否属于《刑法》第 385 条所规定的"利用职务上便利"及"为他人谋取利益"。理解这两个概念的含义，必须借助不同的解释规则。首先，罪刑法定原则明确指示了刑罚是对人最严厉的处罚形式，须立足法律文本，不能随意扩大或缩小文本含义。通常，法律文本含义要么以通常用语组成，要么以专业术语加以特殊规定，要想获得规范的文义就必须结合具体语境进行分析。所谓"利用职务上便利"的内涵是利用本人领导、负责、协调或者承办某项公共事务的职权及其所形成的便利条件。对"利用职务上便利"的外延解释应该有所范围，不能随意扩大。当解释者无法通过常义判断概念外延时，比如利用职务上有隶属关系的下级工作人员职权等情形是否属于"利用职务上便利"，可以参照其他有权机关的解释。当立法解释或司法解释对此作出限定时，法律解释应严格限定在该范围。其次，"为他人谋取利益"的常义是其行为使他人获得利益，显然这种常义范围太广，可以通过外延的界定限缩常义，也可采用专业含义规则进行界定。《关于办理贪污贿赂刑事案件适用法律若干问题的解释》等司法解释为理解这两个概念的含义提供了专业解释。① 又比如最高人民法院指导性案例5号，法院直接依据上位法优于下位法规则，或者称为下位法不得违反上位法规则直接认定《江苏省盐业实施办法》违反了上位法《行政许可法》及《行政处罚法》之规定，即地方规章只能在法律、行政法规设定的行政许可事项范围内对实施该行政许可做出具体规定，不能新设行政许可，地方规章不能超出上位法之处罚规定，只能在行政法规规定给予行政处罚的行为、种类和幅度内做出具体规定。② 再比如最高人民法院指导性案例13号法院关于"毒害性"概念的解释，采用常义解释规则对"毒害物"进行了界定，又依据整体解释规则参照《危险化学品安全管理条例》对"氰化钠"是否属于毒害物进行了界定。③

（二）借助体系解释规则实现形式向实质的过渡

从法律解释学的角度看，以文义解释为代表的解释规则秉持主观论解释立场，以目的解释为代表的解释规则秉持客观论解释立场。其中，文义解释以法律形式化的外在体系解释为依据，目的解释则依托实质性的内在体系进行解释，但法律解释不可能由文义解释径直进入目的解释。由文本向目的渐进的过程需要体系解释的衔接，并且法律规范之间的冲突矛盾亦需要体系解释予以化解。"在某一法律系统的诸多规则之间，不仅存在着一种消除矛盾的融贯性，而且存在一种源自一般精神的和谐；这种一般精神掌握着法律系统并通过对各种被选择解决方案的和谐证明了法律进路的合理性。"④ 体系

---

① 最高人民法院编：《最高人民法院指导性案例（2011年12月——2016年5月）》，人民出版社2016年版，第10—13页。

② 最高人民法院编：《最高人民法院指导性案例（2011年12月——2016年5月）》，人民出版社2016年版，第18—21页。

③ 最高人民法院编：《最高人民法院指导性案例（2011年12月——2016年5月）》，人民出版社2016年版，第47—51页。

④ ［比］马克·范·胡克：《法律的沟通之维》，孙国东译，法律出版社2008年版，第229页。

解释实际上是一个综合性的解释方法，它不仅指涉外在体系的连贯性，也指涉内在体系的融贯性。在外在体系上，它主张法律解释不能断章取义，应该把相关联的法律规范作为一个整体进行解释；在内在体系上，它主张法律解释不仅是释明法律规范的文本含义，还需要实现解释结果与法律的内在价值体系保持价值一致性，契合法律原则、符合法治精神。当然，体系解释也反对被泛化，将实际上不相关的规范纳入解释的范围，转移解释对象，走向任意解释。

从思维的整体性上讲，为保证法律安定性及权威性，需要优先采用形式性解释规则，只有在形式性解释规则得出"荒谬解释结果"①的情况下，才可采用诸如目的解释等实质性解释规则剔除荒谬结论，辅之较强的论证理由获得一个可接受的含义。即并非所有的解释都应启动目的解释，因为目的解释这个讲究的标签下贩卖的，"其实就是解释者自己放进法律中的目的"②。

现实问题是，实质性解释规则较强的说理力，致使实质性解释规则被过度地适用与创造。通常情况下，实质性解释规则的适用能够缓解或解决因形式性解释规则适用出现的相互冲突或者不一致现象，通过适当权衡来确定文本含义。但并不是所有的法律规范都需要实质性解释，也并非所有的实质性解释都具有说服力。实质性解释规则的适用存在着张扬解释者能动与恣意的风险，对法律意义的安定性构成了直接威胁。"当各方的意见一致时，大家都认为应当避免起草过程中的模糊与不确定性。但是大家永远都有动机去寻找所用词汇的不同含义。……这不是因为律师故意挑刺。他们只是在努

---

① 荒谬解释结果判断有多种标准，梁慧星指出，存在以下四种情况可以视为荒谬结果并做出相反于法律条文的解释：（1）法条文义与法律之真意及立法目的相冲突；（2）法条文义相反于法学、经济学及社会学之基本原理；（3）法条文义相反于依法治国及民主思想；（4）依法条文义将使社会经济地位之弱者较之强者遭受更为不利之结果。参见梁慧星《民法解释学》，中国政法大学出版社1995年版，第245—246页。

② [德]英格博格·普珀：《法学思维小学堂——法律人的6堂思维训练课》，蔡圣伟译，北京大学出版社2011年版，第69页。

力做好本职工作,看看能否将法律文件朝着最有利于他的当事人方向作出解释。"① 同时,诸如目的解释、社会学解释及伦理解释等实质性解释规则很难具有可操作性,在很多情况下其实都是解释者在主观揣测法律目的,进行价值判断,因此,存在这一情形,即"为使解释准则在特定案件中能有用武之地,准则所捍卫的解释意见就必须依赖手段贩卖出去,而非根据解释准则的使用来获得接受"②。

体系解释一方面依据外在体系进行解释,另一方面依据内在体系进行价值权衡,因此它关涉形式与实质两种维度。在形式解释方法及其规则无法得出确切解释结果,或者解释结果出现不合理、僵化之现象时,需要把法律原则等包含价值判断的规范纳入解释体系当中,通过协调规则与原则之间的关系,要么赋予规则以新的含义,要么通过原则的具体化构建适于裁判的规则。与此同时,体系解释在化解法律规范与社会规范之间的紧张关系上具有不可替代作用。体系解释主张多元法源论,在特定语境下,在确保法律规范选择至上的前提下,社会规范通过权衡论证引入法律体系当中,通过具体化为规则,赋予其规范性意义,与其他法律规范协力用于裁判解决。而当没有法律规范存在时,法官又需依据非正式法源予以裁判。引入非正式法源如何与法律原则进行协调,以及如何与法秩序相融贯,也是体系解释应当解决的问题。

协调形式性解释与实质性解释需注意:(1)实质性解释规则有其特定的适用场域,即法律规范通过文义或体系解释后仍然存在荒谬解释结果,或在法律存在漏洞需要进行法律续造,抑或需要对不确定法律概念、概括性条款进行价值补充时才采用实质性解释规则。实质性解释规则中的"目的""价值""伦理""道德"等是宏观

---

① [英] 迈克尔·赞德:《英国法:议会立法、法条解释、先例原则及法律改革》,江辉译,中国法制出版社 2014 年版,第 211 页。
② Karl Llewellyn, "Remarks on the Theory of Appellate Decision and the Rules or Canons About How Statutes Are to Be Construed", *Vanderbilt Law Review*, Vol. 3, No. 3, April 1950, p. 401.

的，是带有权衡性的，必须借助解释规则加以确定。(2) 在通常情况下，这些实质性解释规则无法独立发挥作用，它需要文义解释与体系解释方法的诸多规则配合运用。甚至在某些情况下，各种实质性解释规则的适用非但无助于强化论证，相反它们存在解构文义及体系解释结果的可能性。因此不应误解准则的功能，因为解释本身就是获得一个"可能"含义的过程，准则并不能告诉我们某一语词或由语词构成的规则在特定情况下所做出的解释是准确恰当的，准则"只是回答了某个特定的意义在语言学上是否被允许"[①]。(3) 实质性解释规则适用属于能动创造性解释，其"释无"而非"释有"的特征要求实质性解释规则的适用应该遵循形式向实质渐进的论证过程，而非突破形式性解释规则径直进入实质性解释规则地适用。(4) 实质性解释规则适用需要结合案件语境作出选择，在能通过体系解释、历史解释获知立法者意图的情况下，应尽量避免适用客观目的解释规则，避免解释者目的取代立法者目的，因为"如果立法意图明确表达，则没有解释的余地"[②]。(5) 在文本含义与立法意图相悖时，允许采用实质性解释规则适当背离法律文本含义，但不得违背社会共识及经验法则。(6) 在法律存在漏洞，并且没有直接的法律原则可供使用时，可以适用习惯等社会规范，但应该保证其与法律目的、法治精神相一致，在具体化及论证的前提下方可适用。

体现在实例中，"北雁云依案"决定裁判关键是"姓名权"与"公序良俗"两个不确定法律概念的解释问题。因姓名权解释关系到公民基本权利问题，法院对此保持了克制姿态，认为"姓名权"的解释涉及法律适用问题，需要报请有权机关进行解释，在人大常委会做出解释后，采用语言学解释规则对姓名权做了相应解释。而对

[①] Henry Hart, Albert Sacks, *The Legal Process: Basic Problems in the Making and Application of Law*, The Foundation Press, 1994, p. 1191.

[②] [美] 卡尔·N. 卢埃林：《普通法传统》，陈绪刚等译，中国政法大学出版社2002年版，第620页。

于"有不违反公序良俗的其他正当理由"中的"公序良俗"的解释，因无法通过语言学解释规则阐释"公序良俗"这一不确定法律概念的具体含义，法院通过实质性解释规则结合案件事实阐释该概念的语境含义，从目的解释、伦理解释等角度解释公序良俗含义。最高人民法院指导性案例 21 号，法院依照"通过规范的性质来判定立法目的规则"指出免收各种行政事业性收费应该限于合法建设行为，只有在法律法规规定不宜修建防空地下室的情况下，经济适用房等保障性住房建设项目才可不予修建，并适用免除缴纳防空地下室建设费的有关规定。① 又如，在 2012 年第 7 期《最高人民法院公报》刊登的"甘露不服暨南大学开除学籍决定案"中，再审法官对《普通高等学校学生管理规定》第 54 条第 5 款所规定的"剽窃、抄袭他人研究成果"进行的目的性限缩解释，意在通过限缩"剽窃、抄袭他人研究成果"的通常含义，排除甘露的考试剽窃、抄袭行为。② 在"胚胎案"中，二审法院考虑到社会可接受性认为在没有现行法律对胚胎的法律属性进行明确规定的情况下，应该考虑以下因素确定胚胎的相关权利归属：一是伦理；二是情感；三是特殊利益保护。③

第四节　体系解释规则运用的展开

实践表明，法律解释方法是对法律解释中所运用工具、技巧或手段的一种样态化的总结，它是引导解释的思维规则，并不具有运

---

① 最高人民法院编：《最高人民法院指导性案例（2011 年 12 月——2016 年 5 月）》，人民出版社 2016 年版，第 75—77 页。
② 参见陈金钊、杨铜铜《重视裁判的可接受性——对甘露案再审理由的方法论剖析》，《法制与社会发展》2014 年第 6 期。
③ 参见杨立新《一份标志人伦与情理胜诉的民事判决——人的体外胚胎权属争议案二审判决释评》，《法律适用》2014 年第 11 期。

用的强制性，更不具有绝对的优先位序，在案件中选取何种解释方法，受法治环境、司法传统、解释目标，及其解释者知识背景与价值偏好等系列因素影响，表现为一种基于语境的权衡。以体系解释方法为例，按照法秩序统一性要求，同一概念同一解释，这是确保形式平等最为重要的解释原则，但是当考量语境因素时，相同的概念则可能采用不同的解释。显然，由于对法律解释方法内在组成规则研究的缺失，致使法律解释方法呈现粗疏性样态，即采用同样的解释方法也可能得出不同的含义。当下学界有关法律解释方法的研究存在以下问题：一是工具主义盛行，对法律解释方法的实质属性缺乏研究，直接拿来运用；二是复杂化研究趋势，侧重法律解释方法本体论研究，哲学化研究倾向较为严重，缺乏对其实践样态的总结；三是精细化研究不足，集中于揭示解释方法的样态，而缺乏对更为细致操作标准的提炼与总结。① 因此，为回归方法论实用品格的属性，以及回应为司法实践提供操作准则的初衷，需要引入更为微观、具体、可操作的解释规则。

如果对实践中法律解释方法的运用规律进一步概括，便会为每一种解释方法总结与提炼出许多解释规则。比如文义解释方法至少包含以下规则：平义解释规则、常义解释规则、字典含义解释规则、专业含义解释规则、句法解释规则、语法解释规则，指示规则等。实践中虽然通常冠以采用某种解释方法，而事实上是解释规则担负着解释任务。因此，作为法律解释方法的基本构成要素，解释规则更为具体、微观，是引导法律解释最为基本的思维规则，每一条解释规则只代表一种思维路径，因而只有当采用相同解释规则时，才可能趋于同一解释结果。"解释规则越简单越容易被人们所掌握，使法律解释沿着既定的解释规则前行，实现法治以简约应对复杂的思维路径。"② 一些有关法律解释的法谚、推定、格言及经验都是历经

---

① 参见杨铜铜《论法律解释规则》，《法律科学》2019 年第 3 期。
② 陈金钊：《法学话语中的法律解释规则》，《北方法学》2014 年第 1 期。

时代洗礼可重复运用的准则，它们能够有效地识别出法律语言的歧义类型，[1] 简约思维过程，有效地减轻论证负担。

一 法律概念的体系解释规则

"当解释法律时，人们最好重视概念分析。尤其要关注概念与其在理论、规范体系以及一般生活中的逻辑关系。"[2] 法律概念是法律规范和法律体系的构筑材料，然而作为理解的起点，法律概念有时并不明确。"在口语中概念内容的不确定性似乎不可避免，法律概念也是如此，这种不确定在立法和法律适用中给法律工作者带来了极大的困难。"[3] 为此，可以根据概念的类型加以分类以方便认知。为方便体系解释规则分类，本书将法律概念界分为描述性概念和规范性概念两类。就前者而言，立法者通常采用日常概念或专业概念来描述特定事实行为，或对法律事实、学科等进行分类，它们通常具有一贯的、稳定的核心意义。后者又称为评价性概念，是带有价值判断的一类概念，以不确定法律概念最为代表。体现解释规则的运用，一方面将法律语言中存在的不精确、有歧义、冗杂的概念解释清楚；另一方面将不确定法律概念具体化，明确其内涵与外延，尽量规制裁量余地，为司法裁判提供确定性前提。

（一）描述性概念解释规则

通过实践总结，针对描述性概念的体系解释规则主要包括同一解释规则、概念语境解释规则与单独概念不能生成裁判规则。

1. 同一解释规则

同一解释规则又称为意义一致规则（Consistent meaning canon），

---

[1] John M. Kernochan, "Statutory Interpretation: An Outline of Method", *Dalhousie Law Journal*, Vol. 3, No. 2, October 1976, p. 362.

[2] ［瑞典］亚历山大·佩策尼克：《论法律与理性》，陈曦译，中国政法大学出版社2015年版，第358页。

[3] ［德］伯恩·魏德士：《法理学》，丁晓春等译，法律出版社2013年版，第79页。

即"同一概念,同一解释",它是指同一法规或不同法律部门中相同的词语或者概念应该作出相同的解释,以维护法律意义的安定性及法秩序统一性。① 其背后的法理是将法律视为一个体系性存在,作为法律适用者,司法者应该担负确保立法语词准确性职责,相同的概念、术语、表达应做相同的解释,这是确保形式平等重要的解释规则。

2. 语境解释规则

语境解释规则又称为概念相对解释规则。与同一解释规则相对,它是指相同概念因其所处的体系位置不同可能存在不同含义,应结合具体语境进行解释。其背后的法理是解释者应该注意立法的缺陷,立法者可能因立法技术疏漏或者立法能力的欠缺,对相同的概念赋予了不同含义,在遵守特定含义解释的要求下,② 导致了相同概念意义的不一致。

为消除不同法律之间的隔阂,确保法秩序的统一性,体系解释要求同一概念相同解释,主张适用同一解释规则,但这并不能断然排除同一概念的不同含义。比如《刑法》第236条"强奸罪"与263条"抢劫罪"中关于"胁迫"的含义应该进行区别对待。"抢劫罪"中的"胁迫"往往以暴力手段为后盾,如果将强奸罪中的"胁迫"也解释为暴力形式,则会忽略上级利用职务地位胁迫妇女违背自己意志实施的强奸行为等方式。③ 在《合同法》第52条、《婚姻法》第11条等相关表述中,同样可以发现"胁迫"签订合同情形及胁迫结婚的情形,它们之间关于"胁迫"的认定方式也存在区别。按照概念存在核心区域与边缘区域的界分,这些规定中的"胁迫"存在相同的概念核心,即以一种非自愿的方式处理财产权或人身权,

---

① William D. Popkin, *A Dictionary of Statutory Interpretation*, Carolina Academic Press, 2007, p. 38.

② E. Kellaway, *Principles of Legal Interpretation of Statutes, Comtracts and Wills*, Butterworths, 1995, p. 69.

③ 参见万国海《论刑法的体系解释》,《南京社会科学》2009年第7期。

但它们之间的边缘含义存在区别，由此导致不同语境下的不同含义。哪种方式应该归于"胁迫"的边缘含义，需要结合语境加以断定。

3. 单独概念不能生成裁判规则

单独概念不能生成裁判规则是指法律概念只是用于描述行为和事件的法律用语，不是法律渊源，不能从概念中推导出当为语句和法律后果，[①] 规范意义不能仅借助法律概念进行理解，还需依赖整体法律规范及其规范目的进行解释。其法理是法律概念只是组成法律条文的一部分，虽然其是理解法律规范的核心，但片段性思维、不在整体意义上解释规范容易导致意义缺漏。

（二）规范性概念解释规则

相比于描述性概念有精确的概念核心，以不确定法律概念为代表的规范性概念的核心区域与边缘含义都带有不确定性。解释这些不确定法律概念更多的是结合案件事实，参照法律体系进行语境解释。这里的语境解释，既包括通常意义上参照其他法律规定，也包括考量其他社会规范等非正式法源提供的实质性论据。

其中，参照其他规范解释规则可确保法律解释的权威性，比如援引司法解释、参考专业解释准则。此外，经验法则解释规则可避免解释者主观判断，通过定义方式将社会共识、社会惯习、经验法则等融入概念意义之中，进而将其具体化。事实上，最难解释的是诸如公共利益、公序良俗等取向于评价性的不确定法律概念，它们通常是法律原则或一般性条款的构成核心，对它们的解释不仅需要结合案件事实具体化，还需要妥当地处理价值冲突问题。一方面可以运用量化概念规则、遵循先例规则等将评价性的不确定法律概念加以量化或描述化，前者如借助司法解释或者行政裁量基准对评价性概念"去价值化"，将评价性成分转为描述性成分，实现法律概念的"可测度性"；后者如通过遵循先例的方法将待解释概念与先前的

[①] ［德］伯恩·魏德士：《法理学》，丁晓春等译，法律出版社2013年版，第92页。

判例进行对比，如果先前判例对该术语解释对当下所涉案件具有参考意义可以加以借鉴。另一方面则需根据案件语境加以权衡，特别是当法律体系无法提供解释素材时，其具体化任务便交由适用者自由裁量。为尽量做到规范性解释，可以借助社会共识性、公共政策、传统文化、善良风俗等实质性资源进行界定，而当存在价值冲突时，则可以建构"有条件的优先关系"，确定不同价值间的优先适用关系。①

二 法律条文的体系解释规则

"当关注在虑条文与其他条文的逻辑关系时，我们发现，释法者明显是利用后者作为前提。这使得比起只考虑单一条文的解释，体系解释更为融贯。此外，体系解释可以避免解释本身违反其他条文的现象，而遵守规则总能促进裁判的可预测性。最后，体系解释可以确保那些可能支持其他条文的融贯理由不被忽视。"② 在规范结构上，法律条文内在组成概念、语词、语言形式，及其条款项目也遵循语义安排及特定逻辑关系，因此，法律条文的解释，应该首先从法律条文内部构成展开，进而结合其他条文加以解释。

（一）法律条文内的体系解释规则

法律条文之内的解释规则主要针对法律条文的不同款项之间的解释，包括同类解释规则、例示规定解释规则、但书解释规则及明示其一排斥其他规则等。

1. 同类解释规则

同类解释规则（Eiusdem Generis）又称为只含同类解释规则，是指如果某一法条中概括性用词只能将某一种或某一类事物归类，

---

① 参见杨铜铜《论不确定法律概念的体系解释——以"北雁云依案"为素材》，《法学》2018年第6期。

② ［瑞典］亚历山大·佩策尼克：《论法律与理性》，陈曦译，中国政法大学出版社2015年版，第357—358页。

而不能完全列举所有情形，解释未予列举的情形应与已列举的情形具有高度的相似性。① 其背后蕴含的法理是立法者不做无意义的列举，不同事项可根据特定的关系归为一类，而为防止挂一漏万通常采用"等""其他"等兜底性表述以实现调整事项的周延，多采用"列举+概括"式结构方式，使本该包含在构成要件中的事项扩张解释进来。

理解同类解释规则需要注意以下问题：（1）适用同类解释规则是因为立法者所列举的各个事项在性质上具有同质性，在价值上具有类似性。（2）"列举+概括"的立法技术表明，立法者只是将性质同质性及价值类似性的事项放在一起，而非所有的事项都罗列一起，在解释"等""其他"时必须以列举事项为参照，保持与列举事项具有相似性。② （3）从表现形式上看，一是可以表现为"两项列举事项+省略词+概括"表述的形式，表明具备全部要素，比如《刑法》第56条：故意杀人、强奸、防火、爆炸、投毒、抢劫等严重破坏社会秩序的犯罪分子；二是表现为"一项列举事项+省略词+概括"的表述形式，被列举的只有一项，但概括性表述也应该以此为参照，如《刑法》第352条：持有未经灭活的罂粟等毒品原植物种子或者幼苗；三是表现为"两项列举事项+省略词"，该表述没有概括词，如《刑法》第187条：以欺骗手段取得银行或者金融机构贷款、票据承兑、信用证、保函等；四是其他类型。③

本书中将同类解释规则界定为同一条款中所列举事项的解释，而非同一法条中不同条款之间的列举。适用同类解释规则，判断某一事项是否包含在法条的构成要件当中，应该首先确定判断基准，

---

① William D. Popkin, *A Dictionary of Statutory Interpretation*, Carolina Academic Press, 2007, p.74.

② 参见余文唐《法律文书：标点、但书及同类规则》，《法律适用》2017年第17期。

③ 参见王健林等《从条件到验证："同类规则"在刑法解释中的理解与适用》，载《建设公平正义社会与刑事法律适用问题研究》论文集，第995页。

从列举的事项中提取共同的特征，也可以通过判断概括词的内涵（如严重破坏社会秩序、危险方法危害公共安全）加以判断；其次分析系争案型，即从性质、手段和后果等方面进行类比分析，要做到与列举事项性质相同、手段相似、后果相当；最后判断解释事项是否包含在"等"或"其他"的范畴之内，如果包含加以类推适用，如果不包含加以排除。① 比如有学者以强奸罪为例，《刑法》第236条规定：以暴力、胁迫或者其他手段强奸妇女的，对同类解释规则适用的具体步骤为："第一，从暴力、胁迫的行为方式中提取共同特征。暴力是从行为上对被害人加以震慑或实际控制，胁迫是从语言上对被害人加以威胁。暴力、胁迫的共同特征是使被害人不能反抗、不敢反抗或者不知反抗，从而违背妇女意志侵犯妇女的性自主权。第二，分析非暴力、胁迫奸淫妇女的系争案型的行为特征，包括对被奸淫妇女强制手段的强弱、产生强制的程度以及意志的影响等因素。第三，将系争案型的行为特征与以暴力、胁迫强奸妇女的共同特征进行比较，判断以'其他手段'的奸淫行为是否符合暴力、胁迫强奸的共同特征，即是否与其属于同类。符合者，纳入强奸罪论；不符合者，则不能以强奸罪予以定罪处罚。"②

2. 例示规定解释规则

例示规定解释规则，即法谚"例示事项之末，所设之概括文句，不包括与例示事项中明示事物性质相异之事项"③。与同类解释规则相似，它们都是对法条不完全列举事项的解释。其中同类解释规则侧重同一款项中的不完全列举，而例示规定倾向不同条款间的列举。其背后的法理是立法者无法穷尽列举所有事项而采用"等"或"其他"兜底性规定予以替代。其中"等"字存在两种含义：一是概括

---

① 参见余文唐《法律文书：标点、但书及同类规则》，《法律适用》2017年第17期。

② 参见余文唐《法律文书：标点、但书及同类规则》，《法律适用》2017年第17期。

③ 郑玉波：《法谚》（一），法律出版社2007年版，第34页。

前面所列举的事项，为完全列举，表示煞尾，意为"等内"。二是指省略了与前面所列举事项性质同类的事项，为不完全列举，意为"等外"，视为立法者主动之保留，为裁判者解释提供一定空间。对于"其他"规定，则应该参照"等外"之解释，是一种不完全列举，但对与前述列举事项的相似性强度可能弱于"等"，在列举事项外还可能存在类似情况。①

从价值上看，例示规定可以弥补立法的缺陷。作为一种避免挂一漏万的立法技术，例示规定往往能够在立法者无法确定所拟规范事项时，采用"等""其他"的兜底性规定解决法律规定与社会生活之间的矛盾。从属性上看，例示规定既可以作为不确定法律概念，也可以是一种法律规则，但主要表现为一种法律规则，因为"等""其他"自身包含的信息比较有限，模糊性更强，不能单独使用，必须与法条中列举的典型事项结合起来，置于法条之中才有意义。② 从形式上看，法条不同款项之间往往形成并列的关系，比如强奸妇女、奸淫幼女的加重情形，③ 其中前四款属于并列关系，所列举的是不同情节下、场景下、导致后果等因素，它们之间很难提炼出共同的特征，而是以法律拟制的情形并加以兜底性规定的形式予以规定。又如《行政许可法》第69条关于行政许可撤销的规定，其第5款亦是采用兜底条款"依法可撤销行政许可的其他情形"加以规定，而前四款的规定也是一种并列关系：滥用职权与玩忽职守、超越法定职权、违反法定程序、对不符合资格申请人予以许可。

3. 但书解释规则

但书解释规则是指在一个法律条文做出一般性表述之后，又加上一个限制该一般性规定的特别规定，使两者形成了一种一般与特

---

① 参见刘风景《例示规定的法理与创制》，《中国社会科学》2009年第4期。
② 参见刘风景《例示规定的法理与创制》，《中国社会科学》2009年第4期。
③ 《刑法》第236条第3款：（一）强奸妇女、奸淫幼女情节恶劣的；（二）强奸妇女、奸淫幼女多人的；（三）在公共场所当众强奸妇女的；（四）二人以上轮奸的；（五）致使被害人重伤或者其他严重后果的。

殊的关系,以"但是"为主要表征,法谚称为"例外严格解释规则"。其背后的法理是立法者在考虑了一般事项后,会基于特殊目的考量,在条文表述的最后加以特殊性规定,使其在结构上形成转折关系,用以表示限定、例外、附加及其他规定等内容。比如《刑法》第13条关于入罪与出罪规定,"但是"前后两句便形成了转折关系。

是否存在法律但书条款需要采用特定的判断标准:一是存在意思转折。从形式上看,法律条文的主文与但书之间需要辅以"转折连词",以"但""但是"为标识;从内容上看,法律条文的主文与但书之间形成转折关系,前后两句形成一般与特殊关系,特殊用以限制一般。二是但书不得与主文相脱离。就但书规定与前面一般性规定之间的关系,有学者认为两者逻辑上存在矛盾,然而虽说两者在逻辑关系上存在矛盾,但两者结合起来却形成了一个完整的结构。因此,在刑法领域,但书不仅具有"出罪"功能,它同时也具有"入罪"功能。[1]

4. 明示其一排斥其他规则

明示其一排斥其他规则(Expressio unius est exclusio alterius canon)也被称为明示排除其他规则,[2] 是指制定法的法条文本、结构或者目的明确界定了某一事项含义,那么它就意味着应排除其他可能与此条文规定相似的事项,[3] 法谚为"确认一面,即否认他面"[4]。其背后的法理是立法者特定目的考量下的完全列举,以一种明示的列举方式列举其所欲规制的事项,而反之以"默示"的方式排除了其他的事项。比如《刑法》273条"挪用特定款物罪"中明确列举了"救灾、抢险、防汛、优抚、扶贫、移民、救济款物"七种特定

---

[1] 参见彭文华《刑法第13条但书规定的含义、功能及其适用》,《法治研究》2018年第2期。

[2] Vepa P. Sarathl, *The Interpretation of Statutes*, Eastern Book Company, 1981, p. 71.

[3] William D. Popkin, *A Dictionary of Statutory Interpretation*, Carolina Academic Press, 2007, p. 88.

[4] 郑玉波:《法谚》(一),法律出版社2007年版,第36页。

情形，除此之外，除非将其他款物界定到这七种类型的某一外延中，否则就不能构成挪用特定款物罪。

(二) 法律条文间的体系解释规则

确保法律体系融贯以及支持解释的其他法条不可忽视，因而需要法条之间相互证立，实践中主要运用上下文解释规则与整体解释规则。实践中，一些不经常被提及的解释规则发挥着思维引导功能，比如指示参照规则、标题解释规则等。"解释规则有时能发挥引导共识或说服同僚的功能。因为在讨论过程之中，也许发生对系争法律是否违宪各有主张，这时候若有人从解释规则的观点提出意见（先理解），自然比没有规则依据的意见，更有说服力，经过反复讨论，一再修正等类似诠释循环的过程，而为多数所接受。"①

1. 上下文解释规则

上下文解释规则（Noscitur a sociis canon）又称前后对照解释规则，是体系解释方法最为常用的解释规则，是指概念或条文的含义可以通过参考相邻条款予以获得，② 应注重浏览该条文所处位置，联系该条文的标题、上下文中相关规定解释其含义，③ 法谚为"最佳解释，要前后对照"（The best interpretation is made from that which precedes and follows）。

在某些情境下，上下文解释规则就是根据解释对象所处的位置，通过寻找与其相关的法条用来厘定该解释对象的含义，用其他法律条文含义作为参考。因此，在解释法条时：(1) 应该关注制定法的标题，待解释法条在法律体系中的特定位置等。(2) 应该关注并且重视法条中所包含的概念，把这一概念置于制定法体系当中，判断

---

① 吴庚：《政法理论与法学方法》，中国人民大学出版社2007年版，第344页。
② William D. Popkin, *A Dictionary of Statutory Interpretation*, Carolina Academic Press, 2007, p. 201.
③ Vepa P. Sarathl, *The Interpretation of Statutes*, Eastern Book Company, 1981, p. 78.

该概念在其他法条中的含义,并根据这些含义来判断该概念在该法条中的含义,用来确保概念解释的一致性,与法律体系建立起逻辑关系。(3) 应该重视教义学所阐释的理论,尽量把解释对象含义与法律体系相融贯。① 特别是在一些新的案件中,当没有其他法条可供参考时,解释者应该以法律体系所体现的价值、目的为解释原则,尽量作符合共识性标准的解释,把解释对象置于法律体系当中,依托法律原则、结合具体语境,采用类型化、创造性解释等方法把解释对象具体化。

2. 整体解释规则

整体解释规则(Whole text canon),是指借助法律整体来解释个别的条文,需从在制定法体系中确定解释对象的含义。② 其背后的法理乃是将法律推定为体系性存在,法谚为"任何人未再三熟读全文,则对于一部分不能有正当之理解"。如果上下文解释规则侧重于法条所处位置关系,那么整体解释规则则要求在解释某一规定时,要从整体法律文本进行考虑。上下文解释规则与整体解释规则体现了整体与部分之间的解释学循环。

3. 指示参照规则

指示参照规则是指在有法律规定明确援引其他规定时应当适用被指示的法律规定。指示参照规则背后的法理是立法者基于特定目的考量,在立法技术选择上并不需要对所有的问题都予以规定,在一般问题上存在例外的规定,但这些例外规定必须是法律明确规定的,以"法律另有规定的,依照其规定"为表征。③ 除"法律另有规定的,依照其规定"外,还有"法律规定惩罚性赔偿的,依照其

---

① [瑞典]亚历山大·佩策尼克:《论法律与理性》,陈曦译,中国政法大学出版社2015年版,第358—359页。

② William D. Popkin, *A Dictionary of Statutory Interpretation*, Carolina Academic Press, 2007, p.281.

③ 比如《民法典》第180条关于不可抗力的规定:因不可抗力不能履行民事义务的,不承担民事责任。法律另有规定的,依照其规定。

规定""法律对仲裁时效有规定的，依照其规定"等"法律对××有规定的，依照其规定"的表述。在合同法领域，双方当事人可以基于意思自治原则在不违反法律法规强制性规定情况下，对合同中相关事项进行规定，比如《民法典》第 720 条租赁物的收益归属问题：在租赁期间因占有、使用租赁物获得的收益，归承租人所有，但当事人另有约定的除外。在公司法领域，因为公司存在自治特征，所以公司章程也成为裁判的一种依据，比如关于有限责任公司股权转让问题，《公司法》第 71 条第 4 款规定：公司章程对股权转让另有规定的，从其规定。实际上，这些指示参照规则赋予了法官司法审判中援引合同、公司章程用以裁判的依据，也赋予了合同、公司章程法源的地位。

4. 标题解释规则

标题解释规则是指"当法律条文中存在疑问或者不明确时，标题可以当作指导原则予以参考；可以参考序文以决定基本理由，应因此而达到对术语的正确解释；每一节的标题可以视为制定法的一部分"①。法条标题就是对该条款的特征总结，经常代表着所要解决的问题。② 在日本与我国台湾地区，法条标题是法条不可或缺的部分。从标题解释规则的内涵上讲，标题是法条的名称，是法条内容的高度概括，是法条文本的构成要素，是理解法条目的的辅助性要素。③ 在功能上，标题可以提高法律文本的表达水平，能够方便人们查找与援引相关法条，可以为法律解释提供参照对象。④ 然而我国在

---

① [美] 卡尔·N. 卢埃林：《普通法传统》，陈绪刚等译，中国政法大学出版社 2002 年版，第 621 页。

② William D. Popkin, *A Dictionary of Statutory Interpretation*, Carolina Academic Press, 2007, p. 267.

③ Vepa P. Sarathl, *The Interpretation of Statutes*, Eastern Book Company, 1981, p. 253.

④ 参见刘风景《法条序号的功能定位与设置技术》，《环球法律评论》2014 年第 3 期。

立法技术上并未对相关法条设置标题,我国立法实践通常以法条序号表明法条的位置。在一些法律释义及法学著作中,学者们通常给法条提炼总结出一个标题,这些标题在理解、解释法条具有很大的辅助作用,不仅方便法律人参照援引,更能以简洁概括的用语提炼法条的核心要义。在立法技术成熟阶段,应为法条设置相关标题,用以方便法律人援引、解释、适用法律条文。

除此之外,一些法谚也发挥着解释规则的功能,如"一切规定,莫不有其例外"(Every rule is liable to its own exception),是指法为社会生活之规范,与自然法不同,一个法律规则恒有其例外存在。"使用'一切'字样者,并不排除任何事物"(He who says all excludes nothing),是指法律上应认为包括所有之意,亦即不将任何人、事、物排除于所表示者之外。①

三 法律规范冲突的体系解释规则

按照法秩序统一性要求,法律体系应该保持融贯,避免冗余,但立法者不可能顾及所有,有时更像是仓促拼凑而成的互不相关的规定,② 因此清除法律规范之间的矛盾便是体系解释的任务之一。事实上,实践中已形成了一些化解法律规范冲突的解释规则,它们既有利于法律体系的融贯,又能减少司法者的论证负担,比如上位法优于下位法规则、特别法优于一般法规则、新法优于旧法规则等都是化解法律规范冲突常用解释规则。

(一) 上位法优于下位法规则

上位法优于下位法规则是化解不同位阶法律规范之间冲突的规则,是以规范之间的"抵触"为核心展开的运用,其是指不同位阶

---

① 参见郑玉波《法谚》(一),法律出版社2007年版,第25—27页。
② Elizabeth Garrett, "Attention to Context in Statutory Interpretation: Applying the Lessons of Dynamic Statutory Interpretation to Omnibus Legislation", *Issues Legal Scholarship*, Vol. 2, No. 2, 2002, pp. 6-7.

的法律规范在规定上不一致时，应该优先选择适用上位法的规定。这里的"不一致"主要表现在下位法的规定与上位法的规定相"抵触"。比如最高人民法院公布的指导性案例 5 号直接将上位法优于下位法解释规则确定为异位法相抵触的适用规则。① 在法秩序的形成上，法律位阶结构为一国法律体系内不同规范之间的关系提供了理论解释。法律位阶理论不仅为建构一个等级森严、逻辑有序、内在统一的法秩序提供了理论基础，而且为判断不同位阶规范之间的价值提供了依据。在位阶理论看来，基础规范或者宪法规范决定着一国法律秩序的"基本价值"，其他法律规范是对宪法价值的具体化，它们在评价上同样存在一个层级结构，共同构建了一个"评价体系"。如果上下位规范在评价上出现矛盾，也应该按照上位法优于下位法解释规则来解决。

　　法律位阶理论为解决上位法与下位法冲突提供了理论依据。按照司法传统来讲，当上下位法内容规定不一致时，才可选择适用上位法。我国《立法法》对上下位法内容规定的"不一致"多采用"抵触"这一概念。那么，该如何认定异位法之间的"抵触"则是适用该规则的关键。

　　首先，根据《立法法》相关规定从形式上直接认定不同规范之间的位阶关系。一是下位法是以上位法为"根据"的创制，违背上位法的规定与精神，视为抵触。依据法律位阶理论，上位法是下位法制定的"根据"。所谓的"根据"是指依据、出处或来源。② 其中

---

① 该案裁判理由指出，根据《行政许可法》第 15 条第 1 款、第 16 条第 3 款之规定，在已经制定法律、行政法规的情况下，地方性法规只能在法律、行政法规设定的许可范围内对实施该规定做出具体规定，不得设定新的许可。在法律、行政法规没有设定行政许可的范围内，地方性法规也不得设定相应的许可。按照《立法法》第 88 条法律效力等级规定，应当适用上位法之规定。参见最高人民法院编《最高人民法院指导性案例》，人民出版社 2016 年版，第 18—21 页。

② 参见陈运生《法律冲突解决的进路与方法》，中国政法大学出版社 2017 年版，第 93 页。

"根",从词义上讲,表示一事物底部、根底部分,是一事物立足的依据;从隐喻上讲,"根"表示一个事物与另一个事物之间的联系,是指一个事物以另一个事物为基础。下位法"根据"上位法创制,上位法是"根",是下位法所凭借的"基础"。对此,我国《立法法》专门有对此的规定。① 二是《立法法》直接采用"抵触"这一概念,说明不同规范之间的关系。三是《立法法》也采用"效力高于"等概念来直接说明不同位阶之间的关系。② 四是《立法法》采用"同等效力"等概念,表明规范之间具有同等位阶关系。③ 五是《立法法》规定也存在一些例外情形,主要涉及授权立法规定。比如《立法法》第65条关于国务院根据全国人大常委会授权先行制定行政法规的规定,可以视为"准法律",与法律具有相同位阶;还有全国人大常委会授权经济特区所在省、市人大及常委会制定的地方性法规,但只在经济特区范围内实施。此外还有自治条例和单行条例问题,根据《立法法》规定,民族自治地方的人大有权依照地方特

---

① 《立法法》第1条:为了规范立法活动……根据宪法,制定本法。表明"宪法"是"立法法"制定的"根据",同时表明,宪法的位阶高于法律。第65条:国务院根据宪法和法律,制定行政法规。表明"宪法"与"法律"是行政法规的"根据",宪法与法律的位阶高于行政法规。这里下位法以上位法为根据主要是:①根据上位法的规定及精神,制定更为具体的规定,例如根据《宪法》中规定的刑罚性内容,由《刑法》就犯罪与刑罚进行具体化规定。②根据上位法的规定,下位法制定更为详细可操作的执行性规定,比如全国《立法法》第72条第1款:在不同宪法、法律、行政法规相抵触的前提下,可以制定地方性法规。表明地方性法规的效力低于宪法、法律与行政法规。第2款:设区的市……在不同宪法、法律、行政法规和本省、自治区的地方性法规相抵触的前提下,可以制定地方性法规。表明设区的市地方性法规效力低于省一级地方性法规。结合《立法法》第65条,表明其更是低于宪法、法律与行政法规。

② 《立法法》第88条第1款:法律的效力高于行政法规、地方性法规、规章;第2款:行政法规的效力高于地方性法规、规章。第89条第1款:地方性法规的效力高于本级和下级地方政府规章;第2款:省、自治区的人民政府制定的规章的效力高于本行政区域内的设区的市、自治州的人民政府制定的规章。

③ 比如《立法法》第91条:部门规章之间、部门规章与地方政府规章之间具有同等效力。该规定直接表明部门规章与地方政府规章之间具有相同位阶关系。

点制定自治条例和单行条例,但只在民族自治地方实施。① 因此,按照《立法法》相关规定,及法律规范的适用范围,可以对我国法律体系中不同类别的法律规范排出一个相对的位阶关系。即宪法>法律(准法律)>行政法规>省级地方性法规>设区的市地方性法规;宪法>自治条例和单行条例;行政法规>部门规章;行政法规>地方政府规章;省级政府规章>下级政府规章;部门规章=地方政府规章。

其次,依据规范的具体内容从实质上认定下位法与上位法的抵触。一般来讲,法律规范的逻辑结构由诸多要素构成,包括假定、处理与制裁。所谓的假定是指法律规则的适用条件,即规定适用该规范的条件。处理是行为规则本身,是为主体规定具体行为模式,即权利义务的安排。制裁则是指违反法律规定时应当承担的法律责任或者国家强制措施。②

其一,从假定,即从法律规范的适用条件上看,下位法抵触上位法主要包括承担义务或者享有权利的时间、地点、身份及事实等条件存在不一致。一般来讲,如果上位法规定了法律规范的适用范围或适用条件,而下位法扩张或限缩了其适用范围或适用条件,就应当认定为抵触。包括:授予权利的条件抵触与设定义务的抵触。③

其二,从处理,即从权利义务规定上看,它主要规定行为主体

---

① 这里的授权主要包括:①创制性规定。即法律将某些专业性、技术性或区域性特征比较明显的规范创制权授权给特定机关在授权范围内行使。②补充性规定。即授权机关授权其他机关对相关法律规范进行补充和修改。③执行性规定。即为了解决法律规范过于抽象笼统而无法直接适用问题授权某些行政机关制定实施细则。④变通性规定。即宪法、法律或行政法规授权经济特区或民族自治地方立法机关根据地方特点制定仅在本区域适用的变通性规范性法律文件。参见陈运生《法律冲突解决的进路与方法》,中国政法大学出版社 2017 年版,第 94 页。

② 参见孔祥俊《法律解释与法律适用方法》,中国法制出版社 2017 年版,第 560—569 页。

③ 参见孔祥俊《法律解释与法律适用方法》,中国法制出版社 2017 年版,第 572—573 页。

的活动形式,包括可以做什么(权利规定)、禁止做什么(禁止性义务规定)及应当做什么(必为性义务规定)的规定。包括:一是下位法限制或者剥夺了上位法规定的权利范围,或者违反上位法意图扩大了权利主体的范围,下位法缩小或扩大了违法行为范围,下位法扩张了行政主体或其职权范围等。二是下位法对上位法的禁止为规定而规定了允许为规定或者必须为规定,下位法改变了上位法所规定的违法行为性质,下位法设定了不符合法律规定的许可、强制措施等。①

其三,从制裁,即从违反法律规范所应承担的责任(法效果)上看,主要是指行为主体的一项违法行为可能有不同部门的法规范予以规制。可能是既要承担民事责任,也要承担刑事责任,也可能同时承担行政责任。即便这些部门法规制同一事项,但是如果在构成要件上存在区别,并且在立法意图上也存在区别,那么就不应该认定为抵触。比如,刑法规定了劳动教养的范围,而行政法规是关于劳动教养的范围进一步具体化,两者只是在裁量上存在不一致,刑法的裁量范围涵盖了行政法规的裁量范围,那么就不应认定为抵触。抵触主要发生在:一是下位法增加或缩小了上位法所规定的给予行政处罚的行为、种类和幅度范围。二是下位法超出了上位法所规定的行政强制措施的适用范围、种类和方式。三是下位法延

---

① 如果下位法扩大了行为主体的权利范围,并不能必然认定为抵触。从权利保障的角度讲,下位法可能更有利于保障公民权利。比如国务院制定的《工伤保险条例》第53条规定,申请工伤认定的职工对工伤结论不服的,可以依法申请复议,对复议不服的,可以依法提起行政诉讼。很明显,该规定将复议视为诉讼的前置条件。作为《工伤保险条例》执行性规章,原劳动部和社会保障部制定的《工伤认定办法》第19条则规定,职工对工伤认定决定不服的,可以依法申请行政复议或者提起行政诉讼。显然,作为下位法的部门规章《工伤认定办法》与作为上位法的行政法规《工伤保险条例》就工伤权利救济途径规定上出现了不一致,但下位法规定更有利于权利实现,此时就不应该直接认定下位法抵触上位法。对此,2010年修订2011年1月1日实施的新《工伤保险条例》参照司法实践对原53条进行了修改,规定有关单位或者个人可以依法申请行政复议,也可以依法向人民法院提起行政诉讼。

长或缩短了履行法定职责的期限，延长或缩短了追究法律责任的时效等。

综上所述，下位法违反上位法规定，与上位法相抵触，集中表现在上下位法规定上的不一致：（1）两者在文义表述上存在差异；（2）下位法超出或限缩了上位法所限定的范围；（3）下位法与上位法的精神与原则相违背。为了规范上下位法的关系，在总结司法审判经验的基础上，2004年最高人民法院专门出台了《关于审理行政案件适用法律规范问题的座谈会纪要》[法（2004）96号]，该纪要具体罗列了10种下位法抵触上位法情形，并在11条以兜底条款的形式予以规定。① 但通过分析该纪要，有学者指出，该纪要并没有对"抵触"与"不一致"给出一个科学的界定，所列举的"抵触"情形，缺乏标准上的统一性，并且所列举的事项具有相似性，区分标准不甚明确。② 但不可忽视的是，最高人民法院通过列举下位法抵触上位法的情形，确定了上位法优于下位法解释规则，在出现诸如此类的法律冲突情形下，法官可以直接依据该规则选择适用上位法。

（二）特别法优于一般法规则

在解决法律冲突问题上，特别法优于一般法规则是一项历史悠久的解释规则。③ 罗马法多表述为"个别法"（ius singulare）与"共

---

① 该纪要列举了：下位法缩小上位法规定的权利主体范围，或者违反上位法立法目的扩大上位法规定的权利主体范围；下位法限制或者剥夺上位法规定的权利，或者违反上位法立法目的扩大上位法规定的权利范围；下位法扩大行政主体或其职权范围；下位法延长上位法规定的履行法定职责期限；下位法以参照、准用等方式扩大或者限缩上位法规定的义务或者义务主体的范围、性质或者条件；下位法增设或者限缩违反上位法规定的适用条件；下位法扩大或者限缩上位法规定的给予行政处罚的行为、种类和幅度的范围；下位法改变上位法已规定的违法行为的性质；下位法超出上位法规定的强制措施的适用范围、种类和方式，以及增设或者限缩其适用条件；法规、规章或者其他规范文件设定不符合行政许可法规定的行政许可，或者增设违反上位法的行政许可条件；其他相抵触的情形。

② 参见胡建淼《法律规范之间抵触标准研究》，《中国法学》2016年第3期。

③ 据学者考证，该解释规则最早可追溯到古罗马时期法学家伯比尼安的著作中。参见顾建亚《"特别法优于一般法"规则适用难题探析》，《学术论坛》2007年第12期。

同法"（ius commune）。对一般规范加以变通的个别规范，为个别法，表现为一般规范例外的个别规范。罗马法学家保罗曾指出："个别法是立法者当局为某些功利而引入的违背法的一般规则的法。"① 而例外范围之外被适用的一般规范称为共同法。特别法优于一般法规则也通常简称为"特别法规则"，是指公权力主体在实施公权力行为中，当一般规定与特别规定不一致时，优先适用特别规定。②

按照《立法法》第93条、第94条、第95条的表述措辞，是指"同一机关"制定的"特别规定"与"一般规定"不一致时，特别规定优先适用。特别法与一般法的区分主要源于立法者的有意安排，即特定场景下，立法者需要针对特定社会现象重新进行规定，以避免规则过于笼统而导致的漏洞或不公正。而在实践中，需要根据"最密切联系"原则选择适用特别法，即多个法律规范对同一事项都做出了不同规定，特别规定因为针对特别事项，联系更为紧密，针对性更强，适用特别规定更加契合案件事实并且有助于裁判结果的获得，具有更强的实践价值，因此应该优先适用。③

按照《立法法》第92条规定，同一机关制定的法律规范，特别规定与一般规定不一致时，适用特别规定。其中"同一机关""不一致""一般规定"与"特别规定"之间的区分构成了该规则适用的逻辑起点。首先，"同一机关"主要是指"同一制定机关"，即"同一个"或"同一名称"的规范性法律文件制定机关。其次，"不一致"是导致法律冲突的原因，主要指"同一机关"制定的不同法律规范之间在规定上存在差异。最后，"一般法"与"特别法"的识别可分为两种路径：其一，按照适用范围的不同进行分类。按照

---

① ［意］彼德罗·彭梵得：《罗马法教科书》，黄风译，中国政法大学出版社2005年版，第8页。

② 参见顾建亚《"特别法优于一般法"规则适用难题探析》，《学术论坛》2007年第12期。

③ 参见喻中《论"特别法理优于一般法理"——以日本修宪作为切入点的分析》，《中外法学》2013年第5期。

适用范围的不同，即以属人、属事、属地及属时的不同来识别一般法与特别法。特别法是在特定主体、特定事项、特定地域及特定时间适用的法律规范。

其二，按照一般法与特别法的逻辑构成进行区分。一是从事实构成上看，法律是立法者基于特定立法目的与价值对生活事实的一种"裁剪"和抽象，表现为特定的形式与符号化的概念，是由一系列要素组成的"事实构成"。我们可以从事实构成上区分一般法与特别法。

设规范 G1 和 G2：

规范 G1 的构成要素为 y1、y2、y3 和 y4，法效果为 X1；

规范 G2 的事实构成要素为 y1、y2、y3、y4 和 y5，法效果为 X2；

若规范 G1 和 G2 的构成要素 y1、y2、y3 和 y4 在性质和内容上没有差别；

则法律规范 G2 的构成要件包含法律规范 G1，而规范 G2 有构成要素 y5，G1 则没有。

另设事实 S1 和 S2：

事实 S1 具备 y1、y2、y3 和 y4 四个要素，

事实 S2 具备 y1、y2、y3、y4 和 y5 五个要素；

我们可以推出两个结论：

（1）G1 可以适用于 S1，也可适用于 S2，而 G2 只能适用于 S2。相比而言，G1 的适用范围比规范 G2 更广，G1 具有适用的一般性。

（2）G1 和 G2 都可以适用于 S2，而两个规范的法效果分别为 X1 与 X2，两者表现为不同，那么就会发生冲突。

将（1）与（2）两个结论结合起来看，事实构成存在包容与被包容关系，G2 是包容者，G1 为被包容者，G1 属于一般法，G2 属于特别法。①

---

① 参见杨登峰《选择适用一般法与特别法的几个问题》，《宁夏社会科学》2008 年第 5 期。

二是从法效果上看，一般法与特别法在构成要素上不仅要具有包容关系，还要求在法效果 X1 与 X2 之间具有相互排斥关系。如果 X1 规定罚款 50—100 元，而 X2 规定罚款 10—200 元，则 X1 与 X2 之间也存在包容关系，此时法效果上的包容关系就不能构成一般法与特别法的关系，而当 X1 规定罚款 50—100 元，X2 规定罚款 150—200 元时，两者法效果上存在排斥关系，即可构成一般法与特别法关系。

(三) 新法优于旧法规则

当不同法律规范之间关于"同一事项"新的规定与旧的规定"不一致"时，便以依据"新法优于旧法规则"选择适用新法规定。新法优于旧法规则是建立在立法者有意用新制定的法律规范废止旧的法律规范的假设之上，因此，新法更多地被认为是"更加正确的"法。这也暗含普通法院的"暗示废止原则"，即一个议会制定的法律不能阻止后一个议会修改和废止。因为，如果一个议会法案能够阻止后来的议会通过后制定的法律来对其修改和废止，那么议会的权力将受到极大地限制，其立法范围也会因此大为缩减。如果议会通过制定法案明确后继议会不许对其进行修改的话，那么法律中将充斥着那些永远不可能被议会修改和废止的法律，议会只能对先前议会未予规定的事项进行立法，而对于那些不符合时代要求，不符合人民意志的法律永远无法修改。显然这违背法治的原理。

按照《立法法》第 92 条规定，同一机关制定的法律、行政法规、地方性法规、自治条例和单行条例、规章之间，新的规定与旧的规定不一致的，适用新的规定。有关"同一机关"与"不一致"上文已进行了界定，因而关键在于判断新旧规定。按照立法实践，主要分为以下几种类型：一是相冲突的法律规范都具有明确的施行日期，并且两者在案件发生时都已生效实施，此时即可按照法律规范所明确规定的施行日期加以判断何者为新法，何者为旧法。二是两部法律虽没有明确载明具体施行日期，但可以将公布时间视为法律施行时间，在实践中是可取的。① 三是新的法律公布后预留了一个较长的生效实施期限，虽为法律的施行留有较长的准备期限，在正式生效前，仍然要使用旧法。四是法律的生效施行时间设置了限制条件，即法律的生效时间不是以明确的日期为标准，而是取决于某一个确定的条件，当条件尚未出现时，仍用旧法。

四　基于开放法律体系的法源适用规则

传统体系解释规则的运用奠基在法律的体系化之上，即以制定法体系为依托，运用法律体系的逻辑关系或者意义脉络来实现法律适用或者化解规范之间的冲突。然而，即便是高度理性化的概念法学也从未实现过法律体系的完备性、独立性与自洽性。"如众所知，法律体系系开放而非封闭自足的体系，若认为法院只是借逻辑推演方法从既存法律推论本案所应适用的法律规定，不啻谓法官的司法作用有如自动贩卖机，其立论之不当不言自明，而单纯地认为既有法律足以规范诸般问题且无漏洞发生之可能，更是一厢情愿之说法。"② 因此，法律体系从来不是一个封闭的体系，毋宁说它自始至终都是一个开放的体系。无论是大陆法系，还是英美法系，都承认法律体系存在漏洞，都认为成文法只是万千"活法"的文字形式化，尚存在许多未被文字化的"活法"，有待以科学方法探求之。③ 开放的法律体系既包括由立法者创制的制定法体系，也包含社会变迁过程中所衍生的各种规范，比如一些社会惯常的行为规范、交易习惯等通过提炼、总结与加工逐渐进入司法者的视域，为裁判提供论据。

---

① 参见陈运生《法律冲突解决的进路与方法》，中国政法大学出版社 2017 年版，第 191 页。
② 黄建辉：《法律阐释论》，新学林出版股份有限公司 2000 年版，第 108 页。
③ 黄建辉：《法律阐释论》，新学林出版股份有限公司 2000 年版，第 108 页。

因此在厘清了制定法之间的冲突后，法律人便转向另一问题的思考，即众多的法律渊源之间是否存在冲突？如果说法律冲突解释规则是解决制定法体系内部冲突问题，那么法源适用的解释规则便是解决开放的法律体系中正式法源与非正式法源冲突问题。"如果说法律规范冲突早在几百年前就已经被认识了的话，那么制定法和制定法以外的法律渊源之间的冲突早在几千年前就被人们所认识了。……在很长的一段时间内，人们一直都将自然法等不成文法看作是高于制定法的，或者将其作为制定法的标准。"① 因此，如何在确保法律体系独立性的前提下，保持法律体系适度的开放性，为非正式法源进入司法裁判提供合理路径乃是当下体系解释应该解决的问题。而"要从司法应用的立场对法律渊源的适用位序作一个正确的划分，就必须建构一种能够对法官适用法律渊源有启示意义的法律渊源适用位序理论"②。

其一，遵守制定法优先规则。在法源选择上，必须保持法律规范选择至上主义，确保制定法优先适用的位序。坚持法律规范选择至上主义，一方面是借助权威性法源塑造法治秩序；另一方面防止法律在政治、社会、经济关系中被其他规范所绑架，在各种利益衡量中，牺牲掉法律的意义。遵守制定法优先规则，蕴含了法源选择的优先规则，即正式法源具有优先适用的位序，非正式法源处于补充地位。

其二，遵守法律规定的指引适用规则。当引入非正式法源时，如何在法理、习惯、判例、事物本质、公共政策、伦理道德等非正式法源中优先选择其中一类，则是接下来要解决的问题。关于非正式法源的适用位序问题，各国法典几乎都规定了制定法的优先适用

---

① 彭中礼：《法律渊源论》，方志出版社2014年版，第258页。
② 彭中礼：《法律渊源论》，方志出版社2014年版，第192页。

位序，习惯、判例、法理等的次优适用顺位。① 比如我国《民法典》第 10 条也有类似的规定：处理民事纠纷，应当依据法律；法律没有规定的，可以适用习惯，但是不得违背公序良俗。《物权法》第 85 条同样规定了习惯的司法适用地位：法律、法规对处理相邻关系有规定的，依照其规定；法律、法规没有规定的，可以按照当地习惯。除此之外，在司法裁判中还有一类非正式法源的适用位序具有相对的优先性，即国家政策。比如在《民法总则》颁布之前，我国《民法通则》第 6 条规定：民事活动必须遵守法律，法律没有规定的，应当遵守国家政策。这一条款表明在法律缺位的情况下，应该优先适用国家政策。根据刘作翔教授不完全统计，在我国现行有效的 250 多部法律中，有接近 80 多部法律、250 多个条款直接指向了国家政策。比如《城市房地产管理法》第 55 条规定：住宅用房的租赁，应当执行国家和房屋所在城市人民政府规定的租赁政策。除此之外，关于这类政策的规定还有技术政策、产业政策、税收政策、残疾人就业优惠政策、价格政策、就业政策、财政政策、社会保障政策、体育政策、文物政策、教育政策等几乎涵盖了所有领域的政策。②

其三，遵守法源适用的选择论证规则。虽然一些法律明确规定了法源选择适用顺位，但对于其他法源的具体顺位问题，则没有相关的规定，并且很难排出优先顺位。法源适用的论证规则，一方面

---

① 《意大利民法典》第 2 节（法律适用）第 12 条第 1 款：在适用法律时，只能根据上下文的关系，按照词句的原意和立法者的意图进行解释，而不能赋予法律另外的含义。第 2 款：在无法根据一项明确的规则解决歧义的情况下，应当根据调整类似情况或者类似领域的规则进行确定；如果仍然存在疑问，则应当根据国家法律制度中的一般原则加以确定。《瑞士民法典》第 1 条第 1 款：法律问题，如依本法的文字或者解释有相应的规定，一律适用本法。第 2 款：如本法没有相应的规定，法官应依习惯法进行裁判；如无习惯法，法官依自己作为立法者应提出的规则进行裁判。第 3 款：法官在前情形下提出的规则，应以公认的法律和判例为依据。我国台湾地区的"民法"第 1、2 条也有类似规定：民事，法律所未规定者，依习惯；无习惯者，依法理；民事所适用之习惯，以不悖于公共秩序或善良风俗为限。

② 参见刘作翔《司法中弥补法律漏洞的途径及其方法》，《法学》2017 年第 4 期。

强调在存在正式法源的情况下，优先适用正式法源，确保法律适用的合法性与权威性，在适当的情境中引入非正式法源强化裁判说理的正当性，将非正式法源作为正式法源的有益补充；另一方面注重在正式法源缺位的情况下，优先判断是否存在法律规定明确指向的习惯或者国家政策，在不存在法律规定指引的情况下，通过有效的论证实现非正式法源的漏洞补充功能。但无论如何，基于开放的法律体系的解释，必须协调权利与权力、权利与理性、共识与民意等的关系，遵守社会的经验法则与普遍践行的习惯，在不违反法治原则及基本精神的前提下，采用有效的、合理的论证予以实现。[①] 具体而言：一是查找与案件具有最紧密关系的法源，二是判断法源是否与实证法及法治精神相违背，三是通过合理的论证及恰当的修辞提炼与概括裁判规则。

[①] 彭中礼：《法律渊源论》，方志出版社2014年版，第269—271页。

第五章

体系解释方法的综合运用
——以不确定法律概念的解释为例

不确定法律概念是法律概念的一种特殊类型，其内涵和外延具有不确定性，语义具有模糊性。不确定法律概念的解释需遵守法律解释基本要求，参照其他规范获取恰当的含义。特别是不确定法律概念蕴含了价值判断，需要求助开放的社会规范体系提供辅助性资源。为保证法律意义的安定性，维护法律的稳定性，捍卫法律的权威性，确保法治是规则治理的事业，不确定法律概念体系解释路径不能失却规范性意义。本章将以不确定法律概念的解释为例，具体阐释体系解释方法的运用。

一 案例的引入

原告"北雁云依"出生于2009年1月25日，其父姓名为吕某某，其母姓名为张某某。原告父母酷爱诗词歌赋及中国传统文化，遂从四首中国古典诗词中提取寓意，自创以"北雁"为姓，"云依"为名，并以"北雁云依"为姓名办理了新生儿出生证明和计划生育服务手册新生儿落户备查登记。然而，2009年2月，其父吕某某前往济南市公安局历下区分局燕山派出所为女儿申办户口登记时，被民警告知拟被登记人员的姓氏应当随父姓或者母姓，否则不予办理户口登记。原告父母不服，遂将燕山派出所告上济南市历下区人民法院，认为燕山派出所不予登记行为侵犯了公民姓名权，主张依据《婚姻法》第22条及《民法通则》第99条第1款之规定，请求法院确认燕山派出所拒不为"北雁云依"办理户口登记行为违法。法院审理过程中发现该案涉及法律适用问题，于2010年3月11日裁定中止审判，报请有权机关做出解释。最高人民法院向全国人大常委会请求对《民法通则》第99条第1款和《婚姻法》第22条的规定进行解释，第十二届全国人大常委会第十一次会议于2014年11月1日做出解释，认为公民享有姓名权，但是应该受到《民法通则》第7条有关公序良俗原则限制。① 2015年4月21日恢复审理，2015年4月25日做出（2010）历行初字第4号判决书。历下区人民法院援引立法解释认为仅凭个人喜好愿望并创设姓氏，具有明显的随意性，不符合人大常委会第2款第3项"有不违反公序良俗的其他正当理由"的情形，遂驳回了原告诉讼请求。②

本案中，人大常委会做出的《民法通则》第99条第1款及《婚姻法》第22条有关"姓名权"的解释，与法院关于"公序良俗"的解释是限制原告行使"姓名权"的基本理由，可见如何对"姓名权"与"公序良俗"进行解释无疑是本案之关键。从法律概念语词的明确性上看，"姓名权"与"公序良俗"均是不确定法律概念，作为法律概念的一种特殊类型，其内涵和外延具有不确定性，语义具有模糊性。那么，应如何对不确定法律概念进行解释？其解释的资源有哪些？是否所有的不确定法律概念均遵循相同的解释路径？

---

① 2014年11月1日第十二届全国人民代表大会常务委员会第十一次会议通过的关于《民法通则》第99条第1款、《婚姻法》第22条的解释如下：公民依法享有姓名权。公民行使姓名权，还应当尊重社会公德，不得损害社会公共利益。公民原则上应当随父姓或者母姓。有下列情形之一的，可以在父姓和母姓之外选取姓氏：（一）选取其他直系长辈血亲的姓氏；（二）因由法定扶养人以外的人扶养而选取扶养人姓氏；（三）有不违反公序良俗的其他正当理由。少数民族公民的姓氏可以从本民族的文化传统和风俗习惯。该解释已被《民法典》第1015条所吸收。

② 参见最高人民法院指导性案例89号《"北雁云依"诉济南市公安局历下区分局燕山派出所公安行政登记案》。

二 不确定法律概念体系解释应参照其他法律规范展开

在很多学者看来，不确定法律概念解释方法就是价值补充，就是根据个案事实的具体化。而实际上，价值补充或具体化过程都带有解释的能动性，会趋向解释者主观判断，增加过度与任意解释的风险。尽管通过文义难以解释不确定法律概念具体含义，却可以参照其他法律规范，通过体系解释方法探索概念的规范性意义。这里的规范性意义是指：一是解释者解释出的必须是法律的意义，解释必须依据法律做出，法律是约束解释者思维的工具，法律的意义是透过法条所释放的立法者意志；① 二是创造性不是司法的本质，法律解释绝不是解释者主观性解释，法律解释是在文本含义范围内的解释，在无法获知立法者意志时，应该立足当下语境结合案件事实，探索法律文本背后所承载的目的、所要表达的价值。因此，为确保不确定法律概念的规范性意义，不确定法律概念解释亦需遵守法律解释的基本要求，参照其他法律规范获取恰当含义。

（一）体系解释方法是基于"规则中心主义"的展开

体系解释方法是法律解释的黄金规则，是确保不确定法律概念规范性意义必不可少的解释方法。拉伦茨将其称为"法律的意义脉络。""意义脉络的标准首先要求考虑上下文脉络的关系，这是理解任何意义相关的谈话或文字所不可或缺的。此外，它也意指规整脉络中许多条文间事理上的一致性、对法律的外部安排及其内在概念体系的考虑，然而，这所有种种对解释的价值都有限。经常只有追溯到法律的目的以及法律基本的'内部体系'，才能真正理解法律的意义脉络。"② 换言之，体系解释一方面要关照解释对象所处位置、上下文之间的联系、不同部门法或整个法体系之间的意义勾连，遵守基于规则

---

① 参见陈金钊《法律人思维中的规范隐退》，《中国法学》2012 年第 1 期。
② ［德］卡尔·拉伦茨：《法学方法论》，陈爱娥译，商务印书馆 2003 年版，第 207 页。

为中心的解释，尽量排除法官解释时的恣意，保持解释结果的形式主义维度，获至法律解释结果的规范性；另一方面在没有明确规则提供指引时，需注意在更为宽泛的历史与现实语境中去探寻法律的意义，找寻特定时空下规范的具体含义，获至解释结果的合理性。

参考相关法律规范进行解释，坚守了"规则中心主义"，能够确保法律解释的权威性，避免不确定法律概念解释径直进入价值判断。因为"公正要求有规则可依，而且有规则必依，它是一种政策，也同样是一种心态，公正是贯穿守法主义道德、法律制度、法律政治的主线"①。任何脱离规则本身的适用都可能是一种恣意行为。"为了获得好的结果，法官在大多数时候应尽可能选择去遵循文本的字面含义，不能频繁地诉诸各种各样的其他考虑，比如立法史、公共价值等诸如此类的东西，并在此基础上进而去质疑文本的字面含义。"② 在不存在明确性法律规范提供裁判依据时，为避免司法机关的解释造成对"姓名权"的伤害，保证"姓名权"行使的一般性，确保"姓名权"具体含义的规范性，法院将其交由立法机关进行解释，进而通过援引立法解释的形式确保了裁判的合法性与权威性。其实，早在2008年就出现了有关姓名权争议的诉讼案件，"赵C案"被冠以"中国姓名权第一案"。③ "赵C案"涉及"名"，"北雁云依

---

① [美]朱迪斯·N. 施克莱：《守法主义：法、道德和政治审判》，彭亚楠译，中国政法大学出版社2005年版，第103页。

② [美]阿德里安·沃缪勒：《不确定状态下的裁判——法律解释的制度理论》，梁迎修等译，北京大学出版社2011年版，第49页。

③ 该案23岁赵C在换领第二代身份证时，被鹰潭市公安局月湖分局以"赵C"之名不符合规范、无法录入户籍网络为由拒绝。为维护自身姓名权，赵C于2008年1月4日向法院提起行政诉讼，法院以公民享有姓名权、赵C的姓名符合法律规定，使用22年并未对国家社会及他人造成不利为由，于2008年6月6日做出判决，责令月湖分局给赵C换发二代身份证。被告月湖分局不服提请上诉。二审法院并未对一审法院判决理由给予说明，而是促成上诉人与被上诉人之间达成"和解"，赵C使用规范性汉字申请变更登记，月湖分局为其免费办理更名手续。二审法院准予上诉人撤回上诉，并撤销了一审判决。参见章志远《姓名、公序良俗与政府规制——兼论行政法案例分析方法》，《华东政法大学学报》2010年第5期。

案"涉及"姓"。相比"北雁云依案","赵 C 案"二审法院没有对"姓名权"进行合理界定,"有意回避"与"和稀泥"做法并不值得提倡。而"北雁云依案",法院通过整理两造诉讼争议确定案件事实,针对案件事实查找相关法律规范,在发现《民法通则》及《婚姻法》相关规定存在模糊时,并未进行个案解释,而是寄希望立法解释提供明确规则,然后基于立法解释、《民法通则》及《婚姻法》相关规定,共同构建裁判的大前提,用于推理论证,以此增强裁判的说理性。

尽管不确定法律概念难以获得一个确定无疑的答案,但不确定法律概念解释应尽量参照法秩序体系、考察规范的目的,结合案件语境进行解释,以达至法律解释的合理性。当不确定法律概念解释存在多种意义时,可通过与概念相关的条文及注意概念的规范意旨进行全面理解,选择多种解释中有助于维持该规定与其他规定事理上一致者。① 在没有相关法律规范提供参考时,也不能任意解释不确定法律概念,需要结合案件事实进行语境解释。因为,法律解释并不等同于创造性解释法律,解释者的自由裁量权应该受到诸多限制。众所周知,意思自治原则是开展民事活动的保障,公民自由行为能力是实现基本权利的最为重要的形式,作为民事活动的起名行为亦是如此,只要不影响社会公共利益及他人权利,未干涉到他人权利自由,公权就不应对私权进行限制,这在《民法通则》第 99 条第 1 款及《婚姻法》第 22 条有关"姓名权"的规定中充分得以体现:公民享有姓名权,并且有权决定、适用和依照规定变更自己的姓名。从该规范中无法解读出对公民姓名权的限制。人大常委会的立法解释,其实质是为"姓名权"的行使创造例外。立法解释规定了三种限制"姓名权"的情形,其中第三项为"有不违反公序良俗的其他正当理由",那么何为"公序良俗"?法院基于"是否有利于社会管

---

① [德]卡尔·拉伦茨:《法学方法论》,陈爱娥译,商务印书馆 2003 年版,第 204—205 页。

理、增加社会管理风险与不确定性"等角度认为选取"北雁"为姓违反"公序良俗",事实上是立足于本案"语境"对"公序良俗"规范意旨的探讨,由此对"公序良俗"进行具体化以成为司法裁判的论证理由,证成裁判的合理性,提高裁判的可接受性。

(二) 参照其他法律规范可以阐释不确定法律概念的规范性意义

为审慎对待公民权利,释放不确定法律概念的规范意义,法院必须严格解释,遵守克制主义的解释立场,即法官必须把遵守规则作为法律职业的道德标准,这是因为:一是守法主义是司法裁判的生命线,依法裁判是司法原则性要求,要防止司法裁判的武断与任意;二是遵守规则应该有基本行为姿态,即"'释法,而非变法''找法,而非造法''认同法律,而非颁布法律'"①;三是解释涉及宪法问题,司法裁判应该遵守"分权"基本理念,应该尊重立法创制的规范性文本,司法应该在适当场景下表现出对立法与行政的适度尊让。因此,需要参照其他法律规范释放不确定法律概念的规范意义。

具体到本案涉及的"姓名权"解释。"姓名权"是一个不确定法律概念,对其进行解释涉及整个法律制度。"姓名权是一种最基本、最典型的人格权"②,公民取什么样的名字当然属于权利范畴之内事情,法院如果借由对其解释而对其进行限制,则需要审慎对待。因此,本案中,法院并未对"姓名权"进行具体解释,而是指出该案涉及法律适用问题,需报请权力机关进行解释。从法律解释权的制度设计来看,《立法法》第45条、第104条分别就法律解释权限进行了规定。其中,"法律的规定需要进一步明确具体含义的及法律

---

① [美] 朱迪斯·N. 施克莱:《守法主义:法、道德和政治审判》,彭亚楠译,中国政法大学出版社2005年版,第3页。

② 参见刘练军《姓名权能走多远——赵C姓名权案的宪法学省思》,《法治论丛》2009年第1期。

制定后出现新的情况，需要明确适用法律依据的"专属于全国人大常委会；"最高人民法院、最高人民检察院做出的属于审判、检察工作中具体应用法律的解释"属于司法解释，"两高"可对具体应用法律问题做出解释。本案涉及"姓名权"解释问题，既可以报请人大常委会做出立法解释，也可根据审判的需要做出司法解释，但最高人民法院并未对此做出解释或批复，而是报请人大常委会做立法解释。一方面基本权利是法律保留事项，只有法律才能对基本权利进行合理界定，由立法机关进行解释确保了法律的一般性价值，增强了法律的稳定性；另一方面，对涉及公民基本权利事项的解释交由权威机关做出，可以避免司法机关解释的恣意与能动，防范法官解释带来的裁判不确定性风险，通过去价值化及援引权威性论据来减少外界不必要的诘难，为后续审判活动提供案例指导，增强裁判的合法性，塑造司法公信力。法院正是参照立法解释释放了不确定法律概念"姓名权"的规范意义。

需要注意的问题是，本案试图借助立法解释来达至案件圆满解决，但立法机关所做之解释并不能彻底解决有关"姓名权"的争议。通常认为，"姓名"包括"姓"与"名"，如果公民"姓氏"选择遵循了立法解释，而取"名"采用非传统方式时，该立法解释是否同样适用呢？显然，按照克制主义解释立场，法院应该遵守规则之含义，在相关法律规定不明确的前提下，"绝不能通过诉诸法官个人认定的制定法目的、立法者或起草者的意图或理解、公共价值和准则或者一般的衡平而赋予文本其他含义"[①]。如果法院再次将它交由立法机关进行解释，无疑降低了司法效率，凸显了法律漏洞，消减了法律权威，因此，特定情况下，法院应根据相关法律规范结合案件事实做出解释。

---

① ［美］阿德里安·沃缪勒：《不确定状态下的裁判——法律解释的制度理论》，梁迎修等译，北京大学出版社 2011 年版，导论第 5 页。

（三）无可参照法律规范应结合语境阐释不确定法律概念的含义

基本权利之内容应该由立法机关予以充实与完善，法律在基本权利规定上的缺失与漏洞，当然也应交由法律来予以弥补，因为认真对待基本权利关乎公民权利保障问题。[1] 法院在"姓名权"解释上的克制姿态，体现了对基本人格权的尊重，彰显了司法机关对民主体制的认同，更是在恪守权力分立、保障私法自治原则下避免了基本权利解释所带来的各种权利冲突与碰撞问题。然而，基本权利也与其他权利一样，必然拥有行使的限度问题。纵观本案判决，如何在尊重公民"姓名权"的前提下，实现"公序良俗"对"姓名权"过度张扬的限制，实现裁判的可接受性，是法院必不可少的论证环节。然而，何为"公序良俗"，并无其他法律规范可供参照，那么法院应如何对其进行解释？

众所周知，"公序良俗"属于典型的不确定法律概念，我妻荣认为，公序是指国家社会一般的利益，良俗是指社会一般的道德观念，两者都可以归入"社会妥当性"之内。[2] 国家社会一般利益或者公共利益象征着公序，社会一般的道德观念、社会公德、善良风俗及人伦秩序代表了良俗。公序良俗尽管是一个法律概念，但它拥有不同的作用维度：规制法律行为意义上的公序良俗、作为法律体系根本理念乃至最高理念的公序良俗、作为基本原则的公序良俗及作为判断标准的公序良俗。[3] 可见，并非"公序良俗"这一概念本身在规制民事行为，而是作为公序良俗的内容在起作用。但如同国家社会一般利益、公共利益、道德观念、社会公德、善良风俗及人伦秩序等都带有价值评价性。而这些带有评价性的概念却往往没有可供

---

[1] 参见刘志刚《公序良俗与基本权利》，《法律科学》2009年第3期。

[2] 参见赵万一、吴晓峰《契约自由与公序良俗》，《现代法学》2003年第3期。

[3] 参见刘银良《"公序良俗"概念解析》，《内蒙古大学学报》（人文社会科学版）2004年第6期。

参照的解释资源，即便存在可供参考的资源，任何一因素或语境的变化都可能导致不确定法律概念含义的变化，因此法官必须结合案件事实对其内涵与外延进行界定。如同本案，在没有其他法律规范作为参照的情况下，裁判指出：公民姓氏选取涉及公序良俗，公民对姓氏传承的重视与崇敬，不仅仅体现了血缘关系、亲属关系，更承载了丰富的文化传统、伦理观念、人文情怀，符合主流价值观念，是中华民族向心力、凝聚力的载体和镜像。① 原告"北雁云依"所选取的姓氏"北雁"系公民仅凭个人意愿喜好随意选取甚或是创造的姓氏，这与中华传统文化上所讲"姓氏"承袭血缘传承、伦理秩序和文化传统相背离，构成了对"公序良俗"的违反。

可见，法院在没有可参照的其他法律规范时，对"公序良俗"的解释也并非恣意地进行价值填充，而是结合案件事实、立足特定语境阐释"公序良俗"的规范性意义。因此，在没有可参照的法律规范时，"语境"就成为限制法官恣意阐释不确定法律概念规范性意义必须遵守的准则。这里的"语境"包括三种类型：一是解释不确定法律概念的含义应该置身于法律规范体系之中，通过考察与概念相联系的上下文、概念所处的位置、同一法律部门相关规范、不同法律部门相关规范，结合具体案件事实确定概念的含义；二是解释不确定法律概念需要追溯概念来源及制定之初的立法者意图，考察该概念在先前案件中适用产生的社会效果，及其判断概念解释是否会产生与法秩序价值追求相互矛盾、不融贯的现象；三是解释不确定法律概念需要立足案件事实，在没有可供参照的法律规范时，应结合其他社会规范对概念进行价值补充或意义填补，也即通过其他社会规范对概念进行意义再解释。

综上，不确定法律概念的体系解释主要目的在于保证其规范性意义，也即应尽量参照其他法律规范阐释其含义，在没有可供参照

---

① 参见最高人民法院指导性案例89号《"北雁云依"诉济南市公安局历下区分局燕山派出所公安行政登记案》。

的法律规范时，也应尽量避免法官的主观性解释，通过结合案件事实进行"语境解释"。因为"当下只注意到了规则与事实的矛盾，忘记了经千百年锤炼的法律能够解决大多数案件的事实，一味强调政策、实事、价值、情势等对法律的修正作用，导致法律被任意解释、曲解和法治的走样"①。法律概念只是描述行为与事件及承载法律意义的一种载体，实践中，解释者基于裁判需要过度地赋予了不确定法律概念"法外意义"，致使不确定法律概念自身的规范性意义被遮蔽。

三 不确定法律概念体系解释需在封闭与开放体系之间寻找资源

通过对"姓名权"与"公序良俗"的法律解释可以看出，法律解释不是一种没有拘束的意志活动，任何解释都需要解释资源，解释资源是支撑司法裁判的依据。在体系解释看来，法教义学提供的法律规范体系为解释不确定法律概念框定了解释资源，提供直接规则指引，属于司法裁判的正式法源。但法教义学所提供的解释资源体系是相对封闭的，由封闭的体系提供的解释资源不足以应对诸如"公序良俗""显失公平""公共利益"等包含价值判断的概念解释问题，需要求助开放的社会规范体系提供辅助性资源，属于司法裁判的非正式法源。因为"过于强调法律的自治性，必然导致法律的精英化与系统的封闭性，从而割裂与丰富生活世界之间的联系，使法律的合法性受到挑战"②。因此，为确保不确定法律概念解释的规范性，需要恰当地在封闭与开放体系之间寻找那些能够作为法源的解释资源。"一方面是对法律因素的强调，要求思维者用法律确定正义的含义、修正正义的范围，修饬事实的意义；另一方面也不反对

---

① 魏治勋：《法律解释的原理与方法体系》，北京大学出版社 2017 年版，第 21 页。
② 孙国东：《自治性与合法性之间》，载［比］马克·范·胡克《法律的沟通之维》，孙国东译，法律出版社 2008 年版，"译者导言"第 12 页。

法律外因素进入法律，以增大法律合理性以及对社会关系的适应性。"①

（一）封闭的法律规范体系为不确定法律概念体系解释提供权威性依据

首先，法教义学建构的外在体系为不确定法律概念解释提供了规则指引。"法律概念技术常常把个别法律规范撕成'法思想的碎片'，以至于常常不易发现个别条文实际上只是一个确定或改变法律义务的完整法律规范之组成部分。"② 理解一个法条含义，需要结合其他法条含义进行整体理解，需要借助法教义学建构的外在体系予以解释。外在体系是依一定逻辑规则建构的法律规范体系，它指涉法律的编制体例，也指涉法律规范建构的规范体系，它通常以正式法源的形式为表征。按照体系化推定规则，体系解释发挥作用有赖于法律规范体系的完整性，即进行解释时应该推定整个法律规范体系是完备的、具有内在的关联性与一致性。虽然有的是一般性规定、有的是特别性规定，但一般性规定与特别性规定之间依照特定规则保持着协调性。适用外在体系所提供的解释资源，依据的是具体法律规定的含义，是为了维护法律体系及概念用语的统一性，通过采用上下文或整体解释规则排除法官解释的主观能动性。同时，"运用外部体系，就是不孤立看待某个法条，而要结合与之相关其他法条以及相关概念，可以考察待适用法律之其他规范的内容、有关的其他有启发的法律、规范体系的通常构造"③，是保证法律解释合法性的主要来源。

具体到本案，"姓名权"并非只是涉及《民法通则》及《婚姻法》的相关规定，在更宽泛意义上讲，它涉及《宪法》第38条赋予公民基本人格权的解释问题。"姓名权"是人格体系的重要组成部

---

① 陈金钊：《法律人思维中的规范隐退》，《中国法学》2012年第1期。
② 张青波：《法律理论：多维与整合》，法律出版社2016年版，第345页。
③ 张青波：《法律理论：多维与整合》，法律出版社2016年版，第346页。

分,是自然人的基本人权,必须审慎地解释"姓名权"。宪法法律赋予公民享有决定自己"姓+名"的权利构成了"姓名权"的核心内涵,而"姓+名"行使方式及法律限制理由组成了概念的边缘含义。按照体系解释不赘言要求,每一个法律概念都有自己的适用范围,"如果一个规整的适用范围都被包含在另一个定有相同法律效果的规范中,这个规范便成为多余"①。作为基本人格权,"姓名权"在整个法律规范体系中应该推定具有一致的含义。实际上,法院对"姓名权"的解释并没有穷尽规则,而是绕过法律规范体系借助立法解释解决纠纷。参照本案所涉及的法律规范可知,《宪法》第38条赋予公民基本人格权,属原则性规定,需要依据下位法律进行具体性规定。《民法通则》第99条第1款及《婚姻法》第22条属于对"姓名权"的具体规定,《民法通则》第7条禁止滥用原则、第58条无效民事行为等规定构成了公民行使"姓名权"的限制,从这些法律规定的条文文义上能够解读出公民可以随父姓、可以随母姓,享有决定、变更和使用其他姓名的权利及其从事民事行为应当尊重社会公德,不得干涉、冒用、假冒他人姓名、违反法律或社会公共利益等含义。同时,《收养法》第24条特别规定,"养子女可以随养父或者养母的姓,经当事人协商一致,也可以保留原姓"。按照明示其一排斥其他体系解释规则,法律文本中明确规定了特定种类的一种或多种事项,可以视为以默示的方式排除了该种类以外的其他事项。② 即法律条文已经明确公民可以随父姓、可以随母姓,便意味着没有第三种姓氏可以进行选择,除非有特殊性例外。人大常委会的立法解释实际上是上述所涉法律规定的结合体。可以讲,上述所涉法律规范构成了关于"姓氏"选取的完整法律规范体系。

---

① [德]英格博格·普珀:《法学思维小学堂——法律人的6堂思维训练课》,蔡圣伟译,北京大学出版社2011年版,第61页。

② 参见王利明《法律解释学导论——以民法为视角》,法律出版社2009年版,第263页。

其次，法教义学建构的内在体系为不确定法律概念解释提供了价值权衡。自菲利普·赫克以来，人们就将所追求的、协调价值结构所形成的法律规范内部秩序称为"内在体系"。它是指实质性的序位秩序、价值体系，即将整个法律秩序理解并解释为内部无矛盾的统一体或"意义整体"。① 王泽鉴教授更为明确地指出，法律的内在体系是指法律秩序内在构造、原则及价值判断②，即由诸多法律原则、法律价值构造的法律价值体系。这一价值体系由诸多包含特定价值及功能的法概念构成，他们服务于特定规范目的，决定着规范的具体内容与形式，其可以避免规范性矛盾与评价性矛盾。所谓的避免规范性矛盾是指不同的法规范之间不应该存在冲突性矛盾，即同一法秩序中，同位阶规则之间、上下位阶规则之间对同一个事实不能出现相互矛盾的法效果；所谓的避免评价性矛盾是指法秩序应该保持整体评价的一致性，即不同规范之间应尽可能与整个法秩序所追求的目的、精神、价值与理念相融贯，这种整体评价的一致性应该贯穿到每个法律规范之中。

本案中，"姓名权"行使是民法"意思自治"的体现，而从事民事行为又必然受制于"公序良俗"，在此看似不确定法律概念解释问题，实际上是"公序良俗"原则对"意思自治"原则的限制，涉及不同概念之间价值评价的协调问题。按照内在体系要求，不确定法律概念的解释要求内部价值评价具有一致性，进而实现与法秩序价值的融贯性，即以"公序"与"良俗"为基础建构的"公序良俗"原则与以"姓名权"为基础建构的"意思自治"原则之间不应该存在评价的矛盾性。虽然在民法学家看来，公序良俗与意思自治都是民法的基本原则，并且意思自治是更高位阶的民法原则，甚至

---

① 参见［德］伯恩·魏德士《法理学》，丁晓春等译，法律出版社2013年版，第318页。

② 参见王泽鉴《民法思维：请求权基础理论体系》，北京大学出版社2009年版，第177页。

有学者指出，在民法领域只存在意思自治原则，公序良俗具有补充、矫正与解释意思自治之功效，应该在意思自治作为民法基本原则下，妥善安置公序良俗的位置。①但这并不能基于概念或原则的位阶关系让意思自治排除公序良俗的适用，因为法律原则的适用包含了价值判断，甚至是法政策的考量。本案中，"公序良俗"之所以能够成为"意思自治"的限制条件并不与"意思自治"相冲突，主要是基于内在体系的价值权衡：一是选取姓氏应该存在一定限度，尽管民事活动基于私域而存在，但超越私域范围的活动必然受到来自"公共秩序"的限制；二是意思自治以保证个人自由为原则，但任何自由都存在一定限度，一旦选取姓氏问题给第三人或者不特定人带来困扰与干涉，引发道德危机或给伦理秩序带来挑战必然受制于"善良风俗"；三是民事行为应该成立于平等公平、尊重社会、尊重公众、遵守基本道德伦理之上，诸如任意选取姓氏等违背基本道德标准的行为应该予以否定评价。

（二）开放的社会规范体系为不确定法律概念体系解释提供辅助性依据

从司法中心主义视角看，由外在体系与内在体系建构的法律规范体系是不完备的，在特定场景下，裁判者难以从这一体系中发现可用于裁判的前提；并且严格按照法律规范体系所提供的制定法解释论据，难免会出现机械司法、僵化司法的现象，导致荒谬解释的结果。在关注裁判可接受性的当下，司法裁判应该适度关注那些独立存在于社会规范之中的习惯、道德、伦理等，通过引入这些论据增强裁判说理性。

首先，开放的社会规范体系可为不确定法律概念体系解释供给非正式法源。法律规范体系所供给的规则与原则只是为不确定法律概念解释提供一些权威论据，而要想确定解释对象在具体语境中的

---

① 参见谢潇《公序良俗与私法自治：原则冲突与位阶的妥当性安置》，《法制与社会发展》2015年第6期。

含义，克服机械司法弊端，需要根据案件事实予以具体化，通过适当的论证理由释放它的含义。"体系解释方法的运用者相信，如果仅仅局限在法律规范内部，法律对社会的调整范围就会缩小，调整功能也不能完全发挥出来。同时，法律规范与其他社会规范、法律与社会的吻合度就会受到影响。法律规范与其他社会规范、法律与社会之间就会发生更多的冲突。"① 因此，为消除法律规范与其他社会规范之间的矛盾，获得法律规范的恰当含义，法律的意义应该适度向社会开放，借由其他社会规范为法律解释提供辅助性依据。

从法律制定角度看，立法者不可能完全预设到所有的社会事实，也就无法通过建构的法律规范调整所有的社会事实，法律规范存在不完备性，需要非正式法源予以补充。同时法律的意义并非一成不变的，时间、地域、情境等都可能影响法律意义，法律要想规范社会行为，必然要接受法律意义的流变性。法律意义的流变性需要借助非正式法源予以稳固，"法治是一个系统工程，法治的实现既需要政治、经济体制、机制等诸多因素的配合；也需要法律与其他社会规范之间的默契"②。因此，"为了使法律与社会、法律规范与其他社会规范有更高的契合度，更多法律人愿意接受多元的法律渊源理论，在更为宽泛的视域内发现针对个案的法律"③。在法教义学看来，不确定法律概念可以视为法内漏洞，可以通过适当解释或者价值补充来填补。而事实上，法内漏洞的填补或者价值补充都需借助社会规范体系所供给的非正式法源。因为，社会规范是生成与完善法律规范必不可少的资源。社会规范体系供给非正式法源至少具有两种意义：一是作为一种规范体系或价值理念矫正正式法源的缺陷，

---

① 陈金钊：《体系思维的姿态及体系解释方法的运用》，《山东大学学报》（哲学社会版）2018年第2期。

② 陈金钊：《体系思维的姿态及体系解释方法的运用》，《山东大学学报》（哲学社会版）2018年第2期。

③ 陈金钊：《体系思维的姿态及体系解释方法的运用》，《山东大学学报》（哲学社会版）2018年第2期。

在正式法源模糊不确定时，可借由非正式法源予以解释，澄清含义；二是当正式法源存在漏洞时，可直接借由非正式法源予以填补，保证法规范的体系完整性与价值统一性。①

在开放体系看来，法治社会化解社会矛盾的方式除法律规范体系这一主要依据外，还有道德规范体系、伦理秩序体系、政策规范体系等辅助性的社会规范体系。所谓的社会规范体系，是指裁判者可通过适当方式将其转化为司法裁判依据的规范体系。社会规范体系相比法律规范体系缺乏适用的强制性，具有选择适用性，是在法律规范体系存在漏洞或者适用法律规范体系难以获得恰当解释结果时，才可援引的规范体系。从法律适用角度看，用于司法审判的依据不能简单地等同于制定法，除此之外尚存在大量的辅助性法律渊源，而这些辅助性法律渊源存在于社会规范体系当中。"众所周知，实在法制定必然是不完整甚至支离破碎的，法律规范的含义有时也模糊不清。有些理念、原则和标准同正式的法律渊源相比可能更加不明确，但不管怎样还是给法院裁判提供了某种程度的规范性指导，而只有诉诸这些理念、原则和标准，才能克服实在法制度所存在的那些缺点。"② 诸如政策、习惯、事物本质、合同、公平正义理念、传统道德伦理等都可以通过一定形式影响司法审判。

其次，非正式法源可作为不确定法律概念体系解释的实质性论据。司法裁判中，坚守规则中心主义是必须遵守的内在道德，但这并不意味着可以忽视诸如正义、平等、善良、伦理、道德、合理等因素。哈特曾指出，由于诸多语言和规则均存在一种"开放性"结构，故语言和规则中存在着某些不确定性，法官在适用此类规则时享有自由裁量和创新规范的权力，个人道德观、对公共政策的理解，

---

① 参见孔祥俊《法律解释与适用方法》，中国法制出版社2017年版，第36页。
② 孔祥俊：《法律解释与适用方法》，中国法制出版社2017年版，第35页。

对不同利益的权衡等都会影响法官的最终判断。① 相比于法律规范体系所供给的明确性法律规则或原则等形式性论据，社会规范体系所供给的非正式法源属于实质性论据，具有不稳定性及意义流变性，需要裁判者予以适当地解释将其转化为可供适用的规则，通过裁剪、梳理、价值判断及论证等方式予以固定化。

回归本案，"姓名权"解释借由法律规范体系提供权威性论据予以阐释，而"公序良俗"则借由公共政策、道德伦理及社会事实等实质性论据予以具体化。"一个实质性依据可以被解释为一种道德的、经济的、政治的、制度的或其他的社会因素。"② 第一，法院基于社会管理及公共政策考量指出，子女承袭父母姓氏有利于提高社会管理效率，倘若允许随意选取姓氏甚至恣意创造姓氏，极易使社会管理出现混乱，增加社会管理的风险性和不确定性。法院基于政策性考量所做出的解释实际上是对"姓名权"含义的一种限缩。现在公民取名的形式、结构、内容、长度与以往有所不同，在户籍及身份证登记换发时无疑给行政管理带来了过重的负担。与此同时，一些不合时宜的名字也在挑战着公众的道德良知。③ 中国自古以来就保有对取名行为的限制理由，即便现在，也不排除行政管理机关基于特定公共政策考量而予以限制的惯例。第二，法院从道德伦理的角度指出，公民对姓氏传承的重视和尊崇，不仅仅体现了血缘关系、亲属关系，更承载着丰富的文化传统、伦理观念、人文情怀，符合主流价值观念，是中华民族向心力、凝聚力的载体和镜像。在开放体系看来，法治建设不应该只有强制性的法律规定，司法裁判应该

---

① 参见尹建国《不确定法律概念具体化的模式构建——从"唯一正确答案"标准到"商谈理论"诠释模式》，《法学评论》2010年第5期。

② ［美］P. S. 阿蒂亚、R. S. 萨默斯：《英美法中的形式与实质》，金敏、陈林林等译，中国政法大学出版社2005年版，导言第5页。

③ 比如2004年上海市民王徐英改日本名"柴冈英子"被拒案就曾轰动一时；也发生过公安机关便于管理即便做出过错误登记也拒不更改的案例，比如2016年德州市一村庄300多名村民"滕"姓集体被改为"腾"姓。

具有道德伦理性，硬性、僵化的法律规则适用会淹没诸多社会价值。司法裁判应该强调人文主义的关怀，需要对传统文化予以尊重。在姓名选取问题上，它象征着一个家族的血脉传承，承担着传统文化的延续，如若任由公民自由选择，不尊重传统取名习惯，那么很可能丧失传统文化传承、抵触民族心理、削损民族尊严。第三，法院从社会事实的角度指出，通常情况下，在父姓和母姓之外选取姓氏的行为，主要存在于实际抚养关系发生变动、有利于未成年人身心健康、维护个人人格尊严等情形。"公序良俗"的解释应该立足于"子女姓氏选取"这一语境，遵照一般习惯，而只有特殊情况下才存在例外情形。一是基于法律规定等权威性论据否定其他法律规定的适用；二是法院立足于社会现实，通过自由裁量、价值权衡与能动性解释，认为选取某一姓氏可能不利于未成年人成长及维护个人尊严，通过一些可预测的判断创设例外。在一个重视传统文化、珍视礼序格局的国度，必然要关注传统的继受与传承，姓名权的行使自当遵循以往的惯例。

四　不确定法律概念体系解释的具体化路径

为保证法律意义的安定性，维护法律的稳定性，捍卫法律的权威性，确保法治是规则治理的事业，对不确定法律概念进行体系解释时，需依"体系秩序要求"判断不确定法律概念与其他法律规范之间的关系，参照其他法律规范予以克制解释，以维护不确定法律概念的规范性意义。如何运用体系解释方法将其具体化是接下来讨论的核心问题。事实上，在前文对"北雁云依"案的分析之中，"姓名权"与"公序良俗"的解释已经出现了明显的分野：姓名权作为经验性概念，解释时遵守了克制解释立场，多在封闭的法律规范体系内查找解释资源；而公序良俗作为评价性概念，解释时出现了能动解释立场，多借助开放的社会规范体系提供的多元法律渊源进行解释。因此，借由"类型化"的方法，对不确定法律概念体系解释的具体化路径进行分类讨论是一种可供考量的思考方式。

（一）基于经验性与评价性不确定法律概念分类基础上的解释

"法律所调整的事实的无限性与法律规范数量的优先性要求之间的辩证关系或者说矛盾必然在语言上产生如下结果：成文法规范必须包含普遍的、一般化的评价标准。"① 解决这一问题多采用不确定法律概念，比如"适当的""过失""违法""重大事由""显失公平""社会公德""公序良俗"等。要理解这些概念，需先做识别。在实践中，不确定法律概念一般分为经验性（描述性）和评价性（规范性）概念。经验性概念涉及实际的标的、事件，涉及可感觉的或其他可体验的客体（夜间、小、黎明、年初等）。需要注意的是，即便是经验性概念依其特征也可能是不精确的，因此诸多的经验性概念也被模糊认为是评价性概念。反之评价性概念是不存在可感知客体的，诸如需要、可靠性、危险性等是须经主观判断方能确认的概念。② 此谓不确定性概念二分法。

也有学者通过研究行政法上的不确定法律概念提出了三分法。科赫指出，不确定法律概念可以分为经验概念、价值概念和倾向概念。经验概念是那些基于经验判断的概念，比如"人""他人"；价值概念是指与价值评价有关的概念，如"不可靠""品行良好""公共利益"等，即需要法官予以主观认定的概念；倾向概念是指适用基准与对象可直接观察属性无关，而与对象作为某种状况或实验的结果所出现的反应有关的概念，相当于行政法上的预测概念，比如"产生对青少年有害的效果""有利于未成年人成长"等具有盖然性的概念。③ 而实际上，"期待可能与期待不可能，也是评

---

① ［德］伯恩·魏德士：《法理学》，丁晓春等译，法律出版社2013年版，第84页。

② 参见陈振宇《不确定法律概念与司法审查》，《云南大学学报》（法学版）2008年第4期。

③ 参见王天华《行政法上的不确定法律概念》，《中国法学》2016年第3期。

价性的概念"①。因为倾向性或预测性概念具有高度盖然性,通常不具有可测量性,法官并不能基于某种事实就断然认定,而需要借助既存的经验和社会知识。比如《婚姻法》第36条、38条关于离婚后子女关系处理及父母的探望权的规定,包含了"子女的权益""不利于子女身心健康的"等倾向概念。"子女权益""不利于子女身心健康"明显是需要结合具体事实予以判断的概念,需要法官的价值判断。因此,倾向概念包含于评价性概念。

所以,本书采用经验性与评价性不确定法律概念二分法。一是因为前者主要涉及社会经验事实,多属于事实判断,法官在解释该类案件时很少涉及价值判断;后者则包含了立法者的价值倾向,它的解释涉及法律规范意旨的探讨。二是经验性概念解释可以参照其他法律规范予以解释,在司法裁判中容易获得一个相对确定的解释结果;后者解释涉及开放的社会规范体系问题,它的解释需要借助其他社会规范提供论据,在司法裁判中只是得到一种恰当含义而已。

（二）经验性不确定法律概念应遵循依既存法律规范体系进行解释的路径

相比于评价性概念,经验性不确定法律概念是立法者描述生活世界中反复出现的事物类型而形成的不确定法律概念,这种类型,即属"事物之本质",具有"理念的素材确定性"和"素材的理念确定性",具有相对稳定的社会认知与共识。通常来说,经验性概念有真伪之别,是可以通过经验加以确定的,所以经验性概念具体化可以归为事实问题之列,其正确化与否可以通过援引证据予以说明,也就是讲经验性概念解释不能由法官任意创造,应该依据社会既存的事实与规范加以说明。法院在解释经验性概念时,应该首先参照法律规范体系获得一个权威性解释结果,在没有相关法律规范提供论据情况下,可以通过援引司法解释、专业解释及依据经验法则作

---

① ［德］英格博格·普珀:《法学思维小学堂——法律人的6堂思维训练课》,蔡圣伟译,北京大学出版社2011年版,第13页。

出判断。从确保经验性概念的规范性意义,维护法秩序统一的角度出发,经验性概念解释应该沿用"参照法律规范体系—援引司法解释—参考专业解释—经验性定义"的解释路径。

首先,参照其他法律规范进行解释,可确保法律解释的权威性。"体系解释的第一步基于这样的思想:具体规范建立在规范整体的统一调整方案的基础之上……体系解释的作用并不局限于此,它还体现在必须将不同的法律中规定的若干规范结合起来适用时。"[①] 这对于经验性概念的解释尤为重要:其一,区别于评价性概念,其具有相对明确而稳定的"概念核心"与"概念外围",具有相对稳定的社会认知与共识,故而当其他法律规范已经有所规定,应参照其他法律规范进行解释,这是对保持法律权威性的克制解释立场的遵从。其二,参照其他法律规范有助于廓清与限定特定语境下经验性概念的规范边界,这一功能在例外规定中表现得最为明显。"法条的构成要件经常规定得太宽,以致其字义涵盖了一些本不应使用其法效果的案件事实。这样的构成要件就必须透过第二个法条加以限制。后者可以称为'消极性构成要件要素'。只有将积极性的适用规定与对其为限制的消极性适用规定结合起来,才能获得完全的法条。"[②] 比如《工伤保险条例》第 14 条列举了工伤认定的情形,涉及"工作时间""工作场所""工作原因"等经验性概念。在曾引发较大争议的"孙立兴案"中,涉及的是对"工作原因"的解释,核心争议焦点之一是孙立兴工作中不够谨慎的过失是否影响"工作原因"的认定,法院借助《工伤保险条例》第 16 条中所规定的排除工伤认定的三种法定情形,从而认定了孙立兴所受伤害属于"工作原因"所致。其三,不可否认的是,虽然经验性概念相比评价性概念的内涵相对稳

---

① [德]伯恩·魏德士:《法理学》,丁晓春等译,法律出版社 2013 年版,第 317 页。

② 林锐君:《工伤认定不必同时满足工作原因、工作场所、工作时间三个条件》,《人民司法》2010 年第 12 期。

定，但其仍可能涉及价值评价，因此，借助于其他法律规范进行解释，有助于限制恣意，保持克制的司法解释姿态。

其次，法院可以援引司法解释的概念界定或根据司法解释提供的具体规则进行解释，从而减轻论证负担。比如"危险驾驶罪"中的"醉酒驾驶机动车"的界定，司法解释直接规定血液酒精含量达到80毫克/100毫升以上的，属于醉酒驾驶机动车，而不讨论病理性醉酒及豪饮海量等形式。又如《刑法》第347条"走私、贩卖、运输、制造毒品罪"中，只将"毒品"界定为鸦片、海洛因、甲基苯丙胺三种类型，但是随着科学技术的发展，人工合成的化学合成类毒品已成为严重影响人类健康的新兴类型，于是为消除"毒品"解释时的模糊性，司法解释扩大了"毒品"的外延，将特定的麻醉药品或者精神药品解释为"毒品"，为司法实践审理毒品犯罪提供了明确指引。

再次，参考专业解释，避免解释者错误界定。对于部分经验性概念，解释者可以依据法律规范体系或者常识做出界定，但对于某些专业性的经验性概念，由于解释者认知存在局限性，可能会出现错误解释现象。为避免此种情况的发生，司法实践时常会参阅一些专业解释。这里的专业解释包括两种类型：一是专家含义解释，二是专门机构解释。前者如《物权法》第50条规定的"无线电频谱资源属于国家所有"中的"无线电频谱资源"解释需要借助无线电领域专业人士。[1] 后者如国家工商行政管理局《关于认定处理虚假广告问题的批复》中对"虚假广告"解释。在司法实践中，法院大多会对专业解释予以尊让，隐匿在其背后的是"功能主义"视角下对不同解释主体专业能力的认同，而这在行政法领域表现得尤为明显，比如在"邵某某诉上海市黄浦区安全生产监督管理局安全生产行政处罚案"[2] 中，涉及对"重伤"的认定，法院遵从了《上海市劳动局关于〈贯彻企业职工伤亡事故报告和处理规定〉的意见》中基于

---

[1] 参见王利明《民法解释学导论》，法律出版社2009年版，第228页。
[2] 参见上海市黄浦区人民法院（2006）黄行初字第44号。

骨折的视角而认定重伤的解释。

最后，借助经验法则予以定义，避免解释者主观判断。为确保经验性概念解释的克制性，避免法官解释的恣意，法官可以依照经验法则对某些概念通过下定义的方式予以明确。体系解释的形式维度即以揭示语词的含义为目标，体系解释可以通过定义方式将社会知识、经验法则等融入法律概念意义之中，赋予它们法律意义。在2012年第7期《最高人民法院公报》刊登的《甘露不服暨南大学开除学籍决定案》中，关于认定甘露的行为是否属于"剽窃、抄袭他人研究成果"的问题，法院结合学术论文通常判定方式，采取了下定义的方式予以明确。法院指出，《普通高等学校学生管理规定》第54条第（五）项所称的"剽窃、抄袭他人研究成果"，系指高等学校学生在毕业论文、学位论文或者公开发表的学术文章、著作，以及所承担科研课题的研究成果中，存在剽窃、抄袭他人研究成果的情形。① 法院通过下定义的方式对剽窃、抄袭等经验性概念进行了限缩解释，以此保障了甘露的受教育权。

（三）评价性不确定法律概念应遵循封闭到开放体系渐进寻找资源的路径

事实上，评价性不确定法律概念包含两种意义成分，一个是描述性的意义成分，另一个是评价性的意义成分，其中评价性成分是不变的，决定评价性概念模糊性的原因在于描述性意义成分的不精确。② 尽管将

---

① 参见陈金钊、杨铜铜《重视裁判的可接受性——对甘露案再审理由的剖析》，《法制与社会发展》2014年第6期。

② 科赫指出，诸如"好的"等概念，其中的评价性成分是不变的，任何时候人们使用"好的"来形容一个客体，都是在表达一种肯定的、表扬的或者推荐的态度。但人们何时用"好的"来指涉一个客体，则取决于"好的"这个用语的描述性意义成分，也就是它的适用基准。这个基准随着事物的不同而有所改变。决定评价性不确定法律概念是否适用的关键，在于其描述性意义成分，正是因为描述性成分的不精确性造成了不确定法律概念的适用困难。参见盛子龙《行政法上不确定法律概念具体化之司法审查密度》，博士学位论文，台湾大学法律学研究所，1998年。

评价性概念区分为描述性意义成分与评价性意义成分仍然无法解决不确定法律概念精确解释问题，但至少提示我们在适用评价性概念时应该注重适用语境，注重适用场景的个案性。与经验性概念解释类似，评价性概念解释也应该保持概念的规范性意义，遵循克制到能动的解释思维路径，应首先借助法律规范体系予以解释，在法律规范体系无法提供解释资源时，才可借助开放的社会规范体系提供的其他资源予以价值补充。

首先，借助司法解释及行政裁量基准，将评价性概念描述化或"量化"。在法解释学看来，评价性概念解释必然包含法官的个人价值评价，为克服或尽量消减价值评价，规避解释者意志代替立法者意志现象，法官需要借助法律规范体系提供的解释资源，将评价性概念描述化或通过适当"量化"的方式，实现对评价性概念的"去价值化"，展现其描述性意义成分。比如法官在解释"违法"这一评价性概念时，必须体系性考虑行为主体、侵犯的客体、客观行为及主观状态等若干要件，行为主体、侵犯的客体、客观行为等可以通过经验加以验证证明，这样很大程度上就将评价性概念转化为描述性概念。[①] 而无论是将评价性概念描述化或者"量化"，实际上均是意欲将其转为"可测度性"。

在此需要注意的是，在评价性概念中有一类概念较为特殊：裁量性质的评价性概念，如"情节严重""违法数额特别巨大""其他严重情形"等。对于这类概念，可以优先借助司法解释或行政裁量基准进行解释，予以量化。一是援引司法解释进行裁判。比如《最高人民法院、最高人民检察院关于办理诈骗刑事案件具体应用法律问题的解释》中指出，诈骗公私财物价值三千元至一万元以上、三万元至十万元以上、五十万元以上的，应当分别认定为《刑法》第266条规定的"数额较大""数额巨大""数额特别巨大"。二是参

[①] 参见王贵松《行政法上不确定法律概念的具体化》，《政治与法律》2016年第1期。

照行政裁量基准。行政裁量基准，是指行政机关对法定授权范围内的裁量权予以情节的细化和效果的格次化而事先以规则的形式设定的一种具体化的判断选择标准，① 其大多以规范性文件为载体。从我国法律体系构成来看，行政机关制定的规范性文件并不属于广义的法律范畴，规范性文件不是裁判依据，但从司法审查角度看，法院对具体行政行为的审理常将做出行政行为所依据的规范性文件进行一并审查。② 因此，对于合法有效的行政裁量基准，法院可以参照。司法实践中，除非行政裁量基准明显违法，基于其常常涉及专业性、政策性的概念界定，法院一般会予以尊重。

其次，遵循先例将评价性概念类型化。类型化是指不同案件之间存在某些共同的特征或相似方面，对先前案件的处理方式对当下案件处理具有重要参考意义。具体而言，判例 A 具有 m1、m2、m3、m4、m5 特征，待决案件 B 具有 m2、m3、m4、m5、m6 特征，则 A、B 案件都具有 m2、m3、m4 特征，而该三点特征对于两案都具有重要意义，那么就可以认定两案具有"类型性"。③ 可见类型化思维遵照了遵循先例的规则，即对某类特定术语已有先例作出解释，该解释对后来案件的解释具有参考意义。但先前解释能否对后来案件带来参考意义，还需立足于案件本身特征。对于评价性概念来讲，尽管评价性意义成分具有相似性，但是描述性意义成分可能存在较大区别，甚至描述性意义成分只在极其具有相似性案件中才具有相似意义。正如本案中，"公序良俗"既包括法治的内在伦理道德和立法

---

① 参见周佑勇、熊樟林《裁量基准司法审查的区分技术》，《南京社会科学》2012 年第 5 期。

② 近些年来，行政裁量基准大量兴起，涉及众多的行政管理领域。司法实践中，一些针对不确定法律概念所制定的解释性规范多以规范性文件为载体，一方面这些针对不确定概念解释制定的规范性文件是司法审查的对象，另一方面在司法实践中又以实质性法源形式作用于审判当中。参见赵海永《不确定法律概念解释性规范的司法控制》，《山东审判》2014 年第 4 期。

③ 参见刘士国《类型化与民法解释》，《法学研究》2006 年第 6 期。

者价值评价偏好，也包括现如今社会对伦理秩序认知及道德评价的好恶，该案对"公序良俗"的解释只对公民"姓名权"行使中有关选取"姓氏"这一问题具有参考意义，而对于"名字"选取是否有悖于"公序良俗"还需根据个案进行断定，因为一旦案件事实的某项特征发生变化，是否与先前案例具有相似性，还需要法官具体判断。遵循先例的类型化实质上是指法官在解释评价性概念或者具有原则意义的评价性概念时应该检索具有高度类似性案件，即具有"实质一致性"的案件，包括构成要件和法效果的类似性，这既可防止出现"同案不同判"现象，又能有效减少法官解释时的恣意，确保评价性概念解释具有法秩序的一致性。

再次，注重个案语境下的"同一概念不同解释规则"的适用。一般而言，按照法秩序统一性要求，相同概念应做相同解释，这符合法律体系无矛盾性要求，"体系元素的基础是法秩序一体性的理念，即法秩序自身不应相互矛盾，而应具有内部一致性和'逻辑性'，从而形成一个体系，并应在解释过程中被作为一个体系看待"①。但这只是对一般性语词概念的解释要求。法律体系中诸多评价性概念，诸如"情节严重""公序良俗"等在不同的场景下具有不同的含义，应该在注意区分语境的情况下采用同一概念不同解释规则。立足案件事实，注重个案语境，体系性地理解与把握是解释评价性概念尤为需要关注的。当前学界与司法实践中对"公序良俗"解释所呈现出的窘境正是忽视了个案语境所导致：不关涉场景、不具体化行为时间、不关注行为人动机、不关切概念的规范意旨、不注重社会效果的可接受性、不区分事实行为还是法律行为、价值填补的随意性及非科学性等情况下普遍适用，正在不断扩大其适用范围，逐步侵蚀民法自治与公民权利空间。实际上，诚如胡玉鸿所言，法院在解释"公序良俗"时"只能结合个案，形成调整个案的判决

---

① ［瑞士］贝蒂娜·许莉曼-高朴、耶尔格·施密特：《瑞士民法：基本原则与人法》，纪海龙译，中国政法大学出版社2015年版，第50页。

规则，而不能够代替立法者作出有关公序良俗的一般准则"①。

最后，在不存在可供参考的法律规范时，应借助开放的社会规范体系实现价值权衡。当法律规范体系无法提供解释资源的时候，评价性概念的界定难题尤为凸显。但这并不意味着法官可以随意地进行价值补充，在解释评价性概念时应该保持形式分量。第一，评价性概念解释涉及评价性问题，对某一问题的认知与评价法官无法独断性做出，需要考察社会公众认知。但需要注意的是，社会公众认知只能成为法官权衡的论证点，而不能成为决定法官解释的唯一因素。第二，法官在解释评价性概念时需要借助不同的解释资源，法律规范体系提供的是形式性解释资源，如若对某些评价性概念无法做出回应，社会规范体系可为评价性概念解释提供社会共识、公共政策、传统文化认知、道德伦理秩序、社会善良风俗等实质性解释资源。需要注意的是，在采用实质性资源对评价性概念进行价值补充时，应该注重说理论证，规避解释的张扬，强化司法裁判的可接受性。第三，对评价性概念进行价值补充时应该区分不同实质性解释资源的"优先条件"。具体而言，实质性资源都带有评价性，不同的解释资源在价值上可能存在冲突性，某项资源是否可以对评价性概念进行价值补充，需要法官根据个案进行权衡，根据个案析出不同价值冲突，确定不同价值间的位阶关系，设定"有条件的优先关系"，② 比如在 C 条件下解释资源 P1 优先，那么解释资源 P2 必须让步。

总之，坚守法律的规范性意义，保持法律解释的克制姿态，是维护概念的形式法治维度，实现法治是规则之治的内在要求，尤其是当前我国正从大规模的立法时代向法律适用主义时代过渡，这一

---

① 胡玉鸿：《公序良俗与司法活动——诉讼过程的动态分析之二》，《政法论坛》2002 年第 4 期。

② 参见林来梵、张卓明《论法律原则的司法适用——从规范性法学方法论角度的一个分析》，《中国法学》2006 年第 2 期。

点尤为重要。然而，以往对不确定法律概念解释的研究主要集中在不确定法律概念的具体化上，或是能动性解释，或是进行价值补充，没有注意保持概念的"规范属性"，而其恰是不确定法律概念解释之核心。因此，笔者立足于最高人民法院指导性案例，从确保不确定法律概念的规范性意义出发，采用体系解释方法参照其他法律规范进行解释；在封闭与开放体系之间寻找解释资源，指出只有那些具有法源意义的资源才能引入不确定法律概念解释之中；在此尤为需要强调的是，对不确定法律概念的解释，不能径直步入价值补充，应运用类型化的方法，对不同类型的不确定法律概念采用不同的体系解释路径。总之，为确保不确定法律概念规范属性，体系解释方法是不可或缺的方法，因为其既可以维护不确定法律概念的形式意义，又可通过探寻规范意旨的方法涉足实质判断，是化解不确定法律概念解释难题的基础方法。

结　　语

为回应法学的实践品格，解决法律实践之难题，法律解释方法经过法律职业共同体的传承与不断地提炼、演化，逐渐被赋予理解规范含义、阐释规范内涵的功能。其中，体系解释方法由于顾及法律体系的逻辑关系，以及勾连法律体系与其他法源之间的关联，成为法律解释的"黄金规则"。然而当下有关体系解释的研究，由于没有很好地分析其法理基础、辨识其思维形式，以及厘清其内涵维度与作用范围，致使体系解释方法的功能受到限制。因而，我们需要重新界定体系解释，打破固有认识局限。特别是在以互联网、大数据、人工智能为代表的信息技术崛起的背景下，国家与社会治理面临重大转向，各种新型权利以及法律关系不断涌现，法律体系滞后性、僵化性与法律漏洞进一步凸显，如何在确保法律体系相对稳定性、独立性的基础上，以及在有效地协调实证的法律体系与多样化的法源关系的前提下，化解"无法可依"的难题，构造裁判依据，显得尤为重要。一方面体系解释要契合体系思维的开放性特征，将体系解释作用维度进一步拓展，不仅要确保形式化的逻辑体系之间的连贯、无冲突，也要恰当地协调正式法源与非正式法源之间的关系，实现不同法源形式之间的融贯；另一方面体系解释亦需强化与其他解释方法之间的协同合作，遵循法律解释的基本原则，共同致力于最佳解释结果的获得。

需要注意的是，即便体系解释方法充当着法律解释的"黄金法则"，但体系解释方法仍然呈现了粗疏性，即由于解释方法内含不同的解释路径，导致了解释结果的差异性。为实现法秩序的统一性，解决同案不同判现象，便需法律人进一步提炼解释方法的内含规则，引导解释思维，指导解释实践。基于法律体系的逻辑性、融贯性及开放性特征，以及秉持问题导向，至少可以概括出法律概念的体系解释规则、法律条文的体系解释规则、法律冲突的体系解释规则及法源适用的体系解释规则四种类型、三十余种解释规则。当下有关体系解释方法的精细化研究，已经拓展了体系解释原有的上下文及整体解释维度，使得体系思维兼具了形式与实质思维面向，也促使法律的体系化研究注重协调各种法律素材关系，将一些判例、经验法则、法理，以及习惯等纳入法律体系。在中国特色社会主义法律体系形成以后，确保法律体系的稳定性、法律意义的安定性成为当下法律人的共同责任，特别是步入法典时代，如何有效地促进法律体系的融贯，保持法律体系与时俱进，克服法律体系的僵化性、滞后性，也是不可忽视的任务。因而法治建设不仅需要宏观的制度设计与体制架构，亦需要微观的技术、方法的支撑。而体系解释规则的提炼与总结，意在改变过往法律解释的复杂化、哲学化倾向，运用一些微观、具体、可操作的解释准则引导解释思维，限制解释恣意，减少论证负担，以此推进法治建设。

参考文献

一 外文译著

［德］阿图尔·考夫曼、温弗里德·哈斯默尔主编：《当代法哲学和法律理论导论》，郑永流译，法律出版社2002年版。

［德］阿列克西：《法律论证理论》，舒国滢译，中国法制出版社2002年版。

［美］阿德里安·沃缪勒：《不确定状态下的裁判——法律解释的制度理论》，梁迎修等译，北京大学出版社2011年版。

［法］埃德加·莫兰：《方法：思想观念》，秦海鹰译，北京大学出版社2002年版。

［美］安德瑞·马默：《解释与法律理论》，程朝阳译，中国政法大学出版社2012年版。

［美］安东宁·斯卡利亚：《联邦法院如何解释法律》，蒋惠岭等译，中国法制出版社2017年版。

［德］伯恩·魏德士：《法理学》，丁晓春等译，法律出版社2013年版。

［美］博登海默：《法理学：法律哲学与法律方法》，邓正来译，中国政法大学出版社2004年版。

［美］布莱恩·比克斯：《法律、语言与法律的确定性》，邱昭继译，法律出版社2007年版。

［美］布雷恩·Z. 塔玛纳哈：《论法治》，李桂林译，武汉大学出版社 2010 年版。

［以］巴拉克：《民主国家的法官》，毕洪海译，法律出版社 2011 年版。

［瑞士］贝蒂娜·许莉曼-高朴、耶尔格·施密特：《瑞士民法：基本原则与人法》，纪海龙译，中国政法大学出版社 2015 年版。

［意］彼德罗·彭梵得：《罗马法教科书》，黄风译，中国政法大学出版社 2005 年版。

［英］戴维·M. 沃克：《牛津法律大辞典》，李双元等译，法律出版社 2003 年版。

［美］D. Q. 麦克伦尼：《简单的逻辑学》，赵明燕译，北京联合出版公司 2016 年版。

［美］蒂莫西·A. O. 恩迪科特：《法律中的模糊性》，程朝阳译，北京大学出版社 2010 年版。

［奥］恩斯特·A. 克莱默：《法律方法论》，周万里译，法律出版社 2019 年版。

［德］弗朗茨·维亚克尔：《近代私法史》，陈爱娥、黄建辉译，上海三联书店 2006 年版。

［美］弗里德里克·肖尔：《像法律人那样思考：法律推理新论》，雷磊译，中国法制出版社 2016 年版。

［美］富勒：《法律的道德性》，郑戈译，商务印书馆 2005 年版。

［法］古斯塔夫·勒庞：《乌合之众》，戴光年译，武汉大学出版社 2013 年版。

［德］哈贝马斯：《合法化危机》，刘北成等译，上海人民出版社 2000 年版。

［德］卡尔·拉伦茨：《法学方法论》，陈爱娥译，商务印书馆 2003 年版。

［德］卡尔·恩吉施：《法律思维导论》，郑永流译，法律出版社 2004 年版。

［美］卡尔·N. 卢埃林：《普通法传统》，陈绪刚等译，中国政法大学出版社2002年版。

［德］考夫曼：《类推与"事物本质"——兼论类型理论》，吴从周译，学林文化事业有限公司1999年版。

［美］凯斯·R. 桑斯坦：《权利革命之后：重塑规制国》，钟瑞华译，中国人民大学出版社2008年版。

［美］理查德·A. 波斯纳：《法理学问题》，苏力译，中国政法大学出版社2002年版。

［德］鲁道夫·冯·耶林：《为权利而斗争》，胡宝海译，中国法制出版社2004年版。

［德］拉德布鲁赫：《法学导论》，米健等译，中国大百科全书出版社1997年版。

［美］罗斯科·庞德：《法理学》（第2卷），邓正来译，中国政法大学出版社2007年版。

［德］罗尔夫·旺克：《法律解释》，蒋毅等译，北京大学出版社2020年版。

［英］迈克尔·欧克肖特：《政治中的理性主义》，张汝伦译，上海译文出版社2004年版。

［英］迈克尔·赞德：《英国法：议会立法、法条解释、先例原则及法律改革》，江辉译，中国法制出版社2014年版。

［法］米歇尔·托贝：《法律哲学：一种现实主义的理论》，张平等译，中国政法大学出版社2012年版。

［比］马克·范·胡克：《法律的沟通之维》，孙国东译，法律出版社2008年版。

［加］欧内斯特·J. 温里布：《私法的理念》，徐爱国译，北京大学出版社2007年版。

［美］P. 诺内特、P. 塞尔兹尼克：《转变中的法律与社会》，张志铭译，中国政法大学出版社1994年版。

［美］P.S. 阿蒂亚、R.S. 萨默斯：《英美法中的形式与实质》，金

敏、陈林林等译，中国政法大学出版社2005年版。

［德］齐佩利乌斯：《法学方法论》，金振豹译，法律出版社2009年版。

［德］齐佩利乌斯：《法哲学》，金振豹译，北京大学出版社2013年版。

［德］萨维尼：《萨维尼法学方法论讲义与格林笔记》，杨代雄译，法律出版社2008年版。

［德］萨维尼：《当代罗马法体系Ⅰ：法律渊源·制定法解释·法律关系》，朱虎译，中国法制出版社2010年版。

［德］英格博格·普珀：《法学思维小学堂——法律人的6堂思维训练课》，蔡圣伟译，北京大学出版社2011年版。

［德］K. 茨威格特、H. 克茨著：《比较法总论》，潘汉典等译，法律出版社2003年版。

［瑞典］亚历山大·佩岑尼克：《法律科学：作为法律知识和法律渊源的法律学说》，桂晓伟译，武汉大学出版社2009年版。

［瑞典］亚历山大·佩策尼克：《论法律与理性》，陈曦译，中国政法大学出版社2015年版。

［美］詹姆斯·安修：《美国宪法解释与判例》，黎建飞译，中国政法大学出版社1994年版。

［美］朱迪斯·N. 施克莱：《守法主义：法、道德和政治审判》，彭亚楠译，中国政法大学出版社2005年版。

二 中文著作

陈金钊：《法律解释学》，中国人民大学出版社2011年版。

陈景辉：《实践理由与法律推理》，北京大学出版社2012年版。

陈运生：《法律冲突解决的进路与方法》，中国政法大学出版社2017年版。

陈林林：《法律方法比较研究——以法律解释为基点的考察》，浙江大学出版社2014年版。

曹茂君：《西方法学方法论》，法律出版社2012年版。

董嗥：《法律冲突论》，商务印书馆2013年版。

范凯文：《裁判理由的发现与证立》，中国政法大学出版社2018年版。

高尚：《德国判例使用方法研究》，法律出版社2019年版。

郭华成：《法律解释比较研究》，中国人民大学出版社1993年版。

顾建亚：《行政法规范冲突的适用规则研究》，浙江大学出版社2010年版。

顾祝轩：《体系概念史：欧洲民法典编纂何以可能》，法律出版社2019年版。

黄茂荣：《法学方法与现代民法》，中国政法大学出版社2001年版。

黄建辉：《法律阐释论》，新学林出版股份有限公司2000年版。

黄卉：《法学通说与法学方法》，中国法制出版社2015年版。

黄舒芃：《什么是法释义学？以二次战后德国宪法解释学的发展为借镜》，台大出版中心2020年版。

孔祥俊：《法律规范冲突的选择适用与漏洞补充》，人民法院出版社2004年版。

孔祥俊：《法律解释与适用方法》，中国法制出版社2017年版。

雷磊：《法律体系、法律方法与法治》，中国政法大学出版社2016年版。

梁慧星：《民法解释学》，中国政法大学出版社1995年版。

梁慧星：《裁判的方法》，法律出版社2003年版。

李亚东：《法律解释规则研究》，中国社会科学出版社2019年版。

刘志刚：《法律规范的冲突解决规制》，复旦大学出版社2012年版。

刘平：《法律解释：良法善治的新机制》，上海人民出版社2015年版。

刘星：《法律是什么？》，中国政法大学出版社1998年版。

马良灿：《从形式主义到实质主义：经济社会关系视域中的范式论战与反思》，社会科学文献出版社2013年版。

欧阳立春：《法官的思维与智慧》，法律出版社2013年版。

泮伟江：《法律系统的自我反思——功能分化时代的法理学》，商务印书馆2020年版。

潘伟杰：《革命后现代国家法律体系构建研究》，复旦大学出版社2015年版。

彭中礼：《法律渊源论》，方志出版社2014年版。

彭飞荣：《风险与法律的互动：卢曼系统论的视角》，法律出版社2018年版。

孙春伟：《法律意识形态论》，法律出版社2014年版。

孙华璞：《裁判文书如何说理——以判决说理促进司法公开、公正和公信》，北京大学出版社2016年版。

舒国滢：《法学的知识谱系》，商务印书馆2020年版。

疏义红：《法律解释学实验教程——裁判解释原理与实验操作》，北京大学出版社2008年版。

王泽鉴：《民法思维：请求权基础理论体系》，北京大学出版社2009年版。

王利明：《法律解释学导论——以民法为视角》，法律出版社2009年版。

王利明：《法律解释学导论——以民法为视角》（第2版），法律出版社2017年版。

王彬：《法律解释的本体与方法》，人民出版社2011年版。

王海桥：《刑法解释的基本原理——理念、方法及其运作规则》，法律出版社2012年版。

吴庚：《政法理论与法学方法》，中国人民大学出版社2007年版。

吴从周：《概念法学、利益法学与价值法学》，中国法制出版社2011年版。

夏锦文：《法治思维》，江苏人民出版社2015年版。

於兴中：《法治东西》，法律出版社2014年版。

杨仁寿：《法学方法论》，中国政法大学出版社2012年版。

杨日然：《法理学》，三民书局 2005 年版。
张志铭：《法律解释操作分析》，中国政法大学出版社 1999 年版。
张志铭：《法律解释学》，中国人民大学出版社 2015 年版。
张明楷：《罪刑法定与刑法解释》，北京大学出版社 2009 年版。
张翔：《基本权利的规范建构》，法律出版社 2017 年版。
张浩：《法律体系的自洽性》，中国政法大学出版社 2012 年版。
郑玉波：《法谚》（一），法律出版社 2007 年版。
郑玉波：《法谚》（二），法律出版社 2007 年版。
郑永流：《法律方法阶梯》，北京大学出版社 2015 年版。

三 编著类

[美] 安德雷·马默主编：《法律与解释》，张卓明等译，法律出版社 2006 年版。
陈金钊主编：《法律解释学》，中国政法大学出版社 2006 年版。
陈金钊主编：《法学方法论》，中国政法大学出版社 2007 年版。
陈金钊主编：《法律方法教程》，华中科技大学出版社 2013 年版。
葛洪义主编：《法律方法论》，中国政法大学出版社 2013 年版。
洪汉鼎主编：《理解与解释》，东方出版社 2001 年版。
胡建淼主编：《法律适用学》，浙江大学出版社 2010 年版。
李其瑞主编：《法理学》（第二版），中国政法大学出版社 2011 年版。
李昊主编：《北航法律评论》（第 6 辑），法律出版社 2016 年版。
梁治平主编：《法律解释问题》，法律出版社 1998 年版。
舒国滢主编：《法学方法论》，中国政法大学出版社 2018 年版。
许章润主编：《萨维尼与历史法学派》，中国法制出版社 2001 年版。
张文显主编：《法理学》（第三版），高等教育出版社 2007 年版。

四 论文类

陈金钊：《"依法"标签下错误思维及其校正：案说法律体系解释方

法》,《法律适用》2011 年第 7 期。

陈金钊:《对形式法治的辩解与坚守》,《哈尔滨工业大学学报》(社会科学版)2013 年第 2 期。

陈金钊:《法律解释规则及其运用研究》(上、中、下),《政法论丛》2013 年第 3、4、5 期。

陈金钊:《法学话语中的法律解释规则》,《北方法学》2014 年第 1 期。

陈金钊、杨铜铜:《重视裁判的可接受性——对甘露案再审理由的方法论剖析》,《法制与社会发展》2014 年第 6 期。

陈金钊:《开放"法律体系"的方法论意义》,《国家检察官学院学报》2018 年第 3 期。

陈金钊:《现有"法律思维"的缺陷及矫正》,《求是学刊》2018 年第 1 期。

陈金钊:《用体系思维改进结合论、统一论——完善法治思维的战略措施》,《东方法学》2018 年第 1 期。

陈金钊:《体系思维的姿态及体系解释方法的运用》,《山东大学学报》(哲学社会科学版)2018 年第 2 期。

陈金钊、吴冬兴:《体系解释的逻辑展开及其方法论意义》,《扬州大学学报》(人文社会科学版)2020 年第 1 期。

陈兴良:《形式解释论的再宣示》,《中国法学》2010 年第 4 期。

陈兴良:《赵春华非法持有枪支案的教义学分析》,《华东政法大学学报》2017 年第 6 期。

陈胜:《体系前研究到体系后研究的范式转型》,《法学研究》2011 年第 5 期。

陈柏峰:《社科法学及功用》,《法商研究》2014 年第 5 期。

陈爱娥:《法体系的意义与功能——借镜德国法学理论而为说明》,《法治研究》2019 年第 5 期。

方新军:《内在体系外显与民法典体系融贯性的实现——对〈民法总则〉基本原则规定的评论》,《中外法学》2017 年第 3 期。

方新军：《融贯民法典外在体系和内在体系的编纂技术》，《法制与社会发展》2019年第2期。

顾建亚：《"特别法优于一般法"规则适用难题探析》，《学术论坛》2007年第12期。

顾建亚：《"后法优于前法"规则适用难题探析》，《哈尔滨工业大学学报》（社会科学版）2008年第2期。

黄宗智：《道德与法律：中国的过去和现在》，《开放时代》2015年第1期。

韩大元：《全国人大常委会新法能否优于全国人大旧法》，《法学》2008年第10期。

胡玉鸿、吴萍：《试论法律位阶制度的适用对象》，《华东政法大学学报》2003年第1期。

胡建淼：《法律规范之间抵触标准研究》，《中国法学》2016年第3期。

焦宝乾：《我国司法方法论：学理研究、实践应用及展望》，《法制与社会发展》2018年第2期。

贾银生：《刑法体系解释之"体系范围"的审视与厘定》，《社会科学》2020年第4期。

姜明安：《再论法治、法治思维与法律手段》，《湖南社会科学》2012年第4期。

姜福东：《反思法律方法中的体系解释》，《哈尔滨工业大学学报》（社会科学版）2013年第3期。

姜涛：《法秩序一致性与合宪性解释的实体性论证》，《环球法律评论》2015年第2期。

蒋惠岭：《实用解释法与动态解释法之应用》，《法律适用》2002年第12期。

柯岚：《法律方法中的形式主义与反形式主义》，《法律科学》2007年第2期。

雷磊：《融贯性与法律体系的建构》，《法学家》2012年第2期。

雷磊：《适于法治的法律体系模式》，《法学研究》2015年第5期。

劳东燕：《法条主义与刑法解释中的实质判断——以赵春华持枪案为例的分析》，《华东政法大学学报》2017年第6期。

李拥军：《当代中国法律体系的反思与重构》，《法制与社会发展》2009年第4期。

李可：《法律解释方法位序表的元规则》，《政法论丛》2013年第4期。

李亚东：《我们需要什么样的法律解释学——法律解释规则理论研究》，《法学论坛》2015年第4期。

李其瑞：《法学研究中的事实与价值问题》，《宁夏社会科学》2005年第1期。

刘作翔：《习惯与习惯法三题》，《哈尔滨工业大学学报》（社会科学版）2012年第1期。

刘作翔：《中国案例指导制度的最新进展及其问题》，《东方法学》2015年第3期。

刘作翔：《司法中弥补法律漏洞的途径及其方法》，《法学》2017年第4期。

刘风景：《例示规定的法理与创制》，《中国社会科学》2009年第4期。

刘风景：《在法律文本中设置法条标题刍议》，《北京人大》2014年第3期。

林来梵、张卓明：《论法律原则的司法适用——从规范性法学方法论角度的一个分析》，《中国法学》2006年第2期。

梁根林：《罪刑法定视域中的刑法适用解释》，《中国法学》2004年第3期。

梁迎修：《方法论视野中的法律体系与体系思维》，《政法论坛》2008年第1期。

吕芳：《法律解释规则本土化研究的趋向与路径——法律解释规则研究的考察（2012—2017）》，载陈金钊主编《法律方法》（第22

卷)。

苗东升:《论系统思维(一):把对象作为系统来识物想事》,《系统辩证学学报》2004年第3期。

宁利昂:《"无证收购玉米"案被改判无罪的系统解读》,《现代法学》2017年第4期。

庞正:《法律体系基本理论问题的再澄清》,《南京林业大学学报》(人文社会科学版)2003年第3期。

彭文华:《刑法第13条但书规定的含义、功能及其适用》,《法治研究》2018年第2期。

钱大军:《当代中国法律体系构建模式之探究》,《法商研究》2015年第2期。

桑本谦:《法律解释的困境》,《法学研究》2004年第5期。

舒国滢:《寻访法学的问题立场——兼论"论题学法学"的思考方式》,《法学研究》2006年第3期。

宋保振:《法律解释方法的融贯运作及其规则》,《法律科学》2016年第3期。

孙笑侠:《法律人思维的二元论——兼与苏力商榷》,《中外法学》2013年第6期。

苏力:《解释的难题:对几种法律文本解释方法的追问》,《中国社会科学》1997年第4期。

王健:《论整体思维的当代建构及其功能扩展》,《系统科学学报》2014年第4期。

王彬:《体系解释的反思与重构》,《内蒙古社会科学》(汉文版)2009年第1期。

王彬:《司法裁决中的"顺推法"与"逆推法"》,《法制与社会发展》2014年第1期。

王硕:《从"玉米案"看非法经营罪兜底条款的适用》,《中国检察官》2017年第8期。

王昭武:《法秩序统一性视野下违法判断的相对性》,《中外法学》

2015 年第 1 期。

魏治勋：《文义解释的司法操作技术规则》，《政法论丛》2014 年第 4 期。

谢晖：《论法律体系——一个文化的视角》，《政法论丛》2004 年第 3 期。

谢海定：《法学研究进路的分化与合作——基于社科法学与法教义学的考察》，《法商研究》2014 年第 5 期。

杨代雄：《萨维尼法学方法论中的体系化方法》，《法制与社会发展》2006 年第 6 期。

杨登峰：《选择适用一般法与特别法的几个问题》，《宁夏社会科学》2008 年第 5 期。

杨铜铜：《论法律解释规则》，《法律科学》2019 年第 3 期。

尹建国：《不确定法律概念具体化的模式构建》，《法学评论》2010 年第 5 期。

喻中：《论"特别法理优于一般法理"——以日本修宪作为切入点的分析》，《中外法学》2013 年第 5 期。

余文唐：《法律文书：标点、但书及同类规则》，《法律适用》2017 年第 17 期。

赵万一、吴晓锋：《契约自由与公序良俗》，《现代法学》2003 年第 3 期。

张斌峰：《当代法学方法论的现代价值之阐释》，《山东社会科学》2014 年第 8 期。

张洪新：《法律解释的缺环》，《天府新论》2018 年第 1 期。

张翔：《基本权利的体系思维》，《清华法学》2012 年第 4 期。

张彩旗：《价值导向方法在我国司法实践中的运用探究》，《河南社会科学》2015 年第 1 期。

周叶中、伊士国：《中国特色社会主义法律体系的发展与回顾》，《法学论坛》2008 年第 4 期。

周江洪：《惩罚性赔偿责任的竞合及其适用》，《法学》2010 年第

4 期。

邹兵建：《非法持有枪支罪的司法偏差与立法缺陷——以赵春华案及 22 个类似案件为样本的分析》，《政治与法律》2017 年第 8 期。

五　学位论文类

刘翀：《美国现代制定法的解释方法研究》，博士学位论文，南京师范大学，2014 年。

李亚东：《法律解释规则分类研究》，博士学位论文，山东大学，2016 年。

盛子龙：《行政法上不确定法律概念具体化之司法审查密度》，博士学位论文，台湾大学法律学研究所，1998 年。

王金龙：《法律解释制度研究》，博士学位论文，华东政法大学，2018 年。

六　外文类

Alfred Phillips, *Lawyers' Language: How and Why Legal Language is Different*, Taylor & Francis e-Library Press, 2003.

Antonin Scalia, *A Matter of Interpretation: Federal Courts and the Law*, Princeton, New Jersey: Princeton University Press, 1997.

Antonin Scalia and Bryan A. Garner, *Reading Law: The Interpretation of Legal Texts*, Saint Paul, Minnesota: West Group, 2012.

Brian Z. Tamanaha, *On the Rule of Law: History, Politics, Theory*, Cambridge: Cambridge University Press, 2004.

Brian Leiter, "Positivism, Formalism, Realism, Book Review on Anthony Sebok, Legal Positivism in American Jurisprudence", *Colum. L. Rev*, Vol. 99, No. 4, May 1999.

Brian Leiter, *Naturalizing Jurisprudence: Essays on American Legal Realism and Naturalism in Legal Philosophy*, Oxford University Press, 2007.

David Lyons, "Original Intent and Legal Interpretation", *Australian Journal of Legal Philosophy*, Vol. 24, 1999.

D. Neil MacCormick and Robert S. Summers, *Interpreting Statutes: A comparative Study*, Dartmouth Publishing Company Limited, 1991.

D. Neil MacCormick, *Legal Reasoning and Legal Theory*, Oxford University Press, 1994.

D. Neil MacCormick and Robert S. Summers, *Interpret Precedents: A comparative Study*, Dartmouth Publishing Company Limited, 1997.

E. Kellaway, *Principles of Legal Interpretation of Statutes*, Comtracts and Wills, Butterworths, 1995.

E. Russell Hopkins, "Statutory Interpretation of Legal Terms", *Saskatchewan Bar Review & Law Society's Gazette*, Vol. 2, 1937.

Elizabeth Garrett, "Attention to Context in Statutory Interpretation: Applying the Lessons of Dynamic Statutory Interpretation to Omnibus Legislation", *Issues Legal Scholarship*, Vol. 2, No. 2, 2002.

F. A. R. Bennion, *Statutory Interpretation: A Code*, Butterworth & Co. (Publishers) Ltd., 1992.

Henry Hart, Albert Sacks, *The Legal Process: Basic Problems in the Making and Application of Law*, The Foundation Press, 1994.

James R. Coben, Peter N. Thompson, "Disputing Irony: A Systematic Look at Litigation about Mediation", *Harv. Negot. L. Rev*, 11, 2006.

John M. Kernochan, "Statutory Interpretation: An Outline of Method", *Dalhousie Law Journal*, Vol. 3, No. 2, October 1976.

Karl Llewellyn, "Remarks on the Theory of Appellate Decision and the Rules or Canons About How Statutes Are to Be Construed", *Vanderbilt Law Review*, Vol. 3, No. 3, April 1950.

Karen M. Gebbia-Pinetti, "Statutory Interpretation, Democratic Legitimacy and Legal-System Values", *Seton Hall Legislative Journal*, Vol. 21, No. 2, 1997.

Kerri A. Froe, "Is the Rule of Law the Golden Rule: Accessing Justice for Canada's Poor", *Can. B. Rev*, Vol. 87, No. 2, 2008.

Mark Greenberg, "What Makes a Method of Legal Interpretation Correct: Legal Standard vs. Fundamental Determinants", *Harv. L. Rev. F*, Vol. 130. No. 4, February 2017.

Michael S. Straubel, "Textualism, Contextualism, and the Scientific Method in Treaty Interpretation: How Do We Find the Shared Intent of the Parties", *Wayne Law Review*, Vol. 40, No. 3, Spring 1994.

Michael Freeman, *Legislation and the Courts*, Dartmouth Publishing Company Limited, 1997.

Melvin Aron Eisenberg, *The Nature of the Common Law*, Harvard Unversity Press, 1988.

Reed Dickerson, "Statutory Interpretation: The Uses and Anatomy of Context", *Case Westen Reserve Law Review*, Vol. 23, No. 2, 1972.

Ronald J. Gilson, Charles F. Sabel & Robert E. Scott, "Text and Context: Contract Interpretation as Contract Design", *Cornell L. Rev*, Vol. 100, No. 23, November 2014.

Sara C. Benesh, Jason J. Czarnezki, "The Ideology of Legal Interpretation", *Washington University Journal of Law & Policy*, Vol. 29, No. 1, 2009.

Steven D. Smith, "Law Without Mind", *Michigan Law Review*, Vol. 88, No. 1, October 1989.

Vepa P. Sarathl, *The Interpretation of Statutes*, Eastern Book Company, 1981.

Ward Farnsworth, Dustin Guzior, Anup Malani, "Policy Preferences and Legal Interpretation", *Journal of Law and Courts*, Vol. 1, No. 1, Spring 2013.

Walter Sinnott-Armstrong, "Word Meaning in Legal Interpretation", *San Diego L. Rev*, Vol. 42, No. 2, 2005.

William D. Popkin, *Statutes in Court: the History and Theory of Statutory Interpretation*, *Duke University Press*, 1999.

William D. Popkin, *A Dictionary of Statutory Interpretation*, Carolina Academic Press, 2007.

William N. Eskridge, Jr., *Dynamic Statutory Interpretation*, Harvard University Press, 1994.

索　引

B

不确定法律概念　25,29,32,34,
51,53,64,66,72,75,76,101,
123,163,169,186,195,248-
250,252,254,255,258,276-
286,288-295,298-300,303

F

法律冲突解释规则　66,86,
101,273
法律的体系化　14,21,23,90,
94,95,97-99,104-107,110,
114,116,119,120,122,123,
136,152,153,272,305
法律方法　2,5,7,9,16-18,20,
27,28,42,55,62,70,73,75,
79,85,121,126,132,143,148,
149,151,176,196,201,208,
211-213,222,224,227,228,
231,232,244
法律概念　10,21,24,25,37,38,
42,54,67,93,95,98,105,107,
109,110,112-117,120,152,
163,167-172,175,187,196,
200,220,238,239,252,254,
276,277,283,285-287,
298,305
法律规范体系　17,19,25,34,
64,67,92,95,105,141,156,
158,167,178,201,207,209,
284-287,289,291-293,295-
297,299,302
法律解释的合法性　50,55,62,
73,208,231,239
法律解释的合理性　62,208,
239,280
法律解释方法　2-6,9-12,16,

20-24,26,27,34-36,43,55,62,64,72,74,76-81,125,129,144,145,152,210-229,232-234,241-243,250,251,304

法律解释规则 6,11,12,20-22,24,35,36,210-212,214-216,219-237,240-243,251

法律漏洞 19,24,29,31,44,47,55,66,69,78,93,94,96,100-103,112,122,124,153,160,162,165,178,182,184,186,191,195,196,201,203,204,206,274,282,304

法律适用 4,7,10,15,18,19,26,32,42,45-47,50,55,56,61-64,84,85,91,92,96,97,99-105,107,118,120-122,124,125,127,133,136,142,146,162-164,166,179-184,186,193,197,198,200,202,206,208,211,213,223,226,229,230,236,237,249,250,252,253,256,257,266,272,274,275,277,281,291,302

法律体系 1,2,6,8,14-25,27,29-37,39,40,43-46,63-69,71,72,74,82,84,86,88,89,92-96,98-109,111,112,115,120-122,124,125,127,131,135,138,144-147,152-163,166-180,182,184-187,191,194-196,200-203,205-207,209,210,230,239,244,248,252,254,255,260,261,263,264,266,272,273,283,286,300,301,304,305

法律渊源 15,18,28,29,35,67,93,94,163,164,201,203-207,209,254,273,275,290,291,293

法律渊源体系 34,201

法意解释 4,74,81

法源 1,18,19,21,23-25,46,64,109,110,157,166,196,203-207,236,237,239,248,262,272-275,285,300,303-305

法秩序的统一性 18,63,65,67,68,70,86,95,106,145,162,227,230,253,305

非正式法源 20,25,34,65-68,86,94,105,131,141,165,166,202,203,206-208,239,248,254,273-275,285,289-292,304

G

概念法学 2,14,15,18,62,63,

68, 71, 88, 91, 96, 98, 107, 110-116, 119-123, 146, 154, 163, 171, 175, 178, 200, 272

《工伤保险条例》 187, 189, 197-199, 267, 296

公理体系 89, 98, 99, 112, 117, 185

H

合宪性解释 4, 26, 66, 72-74, 81, 182, 192-195, 236, 242

黄金规则 11, 20, 23, 26, 27, 30, 70, 82, 91, 93, 141, 213, 233, 278, 304

J

结构解释 3, 23, 24, 27, 39, 123, 185, 194, 195, 217, 237

解释要素 1, 7, 12, 26, 36, 82, 212, 218

解释姿态 147, 148, 297

解释资源 16, 19, 23, 25, 73, 154, 155, 157, 159, 161, 163, 165-167, 169, 171, 173, 175, 177, 179, 181, 183, 185, 187, 189, 191, 193, 195, 197, 199-203, 205, 207, 209, 210, 215, 218, 225, 284-286, 293, 299, 302, 303

K

开放的法律体系 19, 24, 65, 92, 200, 272, 273, 275

客观解释 23, 68, 71, 80, 131, 147

客观目的解释 72, 74, 75, 79, 81, 82, 124, 135, 218, 242, 249

L

历史法学 15, 107, 108, 110, 116, 119

历史解释方法 9, 74, 79, 81

立法立场 206

立法目的 45, 56, 58, 71, 134, 135, 147, 152, 153, 162, 170, 180, 182-184, 196-199, 247, 250, 268, 270

立法目的条款 45, 187, 197

伦理解释方法 76

论理解释方法 72

逻辑规则 17, 24, 39, 82, 92-94, 96, 97, 210, 286

逻辑解释 1, 3, 23, 27, 28, 33-36, 38, 82, 89, 93, 217, 218

逻辑要素 27, 34, 37-39, 82, 96, 212

M

《民法典》 45, 55, 156, 179, 189,

197,261,262,274,277

《民法总则》 48,186,203,204,274

目的解释方法 9,26,76,77,101,192,215,219,229,233,237

目的要素 44,46,79,96,227

N

内在体系 7,13,14,17-20,24,27,29,31-35,43,45,55,81,82,89,90,99,102,103,105,115,116,118,119,122,123,133,134,147,160,162,166,167,171,175,180-184,195,196,198-200,246-248,288,289

内在体系外显 45,55,103,196,197

能动解释 46,75,293

P

评价法学 14,15,18,62,68,107,116,118-120,123

R

任意解释 20,26,33,75,216,243,247,278,280,285

融贯性 1,7,16,23,24,32,35,55,66,91-93,149,158,159,174,196,197,233,237,246,247,288,305

S

上位法优于下位法 5,25,36,59,62,199,236,246,263,264,268

上下文解释规则 7,25,38,42,90,101,260,261

社会规范体系 25,65,67,201,208,209,276,285,289-293,295,299,302

社会学解释方法 75,76,79,145

实质解释 20,80-83,85,86,147-151,241,243

实质推理 94,97,138

司法立场 24,202,206,207

思维规则 21,23,36,97,132,133,201,216,220,221,223,228,234,241,250,251

T

特别法优于一般法 5,25,36,65,235,236,263,268,269

体系化研究 1,15,98,99,107-110,113,116,120,121

体系解释方法 1-305,308,310,

312,314,316,318,320

体系解释规则 10-12,20,21,23-25,36,65,183,210,231,237-239,244-246,250,252,255,260,263,272,287,305

体系思维 1,8,10,12-16,18,23,28,30,33,36,38,40,48,64,65,68,73,88-106,111,115,120-127,134-136,141,146,151-153,202,203,208,210,290,304,305

同一解释规则 24,227,252,253

W

外在体系 7,14,17,18,20,24,27-29,33,34,43-45,55,73,82,89,90,99,100,102,103,115,116,123,147,160,162,166,167,171,174-178,180-183,195,196,198,200,246-248,286,289

完备性 23,98,142,144,153,154,162,185,200,201,272,290

文义解释方法 9,10,26,30,33,48,54,71,73,76,77,79-81,93,130,152,215,218,232,244,245,251

X

新法优于旧法 5,25,186,235,236,263,271

形式解释 20,60-62,80,81,83,86,147-151,241,243,248

Y

演绎推理 90,91,103,113,121,122,171

语境解释 7,27,46,60,62,73,93,254,280,285

语境解释规则 11,24,252,253

语境要素 40,42

语言学解释规则 242,243,249,250

Z

整体解释规则 25,38,42,90,101,213,246,260,261,286

正式法源 20,65,66,165,206-208,239,273,275,285,286,290,291,304

制度性规则 235,237

主观解释 3,74,147,217,227

主观目的解释 72,74,75,79,81,82,124,218,242

自足性 144,162,175,201

后　　记

　　最真挚的感谢，不需要华丽的辞藻，也不需诗性的表达，而是一种发自内心的情感流露。本书是在我博士论文基础上修改而成的，本书的完成与付梓出版，离不开我的博士生导师陈金钊教授的指导。从研究生开始，陈老师一直指导我从事法律方法论研究，为我的学习、工作谋篇布局，千言万语无法表达对导师的感恩。本书的写作过程，得到了导师组郝铁川、王申、胡玉鸿、刘风景、李桂林等教授的悉心指导，吸收了龚廷泰、刘作翔、张继成、蒋传光、范进学、焦宝乾，以及项目外审专家教授的意见，特此表示感谢。这些年来，我的硕士生导师张传新教授，一直关心我的学习与生活，给予我莫大帮助，非常荣幸能成为老师的学生。本书的出版，还要感谢法律方法论学科的杨知文、戴津伟、吕玉赞、栾绍兴、金梦、蒋太珂、郑菲、黄炎老师，以及王金龙、宋保振、吴冬兴、俞海涛、孙振一等师兄妹们，对本书的写作提供的关心与帮助。最后，衷心感谢国家社科基金委、中国社会科学出版社梁剑琴老师，以及各位编辑老师，对本书的定稿提出了细致而翔实的修改意见，使得本书进一步完善。

　　我是一个不善表达的人，但是我表达的却是最真挚与最淳朴的感谢！

杨铜铜
2021 年 8 月 20 日